如何说，女孩才肯听
如何教，女孩才优秀

晓丹/著

中国妇女出版社

图书在版编目（CIP）数据

如何说，女孩才肯听 如何教，女孩才优秀 / 晓丹著 .-- 北京 : 中国妇女出版社 , 2018.1
ISBN 978-7-5127-1522-6

Ⅰ . ①如… Ⅱ . ①晓… Ⅲ . ①女性—家庭教育 Ⅳ . ① G78

中国版本图书馆 CIP 数据核字 (2017) 第 223733 号

如何说，女孩才肯听　如何教，女孩才优秀

作　　者：晓 丹 著
责任编辑：陈 元
封面设计：蒋宏工作室
责任印制：王卫东
出版发行：中国妇女出版社
地　　址：北京市东城区史家胡同甲 24 号　邮政编码：100010
电　　话：（010）65133160（发行部）　65133161（邮购）
网　　址：www.womenbooks.cn
法律顾问：北京天达共和律师事务所
经　　销：各地新华书店
印　　刷：北京柯蓝博泰印务有限公司
开　　本：170 × 240　1/16
印　　张：18
字　　数：292 千字
版　　次：2018 年 1 月第 1 版
印　　次：2018 年 1 月第 1 次
书　　号：ISBN 978-7-5127-1522-6
定　　价：35.00 元

序

培养优秀女孩，父母需要策略

女孩身上拥有很多美好的东西：甜美、温柔、沉静、细腻、善良、纯洁……因此有人说：拥有女儿是极大的幸运。

的确如此，与喜欢手枪、剪刀、变形金刚、奥特曼等的顽皮男孩相比，女孩相对省心，更加懂事，更加讨人喜欢。所以，很多父母认为，教育女孩是很简单的事，至少比教育男孩要轻松得多。

事实真是如此吗？在教育女孩的过程中，父母真的不会遇到难题吗？

看到这里，家有女孩的父母一定会苦笑着摇头，并开始诉说自己的苦恼：

“我的女儿胆子太小了，如果我不在家，她整晚都不敢睡觉。”

“她非常爱哭，而且一哭就要老半天。”

“我的女儿太敏感了，我不经意说出的一句话都可能让她受到伤害。”

“她总是缺乏自信，经常产生自卑的情绪。”

“我的女儿心事很重，常把自己关在屋子里，到了吃饭时间也不出来。”

“她的独立性很差，对我很依赖，我担心她以后无法独立生活。”

……

在人们的一般印象中，女孩敏感、胆小，有时爱耍小脾气，尤其让女孩父母担心的是，自己女儿的某些特质不适合当前这个充满挑战、充满竞争的社会……这一切，都成了困扰女孩父母的难题。

女孩虽然相对娇弱，但是父母绝不能为女儿贴上“弱者”的标签，而是应该根据女孩特有的柔与韧，让她成为一个刚柔并济的女性，以便适应今后竞争激烈的社会。

那么，如何把女儿培养成出色、幸福、完美的女孩呢？什么样的教育才能够发挥出最大的作用，提高女孩的综合能力……带着这些疑问，我们一起翻开这本《如何说，女孩才肯听　如何教，女孩才优秀》。

本书根据女孩的性别特征以及心理特征，结合现实生活，从不同的角度出发，为父母提供了一套行之有效的育女方案。概括来说，本书具有以下四大特色。

特色一：从心理学的角度出发，帮助父母了解女孩的内心世界。

教育女孩的前提是了解女孩，如果连她心里想什么都不知道，教育又从何谈起？了解女孩，既是一项重要的教育责任，也需要科学严谨的教育态度。要想让女孩更好地成长，父母就应该成为女孩最贴心的朋友。

那么，怎样才能走进女孩的内心世界，清楚地了解她的想法呢？

首先，要了解不同年龄段女孩的心理特征，如0~7岁的女孩，喜欢遐想，渴望得到父母关注；8~12岁的女孩，有时易激动，喜欢以自我为中心；13~16岁的女孩，叛逆的个性下隐藏着一颗脆弱的心……父母只有充分了解女孩在不同成长阶段的心理特征，才能采取合适的方法对女孩进行引导。

其次，父母应该把女孩看作一个独立的、平等的个体，然后与之进行有效沟通、交流。在沟通时，父母态度要真诚，耐心倾听，避免出现伤害女孩的做法 。

最后，父母要明白女孩的各种需求，如安全感的需求、创新的需求、交往的需求、被信任的需求等。只有这样，父母才能有效地教育和引导女孩。

特色二：遵循女孩的性别特征，顺势而为。

女孩的魅力包括衣着打扮、行为举止、性格品质、气质等。父母教育女孩的关键就在于对女孩进行性别教育。因为性别教育更加符合女孩的身心发展规律。

因此，聪明的父母在培育女孩时，应该区别于男孩，依据女孩特有的优势和个性，对女孩进行正确的指导和培育。

关于性别教育，你可以在本书中找到具体的操作方法，若你能将这些科学的性别教育理念运用到家教实践中，那么你的女儿将会变得更加优秀。

特色三：详细、透彻地指导父母如何养育女孩。

很多女孩父母非常重视教育，喜欢“让孩子早走一步”，于是让孩子 3 岁背唐诗，4 岁记单词，5 岁学珠算……

女孩的书包越来越重，上课时间越来越长，习题越来越多，眼镜度数越来越高，心情越来越郁闷……可以说，这样的教育是不成功的。

正确的教育方式应该是立体的、全方位的，包含多种能力。

本书紧紧围绕女孩的生理、心理特征，分别从心理、气质、美德、能力、学习、习惯、沟通等方面为父母提供了一套立体式的教育方案，具有指导性和实用性；为父母提供了许多富有针对性的教育指导经验。同时，在每一小节内容后，给出了国内外教育专家的相关指导意见，为父母带来最权威、可行的家教理念和方法，迅速、有效地解决家教难题。

特色四：内容全面，涵盖教育女孩的许多细节。

细节决定成败。真正成功的教育来自父母点点滴滴的努力，来自父母对每个教育细节的关注。

本书详细地为父母介绍了教育女孩的 100 个细节问题。你可以从书中找到女孩的成长特点、富养、情商、气质、美德教育、关键能力、学习方法、青春期等教育女孩的指导，并能找到实用的解决方法，比如沟通、倾听、尊重等。本书是一本实用的女孩成长指导书。

教育孩子，首先需要父母的自我成长。只有掌握了正确的教育方法，才能将你的女儿培养成最优秀的女孩。

目录

第一章　教育女孩，从掌握女孩的成长特点开始

第二章　培养女孩，父母应扮演好各自的角色

第三章　女孩“富着养”的真正内涵

第四章　女孩一生的幸福，从情商教育开始

第五章　赐予女孩美貌，不如雕琢她的气质

第六章　美德教育，让女孩受益一生

第七章　培养八种关键能力，让女孩变得出类拔萃

第八章　掌握科学的学习方法，每个女孩都能获得好成绩

第九章 家有“问题女孩”，正确引导是关键

第十章 关注身心健康，做女儿贴心的保健师

第十一章 读懂女孩的心，陪她顺利度过青春期

第十二章　沟通讲艺术，倾听有技巧

第十三章　克服教育禁忌，让女孩更好地成长

第一章
教育女孩，从掌握女孩的成长特点开始

每个女孩都是一本与众不同的“书”，但女孩这本书不是父母简简单单就可以读懂的，父母还需要了解更多的内容：

你知道女孩希望有更多的朋友吗？

你知道女孩渴望父母更多的爱与关注吗？

你知道女孩很敏感吗？

……

想要知道答案的父母就请走进女孩的世界吧！通过细心的观察与了解，你一定会找到让自己的女儿变得坚强、勇敢、有主见的有效方法。

女孩是用“糖果、香料”做成的

在西方，有这样一首古老的童谣：“男孩是用剪刀、青蛙和小狗尾巴做成的，而女孩是用糖果、香料和一切美好的东西做成的。”确实如此，只要你停下脚步，仔细地观察每一个女孩，就会发现她们是那么柔美而令人怜惜——粉色的裙摆、娇羞的笑脸、淡蓝色的忧伤、可爱的芭比娃娃……这些无不出现在女孩的世界中。

女孩就像一朵美丽又娇艳的小花，需要我们细心地呵护。这就需要父母正确了解女孩与男孩的不同，然后根据女孩的特点去培养她。

说起女孩与男孩的不同，一位养育过一男一女的妈妈颇有感触：

没做妈妈之前，我一直认为教育男孩和女孩没有什么不同，但是当我有了一个女儿之后，我就改变了自己的想法。比如女儿3岁的时候就开始抱怨她的衣服上没有可爱的小花，而且每次给她买衣服时，她都要求买那些粉色的带着可爱图案的衣服。

后来，我又生了一个男孩，我发现即使我不给儿子买玩具车模、玩具手枪，不让他看带有暴力镜头的电视节目，他仍然喜欢玩一些打斗类的游戏，他甚至会捡起路边的树枝，把它当成自己的武器对我或者其他小朋友发起“攻击”……

其实，女孩和男孩天生就不一样，不仅有生理的差异，而且在性格、行为特点、能力等各方面都存在差异。

给女孩父母的建议

专家认为，由于女孩和男孩存在许多差异，因此在培养女孩的过程中，父母要根据性别差异采用不同的教育方法，也就是说，教育孩子应该“男女有别”。那么，具体该如何教育女孩呢?

方法一：给女儿一个温馨的家庭氛围

纯纯从小就是一个内向的女孩，她的爸爸妈妈因为感情不和经常在家里吵架，但为了给纯纯一个完整的家，他们就一直这样凑合着过日子。在这样的家庭氛围下，纯纯变得越来越敏感和脆弱。

每天放学后，纯纯都害怕回到家，因为一回到家她就会听到父母的争吵声，而一旦父母开始争吵，她的晚饭就没有了着落。家中的“火药味儿”常常令纯纯提心吊胆，她根本无法安心学习。就这样，纯纯一直生活在担忧、压力中，别人口中的快乐、幸福，在她看来是那么遥远。渐渐地，她甚至失去了生活的勇气，觉得自己活在这个世界上是多余的……

可见，不和谐的家庭关系对女孩的成长会产生消极影响，甚至会让女孩失去对爱的信任，变得脆弱、冷漠。如果一个女孩在童年时期没有得到过充分的关爱，没有体会过美好的感情，那么长大以后，她往往很难和他人相处。

因此，为了保护自己糖果般甜美、芭比娃娃般可爱的女儿，父母首先应该给女儿一个完整、温暖的家。

方法二：帮助女儿提高她的弱项

一般来说，女孩在语言能力方面比男孩出色，但是在数理化和空间想象方面却比男孩稍差，所以为了让女儿全面发展，父母应该帮助她提高自己的弱项。

特特是一个好奇心很强的小女孩。有一次，妈妈给她买了一个会发声音的玩具熊。特特高兴极了，抱着她的玩具熊翻来覆去地看，还不时敲敲会发出声音的熊肚子。几天后，妈妈下班回到家，竟然看到玩具熊被剪开了放在沙发上，旁边还有几个小零件。于是，妈妈故意对女儿板着脸说：“特特，你怎么把玩具熊弄坏了？”

特特看到妈妈生气了，怯生生地说：“妈妈，我只是想看看小熊为什么会说话。”妈妈听完女儿的解释，笑着说：“既然你已经把它拆开了，就要负责把所有的东西安装好，然后把小熊缝好，要不然，妈妈就会罚你哦。”

特特一看妈妈没有狠狠地批评自己，高兴地把拆得乱七八糟的小熊凭借记忆安装好，但是小熊不会说话了，而且自己把小熊缝得很丑。但妈妈并没有真的批评和惩罚女儿，而是告诉女儿下次再拆东西的时候，一定要多注意观察，仔细看清楚那些零件是怎么安装上去的。

后来，特特又拆过家里的很多东西。就这样，特特的逻辑思维能力、空间想象能力、动手能力都得到很大提高。18岁那年，特特考上了一所重点大学的机械工程专业，很多女生觉得复杂、无聊的机械工程专业在特特的眼里就像儿时的游戏一样有趣。

看，这位妈妈是多么智慧！她不仅保护了女儿的好奇心，还由此激发了她的求知欲，提高了女儿的动手能力、思维能力等。各位女孩父母，我们也应该向这位妈妈学习，了解女孩的弱势，并帮助其取得进步。

专家教你女孩怎么养

父母如何来养育用“糖果、香料”做成的女孩？

第一，挑战游戏法。女孩一般天性平和，不喜欢竞争，父母可让女孩参加野外探险、科学夏令营等活动，培养女孩积极进取、探险的精神。

第二，发展优势法。通常女孩感性思维更丰富，父母可着重培养女孩这方面的能力，比如想象力的培养、语言能力的提高等，这对女孩今后的发展更有利。

第三，运动加强法。有的女孩对于运动缺乏热情，因此父母应多鼓励孩子参加体育运动，或者学习瑜伽、舞蹈等。

“我想交很多朋友”——人际关系对于女孩很重要

和男孩相比，女孩更注重人与人之间的关系，对个人情感的需求也更加强烈。

萧萧5岁了，与小时候相比，她变得“烦人”了许多。每当妈妈洗衣服或做饭的时候，她总会跑过去帮忙，结果总是把自己弄得浑身湿漉漉、脏兮兮的；每天早上爸爸上班，她会拽着爸爸的衣服不让他走：“爸爸，我要和你玩儿！不许走！”有一次，萧萧把爸爸出门穿的鞋子藏了起来，爸爸被她气坏了，责骂她：“你这孩子怎么越来越不乖，我不喜欢你了！”

很多女孩父母都会发现，随着年龄的增长，女孩会越来越“缠人”。为什么会出现这样的情况呢？因为女孩已经不再满足于通过看、听、触摸等方式去探索世界，而是有了更多的心理需求。再加上女孩更注重人际关系，所以表现出的心理需求往往更加强烈。

生活中，每当女孩接触一个新的领域或人群时，最关注的往往是以下问题：

我和他有关系吗？

我们之间的关系是怎样的？

我在这种关系中处于何种地位？

要维持关系，我能做些什么？

可见，女孩是非常注重人际关系的，往往比男孩表现得更加强烈。

给女孩父母的建议

女孩虽然不像男孩那样渴望成为“孩子王”，但是她们会渴望得到父母更多的宠爱与关注，渴望交更多的朋友，希望在人际关系中得到尊重和认可。

方法一：当女儿在人际交往中遇到难题时，父母要从旁给予引导

一位妈妈曾在日记中这样写道：

我的女儿11岁了，是一名小学五年级的学生，并担任班长。她学习等各方面都很好，偏偏在和同学相处方面遇到了问题，这令她最近一段时间非常苦恼，甚至到了茶饭不思的地步。

一天，女儿终于向我讲了她的心事：“妈妈，如果和同学闹了矛盾，我是不是也有责任啊？我真不知道怎样才能和大家更好地相处。”看着一脸愁容的女儿，我对她说：“同学们天天在一起，就像我们舌头碰到牙，闹矛盾是很正常的。当然，责任是双方都有的，只有你尊重别人，别人才能尊重你。同学之间还要互相体谅，多站在对方的立场去想问题。”听完我的话，女儿终于明白自己应该怎样和同学相处了。

女孩十分注重人与人之间的交往，但在现实的生活和学习中，她们难免会遇到一些自己难以解决的人际交往问题，这时，就需要父母从旁正确引导女儿找到合理的解决方法，以便让她的人际交往更加顺利。

方法二：不要做女儿人际交往的“大管家”

父母时常会担心自己的女儿不会交朋友或者交错朋友，于是面对不时出现在女儿周围的人，他们都要仔仔细细地审查一遍，甚至会帮女儿做决定，简直就是一个“大管家”。

一个12岁的女孩就对自己的“大管家”妈妈懊恼不已：

我一直都希望有一个特别关心、理解我，又温柔、又和善的妈妈，但是我的妈妈却像一个“管家”，从我小的时候起她就喜欢什么事情都管着我，我每天做什么、和什么人交朋友都得跟她汇报。有一次，我和几个同学约好出去玩儿，妈妈知道后不让我去，还说那些朋友都不是好孩子，不知道努力学习，就知道玩儿。平时她规定我每天6点必须回家，我已经照办了，为什么这次就不能允许我和朋友一起出去玩儿呢？因为她，我已经失去了很多快乐、很多朋友，现在好不容易有几个朋友带我一起出去玩儿，她却要阻拦，我反抗的结果是被妈妈反锁在家里。后来去学校的时候，准备一起春游的朋友都说我不够意思，竟然不遵守约定，害他们为了等我而浪费了很多时间。我太不喜欢妈妈的做法了，她让我失去了朋友，以后不会再有人找我玩儿了……

其实，妈妈担心女儿在人际交往中吃亏，这是可以理解的，但是管孩子也要有度，更要讲究方法。面对渴望人际关系和谐的女孩，父母千万不要让她觉得你是在限制她的自由，而是应该给予女孩信任、理解、尊重，并且在她遇到人际交往问题时，为其提供合理的建议和方法，让她自己决定该交哪些朋友，并学会保护自己。

专家教你女孩怎么养

父母如何提高女儿的人际交往能力？

第一，多做社交游戏。父母可在家中和女儿进行社会角色的扮演游戏，让她学会事先熟悉生活中的种种社交场景，这样也能让她学到更多社交礼仪，提高其与人交往的自信。

第二，多参加集体活动。父母可让女儿多和同龄人相处，让他们经常在一起做游戏、学习，这样孩子就会找到志趣相投的朋友。

“爸爸妈妈不要走”——女孩渴望父母的关注

一天，妈妈刚把房间收拾好，5岁的丹丹就开始撕纸玩儿，边撕边扬，弄得满地都是碎纸片。妈妈看到后，有些生气地说：“你怎么这样不听话？妈妈再也不喜欢你了！”一听妈妈这么说，正在闹腾的丹丹立即安静下来，然后乖乖地回到了自己的房间。

吃晚饭的时间到了，妈妈叫丹丹去洗手，可叫了半天都没见丹丹答应。妈妈推开丹丹的房门，只见女儿脸上挂着泪痕，便问其原因，结果丹丹一下哭了出来：“妈妈，我错了，我再也不淘气了，你以后还喜欢我吗？”

女孩注重人际关系，非常渴望有人来爱护和关心她。而在女孩的童年时期，与她们关系亲密的父母是她们最为依赖的对象，一旦父母对她们表现出冷淡、疏离、呵责、抱怨等，她们的内心就更容易受到伤害，从而变得脆弱、沮丧、忧虑……所以，父母一定要好好呵护女儿，因为她们真的非常渴望得到你们的爱与关注。

这一点父母通过仔细观察女孩的日常行为就会发现，女孩更喜欢玩过家家之类的温馨家庭游戏，而且她们也更希望与父母进行交流。如果她们在生活中遇到挫折或不开心的事情，往往希望父母能够给她们足够多的安慰和帮助。这一部分是女孩的天性使然，另一部分是她们渴望与父母进行情感和语言上的交流，进而获得父母的关心、理解、尊重和体贴等。

随着女儿一天天长大，很多父母经常感叹女儿和自己的关系变得疏远了。其实，女孩之所以会这样，很大一部分原因就是她们曾经向父母敞开心门，希望赢得亲密的关系，但是父母不是选择无视，就是横加打击，于是她们在失望、痛苦的情况下选择了紧紧关闭自己的心门，不愿再与父母进行沟通和交流。

给女孩父母的建议

父母要想真正走进女儿的世界，让其健康、快乐地成长，就要让孩子时常感觉到你是关心她、爱护她的。不过，爱与关注要有度，绝不能过度保护和溺爱女儿，父母理性的宠爱和科学的保护才是送给女儿最好的礼物。

方法一：让女儿感受到你的爱

中国父母在对孩子的感情表达方式上往往比较含蓄，现实中有很多父母都更愿意做个默默无闻的奉献者，他们认为对孩子的爱没必要让孩子知道。当然，这种爱的表达方式无可厚非，但是要把爱说出来，让女孩能够真正感受到父母的爱，这样才能让她们亲身体会出父母为她们所做的一切不是理所应当的，而是发自内心的爱。

一位妈妈这样介绍了她的育女经验：

我和女儿之间亦师亦友，关系一直比较融洽，但有时也会发生一些小摩擦。每当这时，我知道女儿心里肯定有一个解不开的“疙瘩”。无论谁对谁错，碍于面子，我都不好意思当面直接向女儿妥协，不过，我会采用书信和便条的方式把自己想说的话告诉她。

有一天，女儿趴在书桌上做作业，我认为这种姿势对她的身体发育和眼睛都没有好处，马上火冒三丈，就批评了她两句。没想到女儿第二天竟和我赌气，早上上学时理都没理我就气呼呼地走了。于是，我就写了张便条放到女儿的书桌上。

亲爱的宝贝：

妈妈知道昨天的批评可能让你难过了，但你知道吗？妈妈之所以批评你正是因为我深深地爱着你。我想，你也一定知道离书桌太近对眼睛的伤害很大。妈妈昨天没有心平气和地指出你的错误，是妈妈不对，在这里妈妈向你道歉，但妈妈还是希望你能改掉那个坏毛病。

宝贝女儿，妈妈爱你，无论何时何地发生何事，妈妈对你的爱都不会变！

女儿放学回到家后，看了我写的便条，哭着对我说：“妈妈，其实我心里好怕，好怕你不爱我了呢！”通过这件事我总结出一个经验：女孩只有在爱中才能健康成长，父母要时刻让孩子感受到你对她的爱。

方法二：让女儿的心理需求得到满足

茜茜的妈妈在一家律师事务所工作，平时非常繁忙。但是每天下班后，她都会抽出一小时左右的时间来陪女儿，有时两个人一起做游戏，有时手拉着手去公园散步。因为有妈妈陪她，茜茜每天都过得快快乐乐的。

随着生活节奏的加快，现在的妈妈们和孩子在一起的时间越来越少了，这会对女孩的心理健康造成一定的影响。所以父母（尤其是妈妈）应该多抽些时间来陪陪女儿，哪怕只是牵着她们的小手去逛逛街、散散步，她们也会感到非常快乐。

专家教你女孩怎么养

父母如何给予女儿积极的关注？

第一，重视女儿社会能力的培养。从幼年开始，父母就要给女儿提供人际交往的机会，注意培养孩子的责任心、创造力、协作互助等能力。

第二，做女儿最好的倾听者。父母力争准确理解并共情女儿的感受，使她感受到自己在父母心中所占的重要位置。

“我该怎么办”——女孩有时缺少主心骨

现实生活中，女孩有时缺少主心骨。她们凡事都要征求父母的意见，自己似乎没有任何想法，比如买什么款式的衣服、留什么样的发型、要不要参加学校组织的活动、平时吃什么、是学理科还是文科等，这些问题都要父母操心。

一般来说，女孩缺少主心骨常见的原因有以下几点：

女孩喜欢模仿父母，容易在言行举止方面盲目跟从。

父母、老师是女孩心目中权威的代表，而且父母习惯为女孩安排、设想一切，因此很容易造成女孩唯命是从，不愿或不敢对父母、老师的命令做出反抗。

很多父母因为工作忙等原因，和女孩缺乏有效的沟通、交流，他们不理解、不信任女孩，这就容易造成女孩的畏惧心理，导致其不敢表达出内心的真实想法。

拥有一个乖巧、听话的女儿是每对父母的心愿，而这个心愿和让女儿拥有独立自主意识并不矛盾，反而会锦上添花。只有让女儿的内心变得强大，才会减少其对父母的依赖性，进而能够自己掌握人生的风帆，朝着成功的方向前进。

给女孩父母的建议

父母要想让女儿有主见，首先就要让女儿拥有决定权，并尊重孩子的自主要求和她做的每一个决定。如果父母只是让女儿一味地按照他们的想法去学习和生活，那么这样的女孩只会变得优柔寡断、遇事毫无主见。

方法一：让女儿有与众不同之处

刚上初中的女孩欣欣最近也学着别人“时尚”起来了，她看到很多女孩都留那种叫“沙宣”的发型，于是，自己也做了个同样的发型。

回到家之后，爸爸看到欣欣这种奇怪的发型非常生气，大声说道：“你看你剪的这叫什么发型，还染颜色，一个小女孩看起来像个小老太太一样，难看死了！”欣欣听了爸爸的话非常难堪和伤心，哭着跑进自己的房间里。

不过，妈妈没有像爸爸那样责怪女儿，而是等女儿情绪稍微平静一些之后，认真地看了看女儿的发型，妈妈摸着女儿的头说：“妈妈觉得你这种发型很好看。把你的脸衬得小了些，白了些，而且这种发型也是现在最流行的。可能是太流行了，妈妈去学校找你时，发现好多女同学的发型都一模一样，如果你能稍加改变，说不定能引领潮流呢！”欣欣有些动心了，认真地问妈妈：“妈妈，你说怎样才能让我与众不同呢？”

“如果你在头发上配上一些可爱的发卡，一定很好看。”妈妈建议说。

欣欣听从了妈妈的建议，买了一个很可爱的海豚发卡别在头发上，非常抢眼，这让欣欣为自己的新造型感到非常自豪。

女孩都喜欢自己的衣着装扮能够引起他人的注意，所以每当潮流出现的时候，她们往往会急着追随，希望自己也能够变得更有吸引力，但有时那种款式的衣服或者那种流行的发型并不适合她。此时，父母不能一味地批评和指责，而应该做好女儿的“军师”，让女儿在追赶潮流的过程中能够表现出自己的与众不同。

当然，发型、服饰等方面的不同，只是抓住女孩爱美的这个天性来让她学会拥有自己的个性，重要的是要让女儿有一种“不盲目模仿他人”的意识，然后再鼓励她发展自己的专长、思维方式、创新方式等。

方法二：父母要用启发式的话语代替命令

平时很多父母在要求女孩做事时，往往喜欢使用命令句式，如“就这样做吧……”“你应该选择……”等。这种语气会让女孩觉得父母的话是说一不二的，自己只是被动地服从命令，即使做了心里也不高兴。

此时，父母不妨将命令式语气改为启发式语气，如“这件事怎样做更好呢……”“这样选择会怎样呢”等，这种表达方式会让女孩感觉到父母对自己的尊重，从而激发她独立思考，按自己的想法主动处理好问题，渐渐地，她的自主意识会越来越强。

专家教你女孩怎么养

现实生活中，父母如何培养一个有主心骨的女孩？

第一，培养女孩的胆量和独立思考问题的能力。当遇到问题时，不要马上告诉她答案，而是运用如“你觉得怎样做好呢”之类的问句形式启发她。

第二，培养女孩明辨是非的能力。让女孩知道什么是对，什么是错，克服屈从、盲从心理，提高是非判断力。

第三，培养女孩的“权利”意识。权利的掌握可帮助女孩建立自信，使她有责任感，养成良好的自控力和判断力，当然，这种权利要在父母可以掌控的范围内。

“我不敢”——有的女孩天生胆小

生活中我们时常会看到小女孩紧紧抓住父母的衣角或者躲在父母的身后，怯生生地说“我怕”“我不敢”，这时有的父母会大声斥责女孩说：“你怕什么，有什么可怕的！胆小鬼！”有的父母则会和颜悦色地去了解女儿害怕、胆小背后的原因。很显然，第一种父母的做法是不对的。

那么，女孩都害怕什么呢？经过专家调查分析，女孩在5岁之后对噪声、疼痛、陌生的事物、坠落、身体突然移动的刺激产生的恐惧程度会下降，而对黑暗、动物的伤害性威胁等感到十分害怕。如果这种恐惧感不能通过合理的方式消除，那么会给女孩造成长期的心理影响，甚至等她们长大后仍然胆小怕事。

造成女孩子胆小怕黑的原因除了女孩自身的天性之外，还与父母不恰当的教育方式有关。比如父母对女孩保护过度、太过宠爱，就很容易让女孩对父母过度依赖，变得胆小，经不起外面的一点儿“风吹雨打”。

6岁的奈奈是一个非常胆小的女孩，平常只要在家，她就跟在爸爸妈妈身后，到了幼儿园又成了老师的“跟屁虫”。老师让她跟别的小朋友一起玩儿，可是奈奈细声细气地说：“我怕！”老师问她怕什么，她却摇摇头说不上来。

后来，老师终于明白奈奈为什么这么胆小了。原来奈奈是家里唯一的孩子，大家都宠爱着她，晚上睡觉不是妈妈陪着，就是奶奶陪着，如果家人因为有事没人哄她睡觉，她就会哭闹不止。而且，她很害怕一个人单独待在某个地方，即使在自家的客厅玩游戏，她也要爸爸妈妈陪在一旁。

像奈奈这样的情况，如果父母再不及时改变自己的教育方式，可能会让孩子变得更加胆小、懦弱，对其今后的成长和发展造成不良影响。

给女孩父母的建议

父母在女孩的生命中不但要担当制造者、保护者的角色，还要让女孩能够勇敢、坚强地面对生活中的一切困难，而所有这一切要从改变教育女孩的方式开始。

方法一：引导女儿说出自己的内心需要

若溪是一个比较内向、胆小的女孩。有一次，爸爸带她到儿童商场玩儿，就要离开时，她紧紧拽住爸爸的衣角说："爸爸，我们再玩儿一会儿吧。"然而双眼却紧盯着橱窗里漂亮的洋娃娃。爸爸看出了女儿的心思，却假装不知道，故意对若溪说："再玩儿10分钟，然后我们就得回家。"

10分钟很快就过去了，若溪终于忍不住了，她用微小的声音对爸爸说："爸爸，我能——要——那个吗？"

爸爸鼓励女儿说："要什么？说话别吞吞吐吐，想要什么就大声说出来！"

"我想要买一个洋娃娃！"若溪终于鼓起勇气说。

爸爸一看自己的目的达到了，自然满足了女儿的愿望，马上给她买了那个洋娃娃。

在教育女孩的过程中，父母要记得给她灌输这样一种观念：谦让是美德，争取是能力，这样女孩就不至于因为太注重关系而失去自我意识。

父母应该从女孩小的时候，就注意引导她说出内心的需求。因为一旦女孩心中的需求没有得到满足，她通常会选择放弃，而放弃就意味着失去，当她再次遇到类似的情况时，她往往会选择默不作声或者不再去尝试争取。

方法二：任何时候都不要对女儿说"胆小鬼"三个字

因为小女孩对这个世界的认识很有限，所以她们会对很多可能发生危险的事情存在恐惧感。当你意识到自己的女儿在怕什么东西的时候，千万不能说她是"胆小鬼"，要知道这三个字不但包含懦弱、无能的意思，也直接拒绝了女儿向你伸出的理解和支持之手。

一天，爸爸妈妈有事要离开家一星期，于是爸爸就对10岁的女儿说："你外婆生病了，我和你妈妈要去看她，一星期后我们就回来了。"

女儿马上说："我也要一起去。"

"不行，你还要上学，等你放假了再去！我们不在家的这段时间，你要好好照顾奶奶，知道吗？奶奶会每天给你做饭的。"

"哦，我知道了！可是我有些害怕，万一有贼怎么办呢？我和奶奶肯定都打不过他。"

"胆小鬼，怕什么！"

爸爸的这句"胆小鬼"可能是为了给女儿壮胆，但却容易让女儿认为自己提出的这个问题是蠢问题，进而感到羞愧；或者她还会想到自己不可以胆小，遇到坏人要硬碰硬，而无论哪一种想法对女孩的健康成长都是不利的。

上述爸爸的做法不可取，这样不仅会扑灭女儿的热情，还会让她更加没有胆量，没有自信。这时，父母应该做的是给女儿讲解防盗的常识，以及出现了类似情况应该怎样冷静处理，先做什么后做什么，舍弃什么保全什么等。

专家教你女孩怎么养

父母如何让女儿变得勇敢?

第一，改变对女儿的不恰当的教育方式。比如当女儿任性、不听话时，父母不能编造谎言、以威胁性的语言吓唬女儿"再不听话，叫老虎把你吃掉"；更不能把女儿关在小黑屋子里，或者在夜晚将女儿推出门外。

第二，科学道理教育。比如当女儿听到雷声、看到闪电感到害怕时，父母可以用简洁明了的语言，向她讲明闪电雷鸣的科学道理，帮助她消除恐惧。如果女儿怕黑，不敢独自关灯睡觉，父母可帮女儿装一个灯光柔和的床头灯或壁灯，让她根据自己的需要选择开灯或关灯。

男女教育应有别——女孩的性别教育别忽视

闵闵的妈妈发现 6 岁的女儿对性别越来越敏感，她在换衣服或上厕所时要求妈妈关门；不让爸爸给她洗澡；她更喜欢可爱漂亮的公主裙、芭比娃娃等。妈妈这才意识到，女儿已经长大了，对孩子的性别问题再也不能淡化处理，可是她不知道如何来帮助女儿认识自己的性别，这令她十分苦恼。

如果父母从小把女孩当男孩养或把男孩当女孩养，很容易导致孩子的性别意识错位，而且随着年龄的增长，性别错位的孩子会非常痛苦和矛盾。因此，教女儿认识性别和理解性别角色是父母不可忽视的问题。

通常情况下，孩子到了 3 岁左右会对“我是谁”开始有初步的概念，他们会用“我”或“我的”来表示自己或属于自己的。这个阶段，孩子会好奇为什么男女生要分开上厕所、男生为什么不能穿裙子等在成人看来很正常的问题。

到了 4 岁，孩子对性别的认识更加丰富，对男女生之间的差异更加好奇。这个阶段，父母应尽量以最自然的态度处理，也可借机教导女儿如何保护自己的隐私。

到了 5 岁以后，孩子就真正开始了解两性之间的差异。如果你问一个小女孩，男生和女生有什么不同，最开始她可能会说“女生能穿裙子，男生不行；女生可以留长发，男生不行”……这时，就需要父母摆正教育女孩的心态，运用科学的教育方法给女儿上一堂性别教育课。

给女孩父母的建议

教育专家认为，性别教育就是引导和影响孩子向适合于自己自然性别特征的健康的个性、品质、行为发展的活动。对女孩的早期性别教育，父母起着至关重要的作用。那么，在日常生活中，有哪些方法可以帮助父母正确引导女孩的性别意识呢？

方法一：不要把女儿当儿子养

李君的爸爸是一名军人，于是，从小就对李君严格要求，希望她长大了像男孩一样坚强勇敢。为此，他经常鼓励女儿：“你要像个男孩那样……”

李君小时候的玩具不是车模就是小手枪，妈妈买的衣服也都是典型的男孩式样，而且李君的发型从小就是一头“假小子”的短发。

后来，李君长大了，她按照爸爸的期望，办事做人一派“男人”风格，走到哪儿都是风风火火的。在她上学的时候，就因为她的男孩作风被同学们戏称为“君哥”，而且和男同学的关系非常要好，却很少和女同学交往。大学毕业工作之后，李君依然是和男同事打成一片。

令李君父母越来越着急的是女儿的婚姻大事。李君现在已经到了谈婚论嫁的年龄，虽然她的男性朋友很多，可她的“另一半”却迟迟不见出现，这不免让她着急起来，为什么没有男孩喜欢她呢？

李君面临的不仅仅是找一个男友的问题，因为她童年时期“男孩烙印”太过深刻，这对她以后的婚姻、家庭都会产生影响，她的爸爸应该对此承担更多的责任。

女孩和男孩毕竟不同，即使父母想培养一个坚强勇敢的女孩，也不应该把女孩当男孩养，而是应该在注重女孩天性的基础上，采用恰当的教育方法，让女孩发挥出自己的潜能，充分展示出自己的才华。

方法二：鼓励女儿发挥自身优势，并向男孩学习

与男孩相比，女孩在语言、书写和记忆方面的能力往往更强，而在数理化、逻辑推理、机械操作等方面的能力则相对较弱。不过，这并不是绝对的，更不是一成不变的，一个女孩可以通过努力提高自己的综合能力。

性别本身并没有优劣，但是每个女孩都有自己的优势和劣势，比如有些女孩表达能力强，有些女孩写作能力差，有些女孩对数理化有着很浓厚的兴趣……父母要根据女儿的优势来培养她，不要一直抱着“女孩这个学不好、那个学不好”的观念和想法。

宗宗虽然是个小女孩，但从小就对机械改装感兴趣，这可能是受她爸爸的影响。宗宗的爸爸是一名机械工程师。从宗宗小时候开始，爸爸就注意对她进行性别教育，让她学习妈妈的温柔和细心，学习爸爸的坚强和勇敢，让她既能做一些家务，也能拿起工具和爸爸一起修理自行车。所以，长大之后的宗宗性格温和，做事果断，拥有很多同性和异性的朋友，人缘儿也很好。

父母在培养女儿的过程中，一定要克服对女孩性别上的种种思维定式，要针对女孩的性别特点，给予孩子足够的关爱和支持。另外，父母也不能完全局限于女孩自身的特点，还要让女孩学习男孩身上那些好的品质和习惯，达到完善自身的目的。

专家教你女孩怎么养

父母如何正确地引导女儿正视自己的性别特征？

第一，及早强化女儿的性别角色意识，让她对自己的性别树立正确的认识。

第二，父母要提高对性别教育的认识。父母在为女儿提供一个良好成长环境的同时，也要加强思想认识，积极采取有效的性别教育方式，恰当引导，对女儿进行正确的性别教育。

第三，树立良好的性别角色榜样。父母是女孩最好的性别角色榜样，在日常生活中，父母一定要善于引导，让女儿从妈妈身上认识女性角色，从爸爸身上认识男性角色。

0 ～ 7 岁：塑造女孩一生的关键

美国学者布鲁姆通过对近千名婴儿长达 20 年的跟踪研究发现：若 17 岁时的智力为 100，8 岁时进行开发，只能开发 20%，而对孩子越早进行开发，其智力就会越高。所以，从女孩出生到 7 岁的这段时间，是塑造女孩一生的关键时期。

父母常说“不能让孩子输在起跑线上”，但是在教育女儿的过程中，一定要根据孩子的成长规律，不要盲目地为女儿报各种学习班，或者让她学习不适合其年龄段的内容，这样只会打击孩子的自信心，加重孩子的负担。

所以，父母要了解 0 ～ 7 岁女孩的身心发展规律，然后顺应其规律，合理、科学地开发女孩各方面的潜能，这样才不会拔苗助长和得不偿失。

给女孩父母的建议

专家认为，女孩 0 ～ 7 岁这个年龄段的培养，将会对孩子未来的人生产生至关重要的影响。那么，有哪些方法可以帮助父母塑造这个年龄段的女孩呢？

方法一：0 ~ 7 岁，做女儿的“决策者”

0 ~ 7 岁的女孩，会被很多东西所吸引，比如漂亮的头花、漂亮的衣服、各种各样的玩具……但父母最好不要为她提供过多的选择，如果选择太多，女孩可能会无所适从。

比如，有一天，妈妈问 3 岁的女儿：“今天早饭你想吃什么呢？”对这个问题，女孩往往不知道怎么回答。不过，假如妈妈换一种方式问：“乖女儿，早饭你是吃面包还是包子呢？”这样，女孩就能在“二选一”中得出自己想要的答案了。

有些父母认为，让女孩学会自己做选择可以锻炼她的独立性和独立意识。事实并不完全是这样，因为女孩在太多的选择面前会感到迷惑，所以，父母应在一定范围内对女孩的选择进行引导，逐渐培养她的自主意识。

方法二：在游戏中开发女孩的右脑

很多父母知道，0 ~ 7 岁是开发女孩右脑的黄金时期。如果父母及时采用正确的教育方法及灵活多样的游戏活动来促进孩子右脑的发育，那么就能有效地提高孩子的记忆力、想象力和创造力。

下面这位爸爸的经验值得借鉴：

我是一个很爱玩儿的人，所以知道玩耍对一个人身心发展的重要性，而我也把“玩儿”应用到女儿的身上。在女儿 0 ~ 3 岁这段时间，我经常和小家伙玩一些踢踢腿、伸伸腰、跳跳舞、找朋友等小游戏，而在她 3 ~ 7 岁这段时间，我在游戏的种类和难度上都做了调整，如我会给女儿看一张图片，上面有动物、食物、日常用品等，并让她指出其中哪些是食物，哪些是日常用品等；然后再换第二张，上面的物品比第一张有增有减，让孩子说说少了什么、多了什么。一段时间下来，她记住的东西名称越来越多，并能在现实生活中指出来。后来，女儿的成绩一直很优秀。

这位爸爸是明智的，他用轻松而科学的方法促进了女儿右脑的发育，取得了良好的教育效果。对于年龄较小的女孩来说，父母可以让她通过眼、耳、鼻、舌、皮肤等慢慢地去感知生活中的一些事物；并根据不同年龄女孩的认知特点，采用相应的教育方法，以便为女孩今后的学习打下良好的基础。

专家教你女孩怎么养

父母如何科学地培养 0 ~ 7 岁的女孩？

第一，引导女儿到大自然中去学习。大自然最能激起小女孩探索的欲望，因此只要有机会，父母就应该多带孩子到户外去走走、看看，多让孩子认识一些新鲜的事物。

第二，注意训练女儿的感觉器官。比如在确保安全的前提下，调动女儿的眼、耳、鼻、舌、皮肤等，让她慢慢地去感知生活中的一些事物。

第三，注意培养女儿的表达能力。比如可引导和协助女儿编讲一些形象生动而富有教育意义的故事，这样既有利于提高她的思维能力，又有利于锻炼她的表达能力。

8 ~ 12 岁：培养女孩的学习能力

8 ~ 12 岁的女孩，不仅处于两个生长发育高峰之间的相对平稳阶段，而且这个阶段女孩大脑额叶生长的速度很快，是她更好地学会新技能、吸收新观点、掌握新能力的时期，她会去思考、争论，并迫切地想要跟这个世界建立联系。

那么，8 ~ 12 岁的女孩有哪些心理发展特征，又会对她们的学习和生活产生什么影响呢？下面给父母简单地介绍一下：

8 ~ 12 岁女孩的注意力不持久、不稳定，好奇心很旺盛，在学习的过程中常会出现顾此失彼的现象，比如当她聚精会神写字时，有时会忘了正确的坐姿要求。

8 ~ 12 岁女孩感知事物的特点比较笼统，不精确，比如做作业时，有时会看错题、计算结果出错等。

8 ~ 12 岁女孩记忆的特点是从无意识记忆向有意识记忆发展。从小学三年级开始，女孩的有意识记忆逐渐占据主导地位，即使是抽象材料也能通过努力记住，并能自觉检查记忆的效果。同时，小学阶段是女孩记忆力迅速发展的黄金时期。

8 ~ 12 岁女孩的想象力和创造力具有直观性和具体性的特点，而且随着女孩生活范围、知识面的扩大，她的想象力和创造力会得到更充分的发展。

8 ~ 12 岁是女孩从具体形象思维向抽象逻辑思维过渡的时期，在这个时期父母可以培养孩子独立思考和独立解决问题的能力；并教给孩子科学正确的思维方法，如分析、综合、比较、抽象、概括等；8 ~ 12 岁女孩有时易激动、不善于隐藏自己的情绪，并出现了与学习兴趣、学习成绩相联系的理智感，而且有很强的集体荣誉感、审美感、责任感，控制情感的能力也在逐步增强。

所以，父母在教育 8 ~ 12 岁的女孩时，一定要根据这个阶段孩子的心理发展特征来采取合适的教育方法，否则很容易适得其反。

给女孩父母的建议

8 ~ 12 岁的女孩处在汲取知识的最好时期，尽管她们充满热情和活力，但有时也会感到压力和紧张。这时，就需要父母的正确引导，以便让她们更加健康地成长。

方法一：给女儿制定明确的“家规”

8 ~ 12 岁是培养女孩各方面学习能力的重要阶段，但是这个阶段的女孩也常常会犯一些错误，比如她们有时逃避责任，变得爱撒谎，被电视、网络吸引而忽视学习等。

10 岁的女孩弯弯是全家最爱看电视的人，而且她看完电视之后从来不主动去做作业，而是兴致勃勃地出去玩儿，这让妈妈十分生气。

妈妈对弯弯的这种行为很不满意，每天晚上都会对女儿发一通牢骚：“你怎么这么不自觉？妈妈没有阻止你看电视，但是看完电视你要做作业，或者做完作业再去看电视。”“你这个不自觉的丫头，你们老师都给我打过很多次电话了，说你不是拖拉作业，就是不做，你怎么能这样呢？”

听了妈妈的话，弯弯振振有词地摆出了自己的理由：“妈妈，我天天因为看电视都挨了你这么多骂了，即使我不是因为看电视而没完成作业，你也会这么说我，我黑锅都背了，干吗还不看电视呢？”

妈妈真拿这个女儿没办法，但爸爸的绝招却让弯弯每次都心甘情愿地去关上电视做作业，那就是制定明确的“家规”：每天晚上8点之前必须做完家庭作业，否则第二天不准看电视；如果按时完成，就奖励半小时看电视时间。

妈妈发现，女儿自从按照爸爸的“家规”执行之后，不但能够按时完成作业，而且一段时间后竟主动提出将奖励看电视变成奖励去博物馆看展览，女儿的学习劲头也慢慢被调动起来了。

其实，这个阶段的女孩心里很清楚自己该做什么、不该做什么，但面对学习的压力和电视、网络等事物的诱惑，她们时常会处在矛盾当中，挣扎在学与不学之间。因此，父母可以向事例中那位爸爸学习，给女儿制定明确的“家规”，让她清楚知道自己什么时间应该学习，并由此可给她带来什么好处等。

方法二：鼓励女儿那些“平庸”的想法

一位爸爸是这样总结自己的育女经验的：

我女儿在她9岁那年告诉我，她将来要做一名柔道选手。我听后高兴地对女儿说：“好样的，女儿，你真勇敢，爸爸支持你！你去网上查查，成为柔道选手都需要具备哪些能力，然后去努力就可以了！”

当女儿得知要想成为柔道选手，必须在身高和体力方面具有一定的优势，而自己却属于那种娇小柔弱的女孩时，她终于明白自己根本不可能成为柔道选手，所以她很快就忘记了这种想法。

后来，女儿又想过做面包师、修车员、理发师……不管她的想法多么普通，或者多么不符合现实，我从来都没有当面否定过她，而是不断地鼓励她：“只要你朝着这个目标去努力，你的愿望就可以实现。”

8～12岁是女孩探索欲望非常强烈的一个阶段，其内心常常会出现很多想法，虽然这些想法有时有些不切实际，甚至有些荒谬，但如果父母对女孩稍加引导，她一般很快就会意识到自己想法的局限性。所以，父母不要打击女儿的想法，而应该鼓励她，这样她就会充满探索和努力的热情。

专家教你女孩怎么养

对于8～12岁的女孩来说，父母如何正确处理学与玩儿的矛盾？

第一，寓教于乐法。父母可选择一些有趣的，能够提高孩子创造力、想象力、组织能力等的游戏，在玩游戏的过程中促进孩子学习能力的发展。

第二，择书为友法。如果家庭条件允许，父母可为女孩准备一间书房，里面摆上适合这个年龄段孩子阅读的书籍，并给孩子创造一个安静的阅读环境。

第三，动态吸引法。动态的物体更能吸引女孩的注意，比如窗外的蝴蝶、移动的车子、鸣叫的小鸟等，根据这个特点父母可适时向孩子提出“为什么”，促使孩子思考，并通过各种渠道获得答案。

13～16岁：正确引导女孩走过青春期

青春期是女孩生理发育和心理发展急剧变化的时期，是童年向成年过渡的时期，也是人生观和世界观逐步形成的关键时期。

很多父母会发现，自从可爱的女儿进入青春期之后，很多方面都变得与以前不一样了：

曾经那个活泼可爱的小丫头开始变得闷闷不乐、喜怒无常，甚至神神秘秘，有时还会表现得爱美和自恋。

原本乖巧、温顺、甜美的小公主忽然变得刁蛮任性起来，这让爸爸妈妈感到很头疼。她傲慢而敏感，自尊又自负，时常表现出焦虑和纠结，还很容易受到外界的影响。

对大多数父母来说，这个时期的女孩就是“天使”与“恶魔”的矛盾体，看到女孩的成长，父母既欣喜又有些担心，希望她能顺利地度过青春期。

这个时期的女孩主要具有以下特点：

◆已经历了月经初潮。在中国，女孩的平均初潮年龄在12岁。为了让女孩对月经初潮形成正确的认识，妈妈最好提前给女儿讲解相关的知识，并做好相应的各种准备。

◆情绪变化多而快。青春期女孩有时有些喜怒无常，一句鼓励就能让她笑颜如花，一个小小的打击就能让她泪如雨下，因此，针对女孩这一特点，父母要正确引导并多鼓励女孩。

◆会忽然迷恋上某个人。青春期女孩迷恋的对象是多变的，有可能是和她的生活有直接关系的人，如老师、同学、朋友等，也有可能是明星等有一定生活距离的人……当然这种青春期的迷恋要有度，否则很容易给女孩的学习、生活造成不良影响。

在对待女儿的迷恋行为时，父母一定要理智、耐心，在理解和尊重孩子的前提下，对其加以正确引导，这样才能使女儿分清理想与现实，找到自己努力的方向。

给女孩父母的建议

青春期女孩像含苞待放的花蕾，正处在开放性和封闭性矛盾的关键期，这个时候最易出现各种状况，因此，父母要用爱、理解和正确的教育方法让女孩顺利地走过青春期。

方法一：要与青春期的女儿进行平行交谈

所谓“平行交谈”，就是父母与孩子一边一起做些普通活动，一边交谈，重点放在活动上，而不是谈话的内容，此时交谈双方不必郑重其事地看着对方的眼睛，而是在随意的氛围中进行对话。

平行交谈的方式会让父母和女儿都感到轻松自在，不过，父母在与女儿谈话时，应多涉及一些如何学会求知、学会共处、学会做事、学会做人等内容，而且要注意这里的交谈一定是在平等、相互尊重的基础上，由事到情、由情到理和由一般到特殊的原则下进行的，这样才能使女儿与父母成为无话不谈的好朋友。

方法二：让青春期的女儿学会制订目标和计划

女孩做事很容易感性和冲动，也很少有人会制订目标和计划，这会极大阻碍女孩发展和成功的脚步。因此，父母应培养女儿这一方面的能力，教会她制订目标和计划的方法。

14岁的娴娴最近想买一个价值120元的品牌背包，但妈妈不同意，她认为上学的小女孩背普通背包就可以了。但娴娴不罢休，仍然缠着妈妈给她买。

妈妈仔细考虑了一下，对娴娴说："我只给你50元钱，如果你真的想要那个背包，妈妈有个好主意，可以让你在一个月内买到它。"

"什么办法？"

"你可以用自己的劳动来挣钱，比如帮我做家务，我会付钱给你。当然，如果你能有一个详细的计划书，那么你的目标会更早实现。"

于是，在妈妈的引导下，娴娴真的做出了一份详细的计划书。

目标：4月20日之前我要买那个想要的背包。

计划执行具体内容：

每天帮妈妈扫地、洗碗可得报酬1元，4月20日前可得30元。

每天倒垃圾，4月20日前可得10元。

每天帮爸爸妈妈铺床，4月20日前可得12元。

每天从零花钱里节省0.5元，4月20日前可省出8元。

周末做饭，4月20日前可得10元。

最后，娴娴不但圆满完成了这个计划，而且买到了心仪的背包，并且因为自己货比三家，还省下了8元钱。

专家教你女孩怎么养

父母用什么妙招应对青春期"多变"的女儿？

第一，利用情景渗透法。平时父母要充分利用电视、网络、报刊及生活中的情景，自然、恰当地对女儿进行青春期教育，也可通过讲述发生在朋友或同事孩子身上的故事影响她。

第二，书面谈心法。父母可用书信、邮件等方式跟青春期女儿进行交流，当面难以启齿的内容更加适合用这种方式来交流。

第三，兴奋转移法。父母可注重培养青春期女孩的兴趣爱好，鼓励她学舞蹈、摄影、绘画、弹琴等，为她充沛的精力找到用武之地。

第二章
培养女孩，父母应扮演好各自的角色

妈妈是女孩最贴心的朋友，爸爸是女孩人生的指路灯，他们都是女孩生命中最亲密、最信任、最依赖的亲人。

但作为妈妈你是否知道自己对女儿的品德、习惯、爱情观等有着怎样重要的影响？

作为爸爸你是否知道自己对女儿的性格、气质、择偶标准等有着怎样重要的影响？

……

为了培养出更加出色的女孩，就请带着你的理解、宽容和尊重，扮演好自己的角色吧！

妈妈是女孩最贴心的朋友

“世上只有妈妈好，有妈的孩子像块宝，投进妈妈的怀抱，幸福享不了……”这首歌想必每位妈妈都很熟悉。不过，并不是每个女孩都能深刻理解其中的含义，她们常常会问：“为什么有妈妈的孩子像块宝呢？”

于是，妈妈用她们的实际行动来回答孩子：

当女孩伤心哭泣时，妈妈会陪在她的身边，并用温暖的怀抱给她安慰；

当女孩想与人交流、沟通时，妈妈会停下手中的事情，认真地同她交谈；

当女孩想与人分享自己的心情时，妈妈会成为她最好的倾听者；

……

不过，妈妈与女儿的关系是会随着女孩的年龄不同而有所改变的：

◆ 0 ~ 7 岁

对于大多数妈妈来说，女儿的早期教育通常是充满矛盾的，当女儿渐渐有了各种感觉，并对外部世界充满探索欲望的时候，妈妈就会在鼓励与批评、保护与限制之间左右为难。

因此，0 ~ 7 岁女孩的妈妈应该多和爸爸共同讨论某些重要的话题，比如对孩子看电视的限制，孩子的玩具选购，如何丰富孩子的精神生活，如何平衡生活和工作等。

◆ 8 ~ 12 岁

8 ~ 12 岁的女孩已经具有一定的探索学习能力、组织能力和创造能力，往往更喜欢到户外参加一些有趣的活动。

这个年龄段的女孩有时更喜欢和爸爸在一起玩儿，因此，妈妈应该让女儿多和爸爸相处，以利于形成更好的亲子关系。

◆ 13 ~ 16 岁

卡尔比大学的琳·M. 布朗教授曾这样描述一位妈妈对女儿的谈话：“是的，

这似乎确实不太公平。我能够理解你的意思，虽然我也不知道怎么办，但是我们可以一起来想办法。”妈妈的这种说话方式既肯定了青春期女孩体验的现实性，同时又和女儿建立了一种可靠的关系。这对青春期女孩的健康成长是极为重要的。

这个阶段妈妈一定要谨慎行事，要学会信任和尊重孩子，并在性教育、与异性如何相处等青春期问题上与孩子及时进行沟通，让女孩顺利地度过青春期。

给女孩父母的建议

从女孩出生到她成年，妈妈给予她最宽广、最无私的母爱。但母爱不仅仅是一个拥抱、几句温暖的话语，更要讲究技巧，这样的母爱才会让女儿健康地成长。

方法一：妈妈要理智爱，不要溺爱

米米是独生女，更是妈妈的心头肉，从小就在蜜罐中长大。爸爸妈妈从来没有让她干过一次家务活儿，一切事情也都替女儿操办好，甚至在她考上大学之后，妈妈还特意在米米大学附近租了一间房子，不但经常给女儿送营养餐，而且亲自去学生宿舍为她料理生活。

米米大四那年，获得了出国留学的奖学金，家人都非常高兴，可谁知米米却没有想象中的那么兴奋，相反她感到十分忧虑，因为独自一人出国就表示以后不会再有人照顾她的衣食起居，她不知道自己一个人到国外后如何生活。她竟然在出国前患上了焦虑症。米米的妈妈懊悔地哭诉道：“没想到我们一心一意地爱着她，凡事都为她想周全，最后竟然害了她！”

世上没有妈妈不爱自己的孩子，但爱要有度，也要讲究方法，不能盲目和缺乏理性地爱孩子，而应该为女儿的成长和独立提供空间。

因此，聪明睿智的妈妈会让女儿既感受到她发自内心的爱，又让女儿学会如何独立生活、如何自己解决困难、如何在社会上更好地生存等。

方法二：妈妈要教女儿学会适当的放松

一位妈妈这样讲述她的育女经验：

我是一个9岁女孩的妈妈，虽然我对女儿寄予了很多希望，在学习方面对她也比较严格，但这一点儿也不影响我和女儿之间的亲密关系。这其中的奥秘就是我懂得让女儿学会适当的放松，给她提供最好的建议。

有一次，女儿被一道数学题难住了，看着女儿眉头紧锁的样子，我笑着对她说："女儿，为什么不休息一下呢？说不定休息之后，这道题就解答出来了。"

女儿接受了我的建议，高高兴兴地出去玩儿了。当她再次回到书桌前做作业的时候，果真没费多长时间就做出那道题了。女儿搂着我的脖子，亲切地说："妈妈，你好厉害，你怎么知道我玩儿一会儿就做出来了？"我抚摸着她的头说："这是你让自己的大脑得到放松的结果。"

妈妈在和女儿相处的过程中，切忌对女儿要求过于苛刻，给孩子适当的缓冲时间，帮助女儿调整自己的状态和情绪，就会取得比较理想的效果。要知道女孩学会劳逸结合，不但能获得较高的效率，而且更懂得享受生活。

专家教你女孩怎么养

妈妈如何正确、合理地教育女儿？

第一，妈妈要以爱为出发点，让女儿了解，即使妈妈惩罚她，也是爱她的表现。

第二，当女儿做错事时，妈妈要立即纠正，如果时过境迁再来翻旧账，教育的效果就会大打折扣。

妈妈对女儿人生的影响
——品德、习惯、爱情观

日常生活中，我们时常会听到这样一些话："真是有什么样的妈，就有什么样的女儿。""你简直和你妈一个样！""你怎么总学你妈的样子？"……其实，大多数女孩都会把自己的妈妈当作模仿对象，自己身上的很多行为、特点都跟妈妈相似。

有一位妈妈曾在日记中写道：

有一天，女儿走到我的面前说：“妈妈，我讨厌自己长成这个样子，太丑了！”我没想到女儿竟然这么讨厌她自己的容貌，于是马上对她说：“宝贝，你怎么会有这种想法呢？你都不知道你长得有多可爱、多漂亮。”她坚定地摇摇头，对我说：“妈妈，每个人都不喜欢自己的样子。我每天看你照镜子的时候，发现你总是对着镜子皱眉头，表现出一脸不满意的样子，好像厌恶着什么。”

听完女儿的话，我开始关注自己的行为，当我再照镜子的时候，我仔细观察了一下自己的表情，发现女儿的话是正确的：当我看见自己发黄的皮肤、有些细纹的眼角，我的确露出了不满的表情。

其实，女孩在像上面这样仅仅在日常生活和母亲接触的各个细节中，就能感受到母亲所传递的对于女人、男人、自我以及生活的一些观念。

妈妈在生活中的一些细节影响着女儿的生活习惯；

妈妈是事业型女人还是以家庭为重的女人，对女儿将来如何处理事业和家庭的关系有一定影响；

妈妈对婚姻的观点将直接影响女儿的恋爱观、婚姻观；

妈妈是否善良、是否乐观自信、是否有主见等影响女儿将来的个性和品德。

教育专家将妈妈对女儿的影响主要归结为三个方面：品德、习惯、爱情观。这三个方面十分重要，关系着女孩未来的幸福与成功。因此，为了保持良好的母女关系，也为了塑造身心健康的女儿，妈妈要明白自己在不同家庭成员面前所扮演的角色，并在明白自己的角色定位之后，做出合理、恰当的行为，并能正确地处理问题，成为女儿人生最佳的典范。

给女孩父母的建议

女儿从妈妈那里得到的不仅是宝贵的生命，还有对自己成长的深刻影响，那么作为妈妈，如何给女儿带来积极的影响呢？

方法一：妈妈要提高自己对生活的满意度

7岁的女儿不仅喜欢唠叨，而且经常抱怨，这让她的妈妈实在想不通。于是，一天爸爸下班回家，妈妈就特意把爸爸叫到了书房，和爸爸谈起了女儿的事情：“你觉不觉得女儿越大越奇怪，小小年纪不但话很多，而且常常抱怨这抱怨那，一会儿说我做饭不好吃，一会儿怨我没有给她洗干净衣服，这孩子不会这么早就进入青春期吧！”

爸爸无奈地看了妈妈一眼，说：“女儿变成这样，还不都是因为你！”

妈妈瞪大双眼说：“这和我有什么关系？”

爸爸说：“怎么和你没关系？你想想看，你平时是不是总爱唠叨，经常在女儿面前说我不帮你料理家务，又说我懒散，而且抱怨物价高，好像你没有碰到过什么好事。女儿整天和你在一起，耳濡目染之下总会受到影响，她现在变成这样，几乎就是你的翻版。”

曾有一项调查显示：母女关系的好坏，很大程度上取决于妈妈对生活的满意度，而妈妈对生活的态度会直接影响女儿对生活的态度，所以，妈妈最好停止唠叨和抱怨，以积极乐观的心态对待生活中的一切，提高自己对生活的满意度。

方法二：用自己高尚的思想和行为去影响女儿

田甜的妈妈从小就教育她要孝敬老人、关爱他人，并且用自己的行动为女儿做出了榜样。田甜的奶奶住在乡下，因为年迈生病，田甜的妈妈经常抽出时间去照顾奶奶。有一年暑假，田甜的奶奶不小心摔伤了腿，没办法独立生活了，而田甜的妈妈刚好有一个很重要的暑期培训，这时，田甜便自告奋勇地说：“妈妈，我已经上五年级了，已经有能力照顾奶奶了，你就去参加培训吧，让我去照顾奶奶！”田甜的爸爸对女儿的能力有些怀疑，但妈妈说：“就让田甜去吧，她会从中学到很多在学校里学不到的东西。”

于是，那年暑假田甜搬到了奶奶家。在那里，她每天给奶奶做饭、陪奶奶聊天、帮奶奶洗衣服……当然，面对暑假作业和没有玩伴的孤单，田甜也沮丧过，但是她没有中途放弃，而是圆满地完成了任务。

妈妈送给女儿最好的人生礼物就是美好的品德。如果妈妈孝敬老人，与人为善，富有爱心和同情心，那么她的女儿也会模仿这些良好行为，所以，妈妈要用自己高尚的思想和行为去影响女儿。

专家教你女孩怎么养

妈妈如何为女儿带来积极的影响?

第一，为女儿的道德指明方向。妈妈应在日常生活中着重培养女儿的责任感、正直和忠诚的品行，并以身作则，成为女儿道德的楷模。

第二，妈妈要适当放宽爱的界限。比如允许女儿有自己的秘密，给她一定的空间。

第三，妈妈要坦诚地和女儿谈论“禁忌”。毒品、酒精、性这些都是敏感词汇，但不代表妈妈要回避，而应该坦率地跟女儿谈论其中的危害和预防措施。

如果女孩缺少母爱，长大后易叛逆

老舍先生说过：“失去了慈母便像花插在瓶子里，虽然还有色有香，却失去了根。”这句话说明慈母对一个人是非常重要的，就像根对花一样重要。没错，妈妈就是女儿的根，是女儿汲取生命营养的源泉，缺失了母爱，即使外边阳光雨露再滋润，这朵花也会枯萎。

心理学家认为，孩子出生的最初 15 个月里，需要妈妈的爱抚和帮助。不要以为这是无关紧要的，每当你抱起你的女儿，每当你为她换尿布，替她洗澡，给她喂食，对她发出会心的微笑时，她就会感到她是属于你的，同时你也是属于她的。而除了妈妈，世界上任何其他人，无论怎样富于技巧，都不能给她那种感觉。

女孩和妈妈的这种亲密关系一旦被过早地切断，女孩的心灵就容易出现一个很大的感情缺口，让她变得空虚、叛逆，甚至会影响她一生的命运。

给女孩父母的建议

缺少母爱会让女孩心理失衡，她时常会感到孤独、失望、忧虑，进而出现情绪低落、心浮气躁、性格孤僻、叛逆。如果妈妈不及时矫正女儿的这种心态，久而久之，就会对女儿的健康成长造成不利影响。

方法一：用真诚取得女儿的信任

小葵初中上了2年，光转学就转了3次，而且她对周围的一切都存有戒心，也没有什么特别交心的朋友。她的爸爸妈妈都在外地工作，根本无暇照顾她的学习和生活，只能把她交给爷爷奶奶代为照看：直到有一次，小葵的妈妈接到派出所打来的电话，让她去领自己的女儿，她才意识到问题的严重性。于是，为了不让女儿继续犯错，小葵的妈妈辞掉了工作，决定做一个称职的好妈妈。但是，小葵并不领情，妈妈的出现对她来说不是福音，反倒像是累赘。

每天放学后，小葵会躲进自己的房间或者去附近的网吧上网。面对女儿有意地闪躲，小葵的妈妈决定用自己的真诚挽回女儿的心。所以，每天她都会给女儿写交流感情的小纸条，如："女儿，你今天穿的衣服很好看。""妈妈一直想说，你睡着时的样子像个天使！""妈妈真傻，怎么会错过和你在一起的那么多美好的时光呢！"……有时将小纸条贴在女儿的书桌上，有时贴在冰箱上，只要是女儿经常看到的地方，小葵的妈妈都会写上情真意切的话语。

渐渐地，小葵从气愤地撕掉妈妈写的纸条，到选择漠视，然后无意看上两眼，后来竟认真地读每一张纸条，到最后她开始选择用纸条和妈妈对话。虽然女儿还没有完全接受自己，但是小葵的妈妈已经很欣慰了，毕竟女儿现在已经愿意跟她敞开心扉了。

其实，没有一个女孩的本性是坏的，她们之所以会在成长中出现各种各样的问题，与父母的教育、亲子关系的好坏密切相关。因此，妈妈要想让女儿和自己变得亲密，就要多创造和女儿交流的机会，用自己的真诚和毅力打动女儿。你要坚信即使你们之间有很深的误会，也可以通过不懈努力得以化解，改善亲子关系。

方法二：用爱弥补女儿缺失的亲情

有人说：爱是一种特殊的工作，更是一种辛苦的工作。女孩需要妈妈更多的爱与关注，而这也意味着妈妈必须在女儿身上花费足够多的时间，因为对孩子的爱与关注在于陪伴，或许你需要耐心地看3岁的女儿在草地上打滚儿，听6岁的女儿讲自编的故事，听青春期的女儿给你没完没了地说她的偶像……这些都可能让你感到枯燥乏味，甚至令你疲惫不堪，但你仍然要用耐心倾听和陪伴让女儿感受到你的爱。

在一次为成年人开办的心理辅导课上，一位公司的女经理对老师讲出了自己的疑惑："老师，为什么我在社交场合可以谈笑风生，在企划会上也能自信地陈述自己的方案，而一旦面对自我时，却不免会产生孤独、无助、寂寞的感觉。"老师询问了她的成长经历，才知道她刚出生半年，妈妈就因病去世了，是保姆把她带大的。于是老师告诉她，当孩子幼小的生命缺少母爱时，她被关注的愿望无法得到满足，由此产生了不安全感，而这种不安全感会以潜意识留在心底，对今后的生活产生一定的影响。

如果女孩在童年时期得到足够的母爱，那么她长大后，内心就会拥有自信和安全感；反之，那些从小就缺失母爱的女孩，往往会变得自卑、孤僻、叛逆，极度缺乏安全感。

因此，妈妈在面对女儿的成长时，不妨分阶段侧重。在女儿的幼年时期，如果必须和女儿分离一段时间，那么妈妈需要给女儿爱的保证，并用实际行动来让女儿安心。比如："妈妈不会忘记你的，很快就会回来接你的。""我太忙无法好好照顾你，你暂时去奶奶家住一段时间，妈妈一定会经常去看你的。"……这些言语或多或少都会减少女儿对分离的恐惧感。

专家教你女孩怎么养

如何巧妙地处理单亲家庭女孩的教养问题?

第一，给女孩安全感，让她接受单亲这个事实，但不要因亏欠对其过度补偿、溺爱、放纵，这些做法都是错误的。

第二，帮助女孩增进人际交往，让其多与外界接触，多和亲朋好友一起聊天、玩耍等。

第三，多关心女孩，除了给她物质生活的满足，更应注意女孩的心理需求。

爸爸是女孩人生的指路灯

罗曼·罗兰曾说："当我们在一些难关面前停顿下来的时候，他总是说：'你会把它弄好的！凭你的聪明，这点小事是难不倒你的！'而我们往往就因为父亲这句话，奇迹似的把本来弄不好的东西弄好，对本来视为畏途的工作发生兴趣。"由此可见，爸爸对孩子的一生起着十分重要的作用，他不但是家里的顶梁柱，更是女孩人生的指路灯。

那么，女儿能从爸爸那里得到哪些影响其人生的东西呢？

◆爸爸影响女儿心中最初的男性形象。女儿对男性的最初印象往往源于她的爸爸，假如爸爸能够给予女儿积极的影响，那么爸爸便会成为女儿的英雄、榜样，她会感受到来自爸爸的坚强、责任、勇敢，同时这也会帮助女儿明白妈妈和爸爸不同的家庭角色。

◆爸爸的认同、肯定更易提高女儿的自信。爸爸对女儿的表达方式和妈妈不同，他与女儿相处的时间相对较少，所以爸爸的赞扬和肯定在女儿看来显得特别重要。爸爸的积极介入有助于抑制女儿对妈妈的过度依赖，同时也增强了女儿自立的信心。

◆爸爸对女儿女性气质的培养具有很大作用。如果爸爸欣赏女儿的女性气质，比如女儿换了一个新发型，爸爸给予肯定，女孩就会对自己的女性气质更加自信。

总之，爸爸是影响女儿生活、成功和幸福的重要因素，女儿将从他那里了解到能力、坚强、冒险、人际关系、劳动、自尊、自信等内容。而爸爸要做的是不要在情感上和女儿拉开距离，要让女儿永远感觉到爸爸是能为她遮风挡雨的大树，能在她迷茫的时候给她指出前进的方向。

给女孩父母的建议

教育专家认为，爸爸在女儿感知、认知这个世界时，其行为举止、思想品行以及为人处世的原则，都会对女儿的成长产生重要的影响。那么，爸爸怎样才能更好地教育和引导女儿呢？

方法一：培养女儿的自信

众所周知，女孩小时候常做妈妈的“跟屁虫”，可随着年龄的增长，她们渐渐会把放在妈妈身上的注意力转移到爸爸身上，她们总是会被爸爸的力量、幽默以及无所不能的能力所吸引。如果这时爸爸能够更多地给予她鼓励和肯定，那无疑会增强她的自信。

一个成年后的女孩曾回忆说：

小时候，每次穿上新衣服，我总会跑到爸爸的面前问：“爸爸，好看吗？”如果爸爸说：“很好看！”我就会非常高兴，学习也变得积极认真起来。但其他人的评价却起不到这样的效果。

当然，有时爸爸也会忽视或者批评我，每当遇到这种情形的时候，我就会对自己产生怀疑，并且不停地问自己：“难道爸爸不喜欢我了？我哪里做得不好？我到底做错了什么？”……

一个失去自信的女孩，是无法真正取得成功的，而不断地怀疑自己的能力，只会让自己不断品尝失败，进而变得自卑、消极。因此，爸爸应该在实际生活中不断鼓励和肯定自己的女儿，给她提供源源不断的自信。

方法二：为女儿创造成功的机会

每个女孩都渴望成功，都希望得到来自父母或者他人的肯定和赞许，因此，爸爸应该多给女儿创造成功的机会，提高女儿的自信以及各方面的能力。

甄珍的爸爸是一家企业的财务人员，平时工作非常忙，很少有时间和家人待在一起。但是他几乎每天都在关注女儿生活中的一点一滴，每天晚上还会在网上和女儿进行交流，让孩子朝着父母希望的方向发展。而当他和女儿在一起的时候，就会不断找机会让女儿体验成功。

有一次，甄珍班上举行讲故事比赛，她很想取得好名次，于是，自己就在家里编好故事反复练习。爸爸被女儿的认真深深打动，于是他帮助女儿精心调整故事的结构，并在一旁指导女儿讲故事时的语气、节奏、动作、表情等。正式比赛那天，甄珍表现得非常出色，赢得最热烈的掌声，最后还以高分获得了第一名。

其实，爸爸应该多分出一些时间给女儿，并用自己的良好的处事原则和生活习惯等去影响女儿。另外，平时也可常带女儿到景色优美的公园郊游、去游乐场尽情地玩耍，以便促进父女之间的情感交流，激发家庭的活力。

专家教你女孩怎么养

爸爸和女儿相处时应该注意哪些问题?

第一，千万不要将不良情绪宣泄到女儿身上。爸爸应该给女儿一个温和的笑容，让她朝着乐观、积极的方向发展，并为女儿创造一个宽松而愉快的家庭环境。

第二，爸爸要注意与女儿相处时的分寸。爸爸毕竟是男性，是女儿形成性别意识的第一任老师，因此，爸爸在女儿稍大些时，要注意相处时的分寸。

爸爸对女儿人生的影响
——性格、气质、择偶标准

有一位成年的女孩在日记中这样写道：

我爱我的爸爸，并且把他作为我衡量男性的标准，在我心目中，爸爸一直是最可爱、最亲切、最值得信赖、最有责任感、最有修养的一个了不起的男人。他是我和妈妈最坚固的靠山，是我们伤心委屈时最温暖的港湾。我希望我将来的爱人能像我的爸爸那样伟大。

没错，爸爸在女儿的生命中占据着重要的位置，而且，对女孩的一生影响深远，特别是影响着女儿的性格、气质和择偶标准。

◆爸爸对女儿性格的影响

爸爸对女儿的性格塑造起着至关重要的作用，因为爸爸是女孩生命中最早接触的男性，他的一言一行都影响着女儿，并且成为女儿模仿的对象。

◆爸爸对女儿气质的影响

弗洛伊德认为，爸爸是女儿形成女性气质的导引者、支持者和认可者，对儿童性别角色的分化具有很大作用。比如生活中，我们时常会听到有些女孩骄傲地说："爸爸说我笑的样子很好看，我以后要常常笑！"……

◆爸爸对女儿择偶标准的影响

很多女孩经常说："我希望将来的丈夫能像我的爸爸一样……"爸爸的伟岸和高大从小就在女孩的心中扎下了根，所以与妈妈相比，她们更渴求爸爸的疼爱，并希望从爸爸那里得到来自异性的安全感和保护。

给女孩父母的建议

密歇根大学做过的一项调查表明：爸爸的爱对于女儿的智力发展、情感稳定性以及身体健康有着重要的影响作用，而且这种影响会延续到女儿成年之后。那么，爸爸要怎样让女儿在无私的父爱下快乐地成长呢?

方法一：爸爸要多花些时间陪在女儿身边

有一位妈妈非常庆幸自己为女儿的成长做出了明智的决定：

我女儿3岁那年，老公因为工作关系被派到了外地常年出差，而且一去就是3年。刚开始我并没有觉得这会对女儿的成长造成什么影响，即使爸爸长期不在女儿身边，还有我这个妈妈在，而且我们母女相处得一直非常愉快。可是前一段时间，我却因为一件看似很小的事情，将远在千里之外工作的老公召回到我们母女身边。

事情的起因是这样的：一天，家里来了一位安装网线的工作人员，而一向不爱跟陌生人接触的女儿竟然围在他的身边说个没完没了，叽叽喳喳的小丫头把那位工作人员逗得非常开心，他还一直跟我说："你家女儿怎么这么可爱啊！"最后，当那位工作人员要走的时候，女儿竟然可怜兮兮地对他说："叔叔，你能抱抱我吗？"这着实让我感到纳闷儿。

等送走那人之后，我就问女儿为什么这么亲近那位叔叔，女儿说："我觉得他长得像爸爸。"听完这句话，我的眼泪瞬间就落了下来，女儿是太渴望父爱了。

于是，我立即给老公打电话，让他尽快处理好工作事宜赶回来，再也不能让女儿缺少父爱了。后来，老公找到了新工作。现在，老公每天下班回来都会和女儿待在一起游戏、学习，周末还经常带她出去玩儿。我发现自从老公回来后，女儿变得和从前大不一样，不但性格开朗了许多，也更爱学习了。

爸爸通常是家中最忙碌的角色，有时为了工作、家庭，与孩子相处的时间少之又少。但爸爸要知道：女儿的成长只有一次，她的教育永远比你的事业更重要，所以，爸爸应该多花些时间陪在女儿的身边，关心女儿的生活、学习、身心健康等问题。

方法二：爸爸要成为女儿人生的好榜样

爸爸在女儿的心中通常是英雄式的人物，给人以正面的印象，比如爱家、有责任心、能干、性格刚毅、幽默风趣、果断干练等，而女孩的这种良性认知会让她对异性形成良好的印象；但如果爸爸给女儿留下的是懒散、不务正业、酗酒成性、不负责任、粗暴、没教养等印象，那么女孩便会对异性产生排斥心理，甚至对婚姻产生消极观念，对今后的人生产生十分不利的影响。

15岁的女孩梦莎坐在审讯室里，悔恨的泪水挂在脸上，她是因为参与贩毒而被警察抓住的。当办案人员问到她的爸爸时，梦莎显得特别激动，她吼叫着说："我没有爸爸，不要和我提那个男人！"

等她情绪平复后，说出了缘由："自从我有记忆起，爸爸在我心中就是一个粗暴的人。他只知道打我和我妈，我跟我妈每天都生活在恐惧和泪水之中，小小的我，身上就已经布满伤痕。如果我再见到他，一定要杀了他！"

而同样15岁的环环却与梦莎有着截然不同的命运。在一次绘画大赛上，环环获得了一等奖，她含着眼泪激动地说："我很感谢我的父母，尤其是我的爸爸，我今天能有这个成绩，最大的功臣就是他。"

所以，爸爸要真正成为女儿人生的好榜样，给她一个光辉、灿烂的未来。

专家教你女孩怎么养

怎样才能成为女儿生命中具有积极影响的爸爸?

第一，做个讲道理的爸爸。爸爸对女儿要做到以理服人，但前提是要站在女儿的立场上，尊重和理解女儿。

第二，做个有责任心的爸爸。一个有责任心的爸爸，不但要对妻子、女儿、家庭、工作、社会负责，更要成为女儿心中诚信、正直的榜样。

如果父女关系疏远，女孩容易自卑

一般来说，父女关系疏远，容易令女孩产生强烈的自卑感。因为女孩内心非常渴望爸爸的肯定和认同，如果父女关系不好，女孩会认为造成这种结果是由于自己不够好或者哪些方面做得太差，于是内心自卑的种子不断萌芽、成长，让自己变得越来越自卑。

一位女孩的爸爸这样讲道:

我有一个5岁的女儿，在我身边的时候，她总是显得特别的调皮和搞怪。

一天晚上当我在书房看书的时候，她就会很大力地推开书房的门，然后大声打断我说：“爸爸，妈妈说让你帮我找一本书看！”其实，她的书都在书柜的最底层，她自己完全可以找到，但她就是想打断我，让我注意到她。

我把女儿最爱看的故事书递给她，然后坐回书桌前想要继续看书的时候，女儿却把她手中的书举到我面前说：“爸爸，你给我讲里面的故事。”

“宝宝乖，爸爸在看书，你让妈妈给你讲，或者待会儿爸爸再讲给你听。”我敷衍着说。

谁知，女儿小嘴一撇，委屈地说：“爸爸撒谎，你每次都这样说，每次都是妈妈给我讲故事。我不，我就要你现在给我讲！”

我觉得女儿特别不听话，有些胡搅蛮缠，于是把脸一沉，严厉地说：“你怎么这么不听话，没看见爸爸在忙吗？出去找妈妈去！”说完，我就把女儿推到了门外。

后来，我听了一个亲子关系的讲座，才知道自己当初的做法对女儿造成了很大的伤害。

女孩天性比较敏感，她们渴望来自父母的关注，而在她们小的时候，更是把爸爸看作无所不能的“英雄”，所以她们特别渴望得到爸爸更多的关注和爱护：一旦父女关系变得疏远，女儿便会开始怀疑自己的能力，甚至影响其今后的发展。

给女孩父母的建议

爸爸是女儿心灵的靠山，他不仅要为女儿的物质生活提供保障，更要给女儿她所需要的关爱。那么，爸爸怎样才能给女儿一个纯真、快乐的童年，让她健康地成长呢？

方法一：爸爸要支持女儿，成为她最坚强的后盾

一天放学后，7岁的喜喜哭着回到家，一进家门就跑到爸爸的身边说：“爸爸，佳佳和强强欺负我！”爸爸看着伤心的女儿，不解地问：“佳佳和强强不是你的朋友吗，他们怎么会欺负你呢？”

喜喜抽泣着说出了事情的经过：原来喜喜天生有些男孩性格，看起来就像个假小子，玩游戏的时候，女生都嘲笑说她是“男孩子”，不愿意和她一起玩儿；男生也不愿意跟她玩儿，而她的好朋友佳佳和强强也没有站在她这一边，所以她觉得朋友们都不喜欢她，甚至讨厌和她一起玩游戏。

听完女儿的哭诉，爸爸笑着说：“我的女儿怎么会是假小子呢，只不过是不像其他女孩那样娇滴滴、爱撒娇罢了，而且我的女儿性格开朗，爱说爱笑，还很勇敢呢，将来一定能取得自己的成就！”

喜喜有些怀疑地看着爸爸问：“爸爸，你说的是真的吗？”

爸爸假装生气说：“爸爸什么时候骗过你！”

喜喜觉得爸爸的话给她注入了很大的勇气，而且她渐渐变得自信、乐观起来。后来，她发现她的朋友根本没有不理她，还是很愿意和她做朋友。

女孩很注重人与人之间的关系，但是成长过程中难免会遇到各种人际交往问题，如果处理不好这些问题，就会让女孩怀疑自己，怀疑人与人之间的感情。而来自爸爸的支持和肯定，会让她重新审视自己，换另一个角度看待遇到的问题，进而变得理智、自信和坚强。

方法二：爸爸要成为女儿最好的朋友

中国传统的父亲角色是“教导者、权威、财务保障、家庭主心骨”，而不是女儿最好的朋友。其实，女孩非常希望妈妈成为自己的心灵知己，爸爸成为自己最好的朋友。

有一位爸爸曾苦恼地说：“我一直认为‘养不教，父之过’，更坚信随时随地纠正和教育女儿是我做爸爸的责任。但是我的教育竟让女儿觉得我是‘敌人’，我真不知道问题出在哪里。”而他 14 岁的女儿是这样说的：“我觉得爸爸根本不爱我，在他眼里，我没有做对过一件事情，从头到脚都是毛病。而我的存在使他没有了快乐。”

如果爸爸只是把教育女儿看成一种责任和任务，就会失去对女儿的爱，只会让女儿产生逆反心理，对心中渴望的父爱感到失望。

其实，要成为女儿的朋友并不难。首先，爸爸要调整自己的心理，降低自己的威严，同时提高自己在女儿心中的地位，真正用一个成熟男性的理性、睿智、宽容和慈爱来打动女儿的心；其次，爸爸要不断地和女儿进行真诚有效的沟通，尊重和信任自己的女儿，用鼓励和肯定来提升亲子关系的质量。

专家教你女孩怎么养

有什么办法可以让爸爸和女儿变得亲近起来？

第一，成为女儿的“军师”。比如当女儿在生活中遇到困境和迷茫时，爸爸可以给她提供一些好主意，帮助女儿巧妙地化解难题。

第二，成为女儿的玩伴。女儿很小的时候，爸爸可以和女儿一起玩游戏；等女儿稍大些，爸爸要保证随时在女儿能够找得到的地方，以便在女儿需要时提供帮助。

第三，成为需要女儿“照顾”的人。让女儿学着在一些日常生活小事上为爸爸“做主”，让她学着“照顾”爸爸。

与女儿关系升温的法宝
——理解、宽容、尊重、信任

据一项调查显示，有近3/5的孩子对父母的教育不满意，有4/5的“问题少年”与不当的家庭教育有关。造成这种状况的原因是什么呢？我们先来看一个真实的事例：

有一位爸爸来到青少年心理咨询中心，对心理老师说他的女儿有心理问题，具体表现是：女儿自从上高中之后，无论是周末回家还是节假日在家，都喜欢把自己关在房间里，不愿意与父母交谈。每次询问女儿的学习情况，她都闷声不语。

心理老师仔细了解了这位爸爸教育女儿的方式，最后直言相告说：“你们轮番教育女儿苦读书，孩子烦不烦；每次考试都要求女儿考第一，考不好就挨骂，孩子怨不怨；晚上你们轮番监督女儿学习，不准她看电视、听音乐，孩子累不累；女儿没考上重点高中，你们轮番数落她，连爷爷奶奶也责怪她，孩子气不气；你们还要私自进她房间，寻找女儿谈恋爱的蛛丝马迹，孩子火不火……”

最后心理老师还告诉这位爸爸：“你们做父母的要好好检讨一下自己，对待孩子要学会理解、宽容、尊重、信任。”

心理老师最后的忠告虽然是对那位爸爸说的，但也给所有的父母都提了个醒。父母对待女儿要多一些理解、宽容、尊重和信任。

一天，年轻的妈妈带着自己的女儿逛商场，可女儿不肯自己走路，要妈妈抱着。妈妈非常生气，当她气愤地蹲下想去打女儿时，忽然心头一震！因为当她和女儿一般高时，她看到了女儿的视野，在女儿眼里，全是拥挤不堪的大人的腿和臀部，这时妈妈心疼地把女儿抱了起来。

父母要充分意识到女儿处在什么年龄段，并站在她的角度看问题，这样才能为女儿制订出合理的、利于执行的计划。

给女孩父母的建议

很多时候父母给予女儿的爱，并不是她能够全部接受的，那些没有喘息空间的爱只会让女孩的生活变得压抑、紧张、失去自由，甚至让她远远逃离父母的爱与保护。那么，父母与女儿之间正确的感情升温方式有哪些呢?

方法一：创造与女儿进行感情交流的机会

一位爸爸深知与女儿进行感情交流的重要性：

我和妻子平时工作都非常忙，但是不管怎样，女儿都是我们生活的重心，所以每周我会抽出一天陪女儿。在节假日，我们一家人一定会一起出去旅行。

当我和女儿单独相处时，我会把所有工作上的事情都放在一边，让这一天完全是属于我和女儿交流感情的时间。我会陪着她去购买学习用品；或者和她一起去图书大厦挑选她喜欢的书籍；或者在家里帮助妈妈一起做家务，然后玩智力游戏……

当然，在做以上这些事情时，我都会和女儿用语言积极沟通，让她为这一天的计划做个详细的安排，我会尊重她，并且尽可能地配合她，也会给她一些合理的建议。

我们的感情变得越来越好，慢慢地她也学会了理解我和尊重我，我感到非常欣慰和幸福。

人们常说，女孩比较善解人意，喜欢替他人着想，所以只要父母发自真心地善待自己的女儿，多理解、尊重她，那么她也一定会更加理解和尊重你。生活中有很多性格叛逆的女孩之所以和父母关系不好，有很大一部分原因是父母不善于和她们进行交流，不能理解、尊重孩子的个性和需求。

所以，父母应该多创造与女儿进行感情交流的机会，并且用理解、尊重和宽容打开女儿的心扉。

方法二：多给女儿一些宽容的时间

父母虽然大部分时间都和自己的女儿在一起，但是总有些事情是父母预料不到或者难以理解的，这样父母与女儿之间必定会产生一些误会。如果父母没有给女儿多一些时间解释，那么在伤害父母与女儿感情的同时也加深了女儿对父母的误解。因此，父母应多站在女儿的角度想一想，在理解和尊重她的前提下，多给她一些宽容的时间。

有一位妈妈在这方面就做得非常好：

一天，上初三的女儿跟我说周六要去给同学过生日，并且在人家家里吃晚饭。说实话，我并不愿意让女儿大晚上出去，但是我尊重她的决定，而且理解她对友谊的珍惜，所以我就假装平静地答应了。

女儿出门前，我问她几点回家，她说晚上8点之前就回来。当时是寒冷的冬天，而且我们又刚搬了新家，我不放心女儿夜归，于是和她约定晚上8点在公交站等她。

夜晚的寒风特别刺骨，我准时到达了公交站，等候女儿归来。可谁知1个多小时过去了，还是看不到她的身影，此时我十分焦急和气愤。10分钟后，女儿终于出现了。隔着很远，我就能听见她急促的喘息声。显然，她是跑着赶到公交站的。就在女儿跑到我面前的那一刻，我压制住自己的怒气，平静地问："回来了？""对不起，妈妈，我回来晚了。"看着女儿一脸愧意，我决定先不责怪她，而是耐心听她解释：原来，那位同学家又远又不靠车站，而女儿去时迟了，人家不让早走，加上回来时又找不着车站，又等车又倒车，一番折腾下来时间就晚了。

听后，我宽容地笑了，对女儿说："没关系，谁都可能碰上特殊情况，你安全回来就行了。"

接下来，我又与女儿分析，学生过生日，选在中午比晚上好，否则该让父母多着急啊！而且大冬天黑夜里东奔西走，也不安全，岂不扫兴？女儿听了连连点头，还夸我很理解人。母女俩感情一下贴近了许多。

专家教你女孩怎么养

父母如何与女儿建立良好的亲子关系？

第一，不做法官，做律师。父母对待女儿不应像法官一样"兴师问罪"，而应该以宽容的心，给孩子申辩的机会，呵护她的自尊。

第二，不做裁判，做啦啦队。父母应像女儿人生中的啦啦队队员一样，善于发现和赞美孩子，引导女儿正确面对失败，做女儿挫折时的盟友。

第三，父母要帮助女儿提高自我意识，进而学会和父母进行有效的沟通。

父母不要一个唱“红脸”，一个唱“白脸”

人们常说“母亲是女儿温柔的港湾，父亲是激励女儿前进的长鞭”，于是在家庭生活中，父母常常是一个唱“红脸”，另一个唱“白脸”，殊不知这样的教育方式不但无法达到教育女孩的目的，还会误导女孩。

6岁的明珠弹琴时表现出极大的随意性，课堂上老师讲过的正确指法、手型和要求在她的脑子里没有留下丝毫的痕迹。每次回到家面对那架黑色钢琴，她就像没在学校学过似的，弹奏出的音符杂乱无章，难以入耳。

明珠的爸爸是一位钢琴爱好者，他希望女儿能够成为像郎朗那样的钢琴演奏家，所以对女儿的要求非常严格，但是看到女儿糟糕的表现，他非常着急，也非常生气。于是，女儿一回到家他就一遍又一遍地提醒外加亲自示范，可明珠明显摆出一副不合作的态度，不是在琴凳上扭来扭去，就是一会儿喝水、一会儿上厕所，没过几分钟又嚷嚷手指头酸疼、很累，要歇会儿，此时，爸爸内心的怒气终于冲破了忍耐的底线，啪的一巴掌挥了过去，明珠的手背顿时就红了。

刚下班回来的妈妈正巧看到这一幕，马上冲到女儿的面前护住哇哇大哭的女儿，愤怒地朝明珠的爸爸吼道：“你怎么打孩子，她还这么小！你不会好好说话吗！”

“这孩子没定性，都是你宠坏的！”爸爸顿时把怒气转移到妈妈身上。

“女儿这么小就该宠着她、哄着她，哪有你这样狠心的爸爸，你看孩子的手背都肿了，你下手太重了！走，宝贝，妈妈带你去楼下诊所看一下。”妈妈心疼地搂着女儿。

从那之后，明珠就不太爱跟爸爸待在一起，有时她一见到爸爸就紧张，总是喜欢黏着妈妈。

上面事例中，明珠的爸爸妈妈就是家庭教育中典型的“红脸”角色和“白脸”角色，一个对女儿是严厉惩罚，一个是一味宠爱。其实，从根本上说，家庭教育中的“红脸”和“白脸”就是指父母对待女儿采取的是表扬的还是批评的方式。

不过，无论父母谁扮演“红脸”谁扮演“白脸”，其结果往往是女儿会与其中一方的关系变得比较紧张、冷淡，而对另一方又会过度依赖，这必定会造成女孩母爱和父爱的失衡，影响其健康、快乐地成长。

因此，父母应该强化女儿好的一面，并对她的错误给予必要的指点，但绝不能简单斥责或武力惩罚，而是要让她看到自己的潜力，提升自信。

给女孩父母的建议

一个在父性和母性影响力均衡的家庭中长大的女孩，对人际和社会都有着正确而恰当的理解，能够更好地把握生活。因此，父母必须掌握好表扬和批评女儿的方式和程度，让女儿在全方位的关爱下茁壮成长。

方法一：父母意见应该求同存异

小美上初中了，却不喜欢学习，为此，小美的妈妈决定为她请一个家教，而小美的爸爸觉得请家教没有用，应该控制孩子玩电脑的时间，周六周日送她去补习班。就这样，双方意见发生了分歧，你一言、我一语地吵起来。本来是针对孩子的学习问题而争执，后来吵架的内容却涉及他们生活中的各种矛盾。

眼看一场“家庭大战”就要爆发，小美的奶奶站出来解决了问题。奶奶严厉地说：“你们的出发点很好，都是为了孩子的学习成绩，可是你们为什么要说到别的事上去呢？你们的方法是有一定的道理，可你们征求过孩子的意见吗？”

经小美奶奶这么一说，小美的父母低下了头。在奶奶的带领下，全家人坐在了一起，商讨提高小美学习成绩的办法，最后他们做出了一个共同的决定——从根本上激发孩子的学习兴趣，父母还为此做了明确的分工。此后，再遇到此类问题，小美的父母总是效仿这件事进行解决，再没有激烈争吵过。最令他们欣慰的是，小美很喜欢他们统一后的意见，可见家人之间的交流是十分必要的。

在每一个家庭中，由于生活背景、受教育程度等方面的不同，夫妻双方在对待很多问题上都会出现分歧，这是非常正常的事。但需要注意的是，在意见不统一时不要单纯地固执己见、否定另一方，也不要以孩子为筹码，去恶意攻击对方，说些伤害性、抱怨性的话。那样，不仅会破坏良好的夫妻关系，还会使好的初衷变成坏的结果。

正确的做法是抱着解决、商讨的态度，站在孩子的角度思考。父母也可以找第三方来评判，求同存异，找出解决问题的方法。若夫妻间最后依旧无法达成一致，可以在闲暇时参加一些教育讲座，或向教育专家请教，最后达成共识。

方法二：矛盾要背着孩子协调

教育要一致不是说不能有矛盾，只是有了矛盾要背着孩子协调，切不可把矛盾暴露在孩子的面前。一位女孩的妈妈是这样解决这个问题的：

为了让女儿能拥有一技之长，我准备利用周六日时间让她学习舞蹈。可是她的爸爸知道我这个想法后，反驳我说："学舞蹈有什么用呢？能跳一辈子吗？不如参加一个外语班。"我们由此争执了起来，声音越来越大，吵醒了正在睡觉的女儿。她眯着睡眼走进我们的房间问："爸爸妈妈，你们在干吗呀？"

我首先冷静了下来，说："可能我有什么不对的地方，我向你道歉。"孩子的爸爸一看我这个样子，又看看孩子，态度也来了个180度大转变，说："可能我也有错。这样吧，这个问题我们先放一放。"就这样，我们暂时把问题搁置在一边，等到女儿睡着后，我们又开始了讨论，与上一次不同的是，这次我们的态度非常平和。

夫妻之间更应该积极主动配合，努力在孩子心中树立对方的威信。最好的办法是在意见不统一的情况下，先无条件地听其中一方的，或将问题暂时搁置，千万不要当着孩子的面去争个高下。之后，父母另找时间就此问题好好商量，得出一个统一的结论，再按这个商量的结果去执行。

方法三：父母赏罚要分明

有时父母面对柔弱、娇小的女儿，总容易变得心软，只要女儿一流眼泪，父母之前的一切怒气或制定的规则都化为乌有。所以，生活中我们时常会听到父母无奈地说："只要女儿一哭，我就不知道怎么办了……"父母是真的没有办法吗？当然不是，要想约束女儿，父母首先就要学会赏罚分明。

8岁的女儿因为做错事而被爸爸狠狠地批评了一顿，她的自尊心很强，于是跑回房间里大声痛哭起来。爸爸一看最疼爱的女儿这么伤心，马上慌了起来，急忙给女儿买了一个小礼物，然后又是讨好又是哄女儿开心，还马上对女儿说："爸爸原谅你！"这时，在一旁的妈妈说："你为什么批评她？如果她一哭就能得到别人的原谅，还能收到礼物，那么你的批评有什么意义？那么奖赏又代表什么？”

试想一下，如果所有的父母都像这位爸爸一样，对待孩子赏罚不明，那么就容易误导孩子对自己行为的认知。

因此，父母要明白，批评和表扬都不是教育的目的，而仅仅是方式，是为了让女孩认识到自己的优势和不足，希望她能改正错误，并得出经验教训，变得自立、自信、自强。

专家教你女孩怎么养

父母在教育女儿的过程中如何定位自己的角色？

第一，权威角色。父母要明辨是非，说出的话、做出的事，都要在女儿的心里有分量，绝不能在孩子面前丧失威信。

第二，榜样角色。父母要养成良好的习惯，防止女儿模仿自己不好的言行举止。

第三，朋友角色。父母要有倾听的姿态，真正了解女孩的所思所想，以朋友的身份走进孩子的内心。

第三章

女孩“富着养”的真正内涵

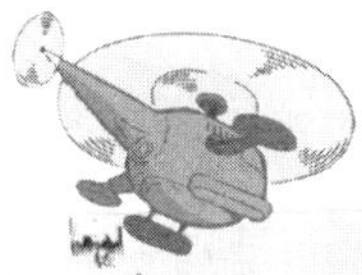

女孩是上天赐予父母的一位天使，她是如此的珍贵和可爱，又是如此的娇嫩和柔弱，可你知道什么是真正的富养女儿吗?

富养女儿绝不能娇生惯养；

富养女儿不能只用金钱和物质打造她；

富养女儿更要让她多吃些苦；

……

真正的富养是能为女孩创造一个温暖的家庭环境，让她拥有开阔的眼界和思路，并让她精神更加富足，人格更加独立。

富养不等于用金钱和物质培养

日常生活中，父母要想正确地富养女儿，首先要理解富养的真正含义。富养，不是指物质上的富足，不是要父母用大把大把的金钱去养育女儿，而是指精神上的富足。当然，金钱、物质也是养育女儿必不可少的，它可以为女孩提供更优越的环境和学习条件，但如果父母掌握不好其中的尺度，就可能事与愿违。

给女孩父母的建议

教育专家认为，良好的物质环境可以约束女孩的行为，良好的精神环境则可以陶冶女孩的性格。而这里的物质环境不是指名车豪宅，而是指一个会让人感到愉悦、舒服，并且干净、整洁、明亮的家庭环境；精神环境是指一个和谐、轻松、给人积极向上感的家庭氛围。

方法一：培养女儿成为一个身心健康的人

父母要做的就是尽可能为女儿创造一个成长、学习的良性物质环境，让女儿学会自己创造生活，而不是在父母的庇护下享受生活。

一位明智的爸爸是这样做的：

我是一家饭店的负责人，我有两个女儿，大女儿上小学四年级，小女儿上小学二年级。虽然我家的家庭条件不错，但我从不让女儿沉迷于物质享受，而是在金钱上严格控制她们，比如每周我会给两个女儿少量的零花钱。比起同龄人，两个女儿的东西要丰富得多，家里有非常多的玩具、洋娃娃等，都是国外最新出的，但是这些东西买回来，我会控制她们玩儿的时间，并且告诉她们："你们现在拥有最新的玩具、穿漂亮的衣服，都是爸爸妈妈辛苦赚钱，因为疼爱你们才会给你们买的。但这不代表你们以后就会拥有这些，将来你们要凭借自己的能力赚钱养活自己，给自己买想要的东西。"

平时女儿提出的合理要求，我都会满足，而且我还给她们每人开了一个银行户头，让她们自觉地拿出一部分钱存进去，另一部分钱买自己喜爱的东西，对于这些我和妻子都不干涉。如果女儿提出一些不合理的要求，我会在充分了解她是否需要的情况下，选择满足还是拒绝。

对于两个女儿的特长，我采取的是顺其自然的方法，以前我也送她们去学过绘画、钢琴之类的，但是大女儿没兴趣学，所以就退出来了，而她对舞蹈比较有兴趣，我就让她学舞蹈，偶尔她会去学跆拳道和滑旱冰……总之我就是希望两个女儿能够身心健康地成长，以后能独立坚强地生活。

方法二：用学分制让女儿合理对待金钱

一位妈妈是这样采用学分制教育女儿的：

女儿8岁了，可以说她是含着金汤匙出生的，我是一名外资企业的CEO，老公自己开了一家公司，她的爷爷奶奶目前定居在新加坡。因为家里就这一个孩子，所以我们都很重视孩子的教育，老公更是提倡女儿要“富养”。我不反对这个提议，但是我认为“富养”女儿一定要讲究方法，否则可能会害了孩子，所以我采用学分制的方法来培养女儿对金钱的认识。

所谓学分制，就是把女儿所有的日常行为都集中到学分板上，如果今天女儿自己穿衣服、刷牙，自己练琴、温习功课，帮助妈妈分担家务，那么每做完一件事情，她就可以到学分板上贴一颗小星星，一周总结一次，学分可以用来和我们兑换玩儿的时间或者金钱。学分制实行一段时间之后，女儿渐渐明白物质是要靠自己争取的，要够努力才能得到肯定和奖励。

马克·吐温说过：“如果你懂得使用，金钱是一个好奴仆，如果你不懂得使用，它就变成你的主人。”父母富养女儿尤其应该注意女儿和金钱之间的关系，绝不能让女儿成为金钱的奴隶，而是应该引导和教会女儿用什么方法去获得金钱、怎样更好地利用金钱为自己的生活服务。

专家教你女孩怎么养

父母如何让女儿正确地看待物质和金钱？

第一，给女儿列一张愿望清单。父母先让女儿把自己想要的东西写在一张纸上，然后拿着愿望清单去购物，女儿就会目标明确；同时父母可以教会女儿看标价，并比较同类产品的价格，选出性价比较高的商品。

第二，和女儿订一个君子协议。父母要和女儿约定不能随便索要礼物，尤其是向宠爱自己的祖父母、外祖父母要一些昂贵的、无用的礼物。

第三，让女儿做一回小主人。女儿过生日时或者请朋友到家里玩儿时，父母要给女儿足够的时间、金钱、空间、信任、支持，让女儿自己做一回小主人。

富养不等于娇生惯养

富养女孩，并不等于娇生惯养，更不等于让女孩我行我素。养育女儿不仅仅是给她吃好的、喝好的、穿好的，更重要的是教会她怎样做一个正直善良的人，培养她优良的品德以及处理事情的能力。

一般来说，父母的以下行为会影响女孩的健康成长：

◆特殊待遇。这会让女孩感觉自己和别人不一样，习惯高人一等，久而久之，女孩必然会变得目中无人，甚至自私、冷漠，缺乏同情心和爱心。

◆包办代替。父母事事包办，女孩就会变得懒散，缺乏上进心，而且做事不专心，喜欢半途而废。

◆过分注意。父母的这种行为会让女儿渐渐变得以自我为中心，认为所有人都该围着她转，变得骄纵、任性。

◆轻易满足。女孩想要的一切轻易就能得到满足，她容易养成不珍惜物品、只讲究物质享受的习惯，而且毫无忍耐力和吃苦精神。习惯用眼泪、撒娇、央求的方式达到自己目的的女孩，往往缺乏明辨是非的能力。父母如果放纵女孩的这种坏习惯，不但培养不出女孩的责任心，而且会丧失自己的威信。

◆当面袒护。父母习惯为女儿揽下责任，而这种行为必定会让女孩缺乏是非观，进而做出一些错误的事情。

父母可对照以上这些行为，检查一下自己在教育女儿的过程中，是否也犯过这些错误，然后及时进行修正，让女儿成长为更加优秀的女孩。

给女孩父母的建议

真正的富养，不是为了养出一个奢华、娇气、任性的小公主，而是为了培养出一个集自信、乐观、高贵、优雅、善良和大气于一身的出色女孩，让她能够真正主宰自己的生活、学习、事业以及命运。

方法一：用各种挫折训练提高女儿的逆境商

所谓“逆境商”，就是指孩子面对逆境或挫折时的不同反应能力，也叫挫折商。父母应从小对女儿进行必要的挫折教育，提高她的逆境商，让她能够学会勇敢面对现实，这也是女孩健康成长必不可少的“营养”。那么，提高女孩逆境商的方法有哪些呢？

第一，等待训练，可以练出女儿的好耐力。比如吃饭时让女儿等家人一起上桌才开始吃；带女儿坐公交车时，让她和父母一起排队等待公交车的到来；逛动物园时让女儿去排队买票……这些生活中的小事，其实正是锻炼女儿耐力的好机会。

第二，理解训练，可以帮助你教出善解人意的女儿。比如小伙伴抢了女儿的玩具，父母可告诉她，这是因为小朋友特别喜欢她的玩具；爸爸出差没有给女儿买礼物，是因为她的玩具等已经够多了，要把钱花到更需要的地方……久而久之，女孩就能逐渐养成善解人意的好习惯。当以后再遇到挫折或不如意时，她就能找到适当的方式释放压力、舒缓心情。

第三，分析训练，能让女儿胜不骄、败不馁。比如当女儿获胜了，父母要和她一起分析她的优势在哪里，还有哪些不足，今后如何改进；而当女儿失败了，父母就要引导她说说为什么会失败，要让她秉承这样一个观念：失败在所难免，而且并不可耻，只要我们努力就可以改变。

另外，父母还可以让女儿做尝试训练和目标训练，来培养女儿的勇气、观察力和意志力。

方法二：增强女儿的劳动能力，让她爱劳动

现在有的女孩的生活能力非常差，甚至到了十二三岁都不会洗衣服，可以说是父母的过度娇惯剥夺了她们锻炼生活能力的机会。

夏丹的爸爸是一个老实巴交的农民，他将夏丹这唯一的女儿视若掌上明珠，

哪怕是一根稻草也不叫女儿动手捡，多少年来，学校放暑假从不让女儿干半点儿农活儿。结果，女儿生在农家院，却不会劳动，甚至厌恶劳动。

夏丹高考落榜后，整天上网闲玩儿，不管农忙季节父母多累，也不管父母多需要她帮忙，她都嫌劳动又脏又累不肯动手，而且埋怨父母无能，整天只知道与土地打交道，不会给她找一份轻松的工作。

有一次，爸爸因劳累过度病倒了，妈妈忙里忙外，叫夏丹到菜地摘点儿空心菜回家。夏丹不愿去，直到妈妈哀求，夏丹才拎着一个塑料篮打着雨伞走了。可是，没多久夏丹又拎着空篮回来了。妈妈问她怎么没摘回菜来，她却回答说："满地泥泞，脏脏的，我才不摘呢！"这回爸爸生气了，说："我算白养你了！"说着，自己又撑起疲惫的身子，穿上雨衣，拖着沉重的脚步摘菜去了。

娇生惯养、轻视劳动的现象，不止在夏丹身上出现，如今很多女孩都有这个问题，这在很大程度上是由于父母错误的教育方式造成的。

因此，平时生活中，父母切忌娇惯女孩，应该让她先从打扫自己的房间开始，然后引导她帮助妈妈分担家务，或者周末的时候带她参加一些公益活动，让女儿在集体劳动中获得活力和锻炼。

专家教你女孩怎么养

父母如何更好地克服娇生惯养这个错误的教育方式？

第一，提供给女儿一个良好的家庭环境和一对品德优良、行为举止得体的父母。

第二，引导女儿积极投入到集体生活当中去，并有意识地鼓励女儿和周围的小朋友多交往、多接触。

第三，培养女儿独立生活的能力，让她养成爱劳动的好习惯。

为女孩建立一个温馨的港湾

教育家苏霍姆林斯基说：“家庭环境既是进行家庭教育的前提条件，它本身也是一种有效的教育方式。”家庭是女孩成长的“土壤”，而家庭环境就是女孩所需的“空气”和“水分”，所以父母为了女儿能够健康成长，要给她提供清新、充足的“空气”和“水分”，即给女儿一个温馨、和谐的家庭环境。

父母除了给女儿一个有文化氛围的家庭环境之外，还要做一对快乐爸妈，这样才能更好地培养心平气和、自控力强的女孩。

那么，父母该如何评定自己的“快乐度”呢？可以参照下面几点给自己评分（评分细则：“很好”为 4 分，“比较好”为 3 分，“不太好”为 2 分，“很不好”为 1 分）。

认为女儿很可爱；

认为自己是个有许多优点的人；

总是能够认真地聆听女儿所说的话；

总是拥有属于自己的时间；

夫妻之间能够做到充分彻底地沟通、交流；

对于自己想做的事，能够逐渐地朝目标靠拢；

经济上没有烦恼；

心情郁闷时有可以倾诉的对象；

能够马上想到最想和家人一起做什么；

夫妻生活幸福圆满。

如果你的得分是 30 分以上，那么你可能是“快乐父母”；如果你的得分是 29 分以下，那么你可能是“不快乐父母”。当然，这个评定方法不一定全面，但是却可以给父母一个参考。无论如何有一点是肯定的——如果父母对于自己的生活感到满足，并且能够做到物质上和精神上的双重提升，那么你的生活才能称得上是真正的富足，也才能给女儿提供一个真正温馨、快乐的港湾。

给女孩父母的建议

一个女孩能否健康成长，很大程度上取决于她的家庭环境对她的影响是消极的还是积极的。因此，富养女儿就要尽力为孩子营造一个良好的家庭环境，进而让她的个性、习惯、品德朝着好的方向发展。

方法一：给女儿提供一个安稳的家

绒绒还没出生前，爸爸妈妈为了她的到来，就做了充分准备。他们阅读了很多家教书籍，并且深知家庭环境对一个孩子具有很大的影响。在女儿出生之后，他们开始从三个方面进行努力，希望能为他们的女儿创造一个和谐、温馨、安稳的家庭环境。

首先，爸爸妈妈为绒绒创造了一个良好的家庭物质环境，比如单独给女儿留有活动的空间，家庭装潢、环境布置与陈设等都有利于女儿的活动，同时，还让绒绒和小区里的孩子交往或参加社区组织的活动；妈妈为女儿科学、合理地选择吃、穿、用等生活物品；爸爸为女儿提供了一些有利于开发其智力的玩具等；妈妈也很注意美化家庭环境，有时也会让女儿参与到美好家庭环境的创造活动中来，慢慢培养女儿的审美情趣和能力。

其次，爸爸妈妈极力为女儿创造一个和谐的心理环境，他们从来不当着绒绒的面争吵或者"冷战"，在和女儿沟通的过程中，以民主、自由、尊重、理解等为基础，绝不独断专行。

最后，爸爸妈妈为了帮助女儿扩大视野、培养其探索的兴趣和习惯，努力为孩子打造了一个更加丰富多彩的家庭生活。比如周末带女儿投身大自然，或者去公园、动物园、博物馆、科学展览馆等开阔眼界。

在这种环境下长大的绒绒，不但聪明伶俐、知识广博，而且自信乐观，对生活更是一直保持着积极向上的朝气和乐于探索的勇气。

"富养"的真正内涵，就是给女孩一个富足的精神世界，让她在温馨的家庭生活氛围影响下，能够勇往直前地朝着成功和幸福迈进。

方法二：父母要不断更新自己的"知识库"，保持阅读的习惯

父母的言行举止对于女孩来说就是最好的榜样。通常而言，如果父母热爱阅读、勤奋好学，时不时探讨一些时事热点或者文学知识，那么从小耳濡目染的女

儿，必定也会受其影响主动学习，把追求知识当作生活的重要内容。

云梦8岁了，她的父母都是知识分子，平时最喜爱读书看报，家里不但有一个大大的书房，里面更是收藏了几百本各类文学著作，爸爸还订阅了许多报纸。云梦的爸爸妈妈经常在一起探讨报纸或书籍上的内容，在他们的影响下，云梦从小就对书本产生了浓厚的兴趣。

她从牙牙学语时就开始接触唐诗，3岁时，每每读到动人的诗句，她便会带上各种表情，让身边的人忍俊不禁。父母坚持读书看报的行为，让云梦耳濡目染地爱上了读书，她时常在书房里认真阅读各类书籍，并和父母一起探讨问题，她逐渐形成了独立思考的习惯，拥有了良好的表达能力。

专家教你女孩怎么养

父母如何为女儿营造一个安定温馨的家庭环境？

第一，父母最好不要在女儿面前争吵，尤其是不要互相攻击。

第二，父母可以经常组织一些话题讨论，如买什么牌子的电视，周末去看什么电影等。

第三，父母要多与女儿接触，而且要多鼓励女儿，可以与她订立一些简单的约定。

让女孩的精神富足而且独立

人们常说“从来富贵多淑女”，于是很多对于“富养”理解有偏颇的父母认为：只要多往女儿身上投钱，就能把她养育成一个人见人爱、仪态万方的女孩。事实上，一个女孩是否人见人爱，和她是否穿名牌、住豪宅、开跑车没有多大关系。

真正的富养是指教育投资方面的富足，父母要给女儿更多的爱与关注，并且不断开阔她的视野与见识，让她在良好的环境中成长，进而成长为一个有大气的为人、得体的举止、文明的生活习惯、高雅的审美情趣的优秀女孩。

给女孩父母的建议

一个拥有独立人格、有主见、明智、清楚自身真实追求等众多优良品质的女孩，与她从小来自父母的精神富养和自身的挫折经历有关，而与小时候是否享受过优越的物质生活则没有多大关系。

方法一：培养女儿的爱好

采萱是大家公认的才女，也是一个很成功的女性。无论是在事业上还是在家庭上，她都表现得非常出色。而采萱则把自己的成功归功于小时候父母的培养。

采萱出生后，爸爸妈妈就在她身上花费了很多心血。2岁的时候，采萱就开始认字、写字了。刚开始，她用铅笔写字，后来对毛笔字产生了兴趣。爸爸发现女儿对写毛笔字情有独钟，于是就在这方面下足功夫，每天都会抽出很多时间陪女儿一起练毛笔字。渐渐地，采萱的毛笔字越来越好，写字功底更是日渐深厚。

有一次，爸爸把采萱的字拿给一位著名的书法家看，说是自己一个朋友的作品。老书法家笑着说："这幅毛笔字写得刚劲有力，非常不错！"爸爸既惊讶又兴奋，没想到才12岁的女儿竟然有这样深的造诣。

后来，采萱的爸爸发现女儿对绘画和写作也表现出了很浓厚的兴趣，于是他又鼓励女儿在这两方面下功夫学习，而且平时只要有画展、书展之类的，爸爸都会带着女儿一起去。

正是在爸爸的支持下，采萱对新鲜事物一直保持着强烈的好奇心和探索欲。少年时代的艺术熏陶，让采萱的精神世界愈加丰富、充实。成年之后的她果断干练、胆大心细，有主见有激情，而且事业和家庭都非常成功。

采萱爸爸的富养政策非常成功，他的女儿不但精神富足、人格独立，而且能够凭借自身能力打造出一片自己的天空。所以，父母要富养女儿，就要先从培养女儿的爱好开始。

方法二：严格教导，"富养"出女儿的独立人格

生活中那些优秀的女性无一不是人格独立的代表，而她们的成长之路也处处显示出富养的理念。

“铁娘子”玛格丽特·撒切尔夫人是英国政党史上的第一位女首相，她的父亲罗伯茨先生从小对她实行的就是“富养”的教育方式，希望她能成长为一位有主见、有辨别能力的女孩。

一天，父亲把玛格丽特叫到了自己的面前，并给了她一番影响一生的忠告：“孩子，你要记住——无论遇到何事都要有自己的主见，用你的大脑来判断是非，千万不要人云亦云。”从这之后，父亲开始有意识地把女儿培养成严谨、细心、明辨是非的精神独立的孩子。

玛格丽特的家庭并不贫穷，但是家里生活却显得过分艰苦，根本没有什么值钱的家具、电器，甚至连洗澡间都没有。有一段时间，玛格丽特迷上了电影和戏剧，她的兴致非常高，几乎每周都去一次电影院或剧院，但是当她没有足够的零钱去买票的时候，父亲拒绝了她的借钱要求，并且要求她帮忙做家务，或者做一些力所能及的事情，而且不允许女儿说“我干不了”或“太难了”之类的话，借此培养女儿节俭朴素的习惯和她的独立能力。

正是有了父亲这位人生的导师，玛格丽特变成了一位专心学习，积极进取，有主见、有魄力的女性，最终在英国的政坛上闪耀出一片独有的光芒。

父亲对撒切尔夫人的教育说明，富养在于让女孩的精神富足，以及培养她积极的人格魅力，这样的女孩才能更好地认识自己，自我反省，才能创造出精彩的人生。

专家教你女孩怎么养

父母可以从哪些方面着手对女儿进行人格教育？

第一，采取日常化教育方式，使父母教育的内容和女儿的日常生活密切结合起来，进而成为她的习惯。

第二，采取启发式教育方法，使女儿在自我思索的状态下建立良性的人格。

第三，父母要运用无形教育的方式，把自己的日常言行作为女儿的样板和标准树立起来，使孩子不知不觉地受到良好人格与思想品德的影响和感染，进而建立与父母一致的人格和思想品德。

让女孩的眼界越来越开阔

阿基米德说过："多看，多听，多接触，你就会成为智者。"人们也常说："眼界决定境界。"这些话或多或少对于父母教育女儿都有一定的启示作用。富养女儿，父母就一定要站在高处，看向远处，然后尽全力帮助自己的女儿开阔视野，打开眼界。

如果女孩一生中只保持一种认知方式，那么她在适应新情境的能力上就会变得僵硬和受到限制；如果父母能从小就为她打开一扇宽广的世界之窗，那么她对整个世界整个社会的认识就不会只局限在一种认知方式上。因此，父母应该想办法帮助女儿开阔眼界，让她通过多种渠道获得知识。

女孩只有掌握的知识增长了、判断能力增强了，她才真的不易被外界各种各样的事物所诱惑，同时也才会形成她女性独特的迷人风采。

给女孩父母的建议

富养女儿，进而开阔女儿的眼界，这需要父母有一个开放的思想，帮助自己的女儿从封闭的小家庭步入开放的大社会。那么，有哪些好方法可以帮助父母开阔女儿的眼界呢？

方法一：在旅行中增长女儿的见识

秀秀是一名出色的会议组织者，这与她小时候父母对她的教育密不可分。当秀秀还是一名小学生时，妈妈就让她参与家庭旅游计划的制订与实行。

刚开始的时候，爸爸带着秀秀在书店买了本介绍全国旅游景点的书，然后每次到一个旅游地点之前，爸爸都会先把书上的内容看一遍，并用孩子易于理解的语言讲给女儿听，比如这个地方有哪些著名的景色、风景地名的由来、当地有什么特色小吃等，让女儿先对即将游览的地方有个初步的认识和了解。

平时一家人外出旅行的时候，爸爸妈妈和女儿都会一起讨论哪些地方更值得他们去欣赏，如果家人观点不一致，便试着统一观点，照顾到每个家庭成员的兴趣。让秀秀感到最自豪的是，有一次，她居然把父母和爷爷奶奶的计划全否决了，全家最终选择了她认为值得一去的地方。

后来，随着秀秀年龄的增长，妈妈除了让她备足旅游外出时的装备外，还给她讲解很多有可能会遇到的危险以及应对策略。每次旅行回来，秀秀都会增加很多知识，而且随着旅行外出的地方越来越多，她对一些地方的风土人情、历史文化也产生了兴趣。回到家后，她还会去图书馆借来有关方面的书籍阅读，借此加深自己对一个地方的了解和认识。

旅行就是一个增长见识和增长能力的过程，而且旅行对女孩的成长有很重要的作用，它不但可以锻炼女孩的身体，同时也增长了女孩地理、历史等各方面的知识，这对女孩的身心健康、阅读能力、观察能力、语言及写作能力等都大有裨益，还能提高女孩的计划和组织能力。因此，有条件的父母可以多带女儿出外走一走、看一看，开阔一下眼界，增长一些知识。

方法二：有目的、有计划地带女儿过好双休日

如果你没有足够的经济条件和充裕的时间陪女儿外出旅行、开阔眼界，那么有目的、有计划地陪女儿过好双休日，同样可以达到富养女儿、开阔其眼界的目的。

娜兰是一个有些内向的女孩，而且从小体弱多病，去得最多的地方是医院，待得最多的地方是房间。7岁的她脸上已经没有了同龄孩子该有的活泼和欢笑，而是变得沉默寡言。娜兰的爸爸害怕女儿一直这样下去，有可能患上抑郁症。但由于平时他们的工作都非常忙，为了给女儿看病只能每天加班工作，回到家之后，通常女儿已经睡着了。

娜兰的爸爸一直把女儿的事情放在心上，所以他决定每个周末都带女儿出去，让她多接触一下大自然。当然，每次出去他都是有目的、有计划的，比如有一次，他带女儿去公园前，对女儿说："到了公园里，你要仔细地观察事物的特点，回来可以写篇日记。"娜兰听从了爸爸的建议，到了公园之后，她就非常注意观察花、鸟、草、虫等。

爸爸发现娜兰对于外边的世界有着强烈的好奇心和求知欲，于是他坚持每个周末都把女儿带到大自然中去，让她观察蝴蝶的飞舞、蚂蚁的团结协作、池塘里来回穿梭的小鱼、荷叶上的青蛙等，爸爸还会用女儿能够理解和接受的语言给她讲四季的交替变换、植物的生长规律、动物之间的食物链。渐渐地，经常投身于大自然中玩耍的娜兰，变得越来越活泼、开朗，脸上的笑容也越来越多，最让爸爸感到欣慰的是，女儿的身体也不像之前那样经常生病了，而是一天比一天健康。

富养女儿，一定要根据女儿的实际情况进行，不能对娇弱的女儿过度保护，否则不但无法开阔女儿的眼界，还可能让女儿陷入狭小的世界。因此，父母最好经常带女儿到户外去有目的、有计划地游玩儿。

另外，父母也可以和女儿进行一些室内运动，度过一个有意义的双休日，比如玩一些亲子游戏或者一起阅读、看电视等。

专家教你女孩怎么养

父母可以从哪些方面去满足女儿的求知欲、扩大她的眼界?

第一，父母可为女儿提供一个充满奥秘和丰富知识的环境，比如在家里为女儿布置读书角、天文地理角、数学角等，还可为女儿提供地球仪、放大镜和望远镜等。

第二，鼓励女儿的求知欲，并和她一起旅游、阅读等。比如参观科技馆、博物馆，或者去图书馆。

第三，支持女儿提问题，并让她自己寻找问题的答案。比如每天引导女儿对一件陌生事物产生好奇心，让她去寻找不同的答案。

轻松打造更具内涵的女孩

著名思想家孟德斯鸠说过：“一个女人只有通过一种方式才能是美丽的，但是她可以通过千万种方式使自己变得可爱。”可见，女性的魅力是可以通过多种方式散发出来的，但是，对一个女孩来说，内在气质的打造比外在的修饰更为重要。

不过，很多父母在“富养出气质”这一点上陷入了误区，他们盲目地认为要想打造出一个气质优雅迷人的女儿，只需要在物质方面下足功夫，为女儿提供优越的物质条件，女儿的气质就出来了。

没错，父母都疼爱自己的女儿，想要把一切美好的东西都给她，但是富养女儿是要讲究方法和策略的，并不是你用金子为女儿打造一座城堡，她就会成为有魅力的公主。

只有真正的富养，才能帮助父母打造出一个气质高雅、品位出众的优秀女儿。因此，父母要谨记，只有让女儿学会恭俭礼让，养成良好的生活习惯，懂得令仪表整洁大方的方法，并且不断提高自身的学识、修养，才是真正的富养女儿。

给女孩父母的建议

有人说：“只要你具备了精神气质的美，只要你有这样的自信，你就会拥有风度的自然之美。”那么，父母怎样培养女儿的精神气质的美呢？

方法一：用各种精神养料富养出女儿的气质

依然出生在一个小康家庭，爸爸是一名医生，妈妈是一名小学老师，虽然家里的经济条件一般，但是爸爸妈妈希望女儿成长为一个气质出众的女孩。

于是，只要在经济允许的条件下，爸爸妈妈都会为了培养女儿的气质和品格不遗余力。依然的爸爸妈妈认为，要想培养一个气质出众的女儿，内在气质和外在气质的修炼都不能放松。

在外在气质方面，爸爸妈妈主要将精力放在了培养女儿的礼仪习惯上，包括仪容仪表、仪态举止、谈吐、着装等。比如妈妈要求女儿一定要保持容貌干净、整洁，要充满朝气，而且要坐有坐样，站有站样。不能说粗话，对人要常带微笑，待人接物要大方有礼貌等。

在内在气质方面，爸爸妈妈则从音乐、舞蹈、阅读等方面培养女儿，平时女儿吹笛子，爸爸吹口风琴，父女俩一起沉浸在美妙的音乐中。

正是父母对依然长期内外兼修的培养，让小小的依然气质非凡，在学校里她虽然穿着很普通，但总是那个在人群中能让人眼前一亮，并被深深吸引的女孩。

其实，每个女孩都具有超凡脱俗的气质潜力，只要父母能够用各种有益于女孩身心的精神养料富养女儿，那么她就能散发出最耀眼的光芒，炫美夺目。

方法二：让女儿学会不断提升自我

一个具有内涵的女孩，必定对生活充满无限的热爱和希望，而她的心也必然是宽广、智慧和豁达的；一个具有气质的女孩，一定不虚荣、不刻薄、不软弱，有着水一般的柔情和胸怀。而要让自己的女儿成为这样的女孩，父母就要通过富养，让孩子不断提升自我。

16岁的可可是一名高一的女生，她长得很漂亮，学习成绩也很好，可是她没有可以一起玩儿一起学习的朋友，班里的同学都不太喜欢和她在一起。这是为什么呢？原来可可家境优越，父母对其有求必应，所以她看到那些穿着寒酸的同学就会不自然地表现出轻视，也不爱和那些家境、学习不如她的人在一起玩儿。

可可的这种认知显然是错误和偏颇的，同学并不是针对她，而是她自身的行为造成的，而这一切和她父母的教育不无关系。因此，富养女儿，父母必须教会女儿什么是真正的真善美。

专家教你女孩怎么养

父母怎样才能帮助女儿修炼出良好的气质？

第一，知识必不可少。父母要引导女儿多阅读、多思考，这样才能开阔眼界，增长见识，修炼内心。

第二，素养紧紧跟随。音乐、舞蹈、绘画等方面的艺术素养是提炼女儿气质的最佳“养料”，父母绝不可忽视。

第三，外在相伴而行。女孩不但要有内涵，更要有一个出色的外在，保持整洁是基础，父母还可让女儿学一些衣着装扮方面的知识，让女儿更加自信。

第四章

女孩一生的幸福，从情商教育开始

情商（EQ）是一种能力，是一种创造，更是一种技巧。人与人之间的情商没有明显的先天差别，但是却与后天的培养息息相关。所以，要想让女孩更加幸福，就要从她的情商教育开始。

那么，父母怎样帮助女孩上好人生“情商教育”这堂课呢?

答案很简单，就是你一定要教会她怎样让自己变得更加坚强勇敢，怎样才能更加乐观自信，如何做一个有主见、有进取心和责任感的女孩……

坚强——让女孩战胜痛苦

一般来说，女孩有时会表现出敏感、娇弱、抗挫能力差等个性特征。

小雅上小学二年级，她长得很可爱，人也聪明，所以很受大家的欢迎，父母更是以她为傲，常常在朋友面前夸奖小雅聪明伶俐。但是，一次期中考试的成绩，让小雅的生活彻底改变了。小雅自从上学后，各方面都表现得很优秀，学习成绩更是名列前茅，期中考试的时候，可能是发挥失常或是其他一些原因，小雅的成绩下降了一大截，数学成绩更是从 90 多分下降到 70 多分，一拿到成绩单，小雅就在教室里大哭了起来。老师也没有批评她，而是让她以后多多努力，但一向只受老师表扬和同学羡慕的小雅，觉得很丢人，第二天无论父母怎么好言相劝，她都躲在自己的屋里不去上学。后来，虽然在家人和老师的鼓励下重新上学了，但小雅开始变得躲避人群，不爱说话，笑容也越来越少了。

女孩在成长过程中会遇到各种各样的烦恼，而小雅只不过是遇到一次成绩下降，就表现得如此脆弱，甚至变得不愿意去面对人群，更无法坚强地迎难而上，到最后她只能躲进自己的世界里，变得越来越消沉，长此以往，无疑会对她的成长产生不利影响。所以女孩只有学会坚强，才能在逆境中依然昂着头，在暴风雨中找准自己成功的方向。而坚强的女孩也必然有一颗坚韧的心，这颗心让她学会在痛苦面前微笑，在困难面前屹立不倒。一个女孩只有拥有一颗坚强的心，才能拥有更加美好的生活。

给女孩父母的建议

一个家庭中，通常是爸爸表现得坚强，而妈妈表现得则相对柔弱，这很容易让女儿认为女孩就应该柔弱一些，一遇到事情她们就用撒娇、眼泪来面对，根本无法坚强地面对生活中的挫折和困难，所以父母应该为孩子做好坚强的榜样。

方法一：父母做女儿坚强的好榜样

孩子是父母共同缔造的结晶，他的身体里有着父母最优秀的基因，从孩子出生的那一刻起，父母的言行就成为孩子模仿的对象，所以你想要拥有一个坚强的女儿，那么就要做一个坚强的爸爸或者坚强的妈妈。

有一天，妈妈带着梦梦去医院拔牙，梦梦一进医院就非常紧张，死死抓住妈妈的衣角，而妈妈也不停地安慰她说："梦梦乖，别怕，妈妈会一直守在你身边的。"谁知，刚一进入诊疗室，梦梦就紧紧抱住妈妈的大腿，眼泪一直在眼眶里打转，最后哇的一声哭出来，就是不肯跟医生合作。女儿的哭声让妈妈眼中也泛起了一层水雾，正当她不知所措的时候，有一位恰巧经过的老医生走了进来，对梦梦妈妈说："对不起，请您现在就出去，马上离开您的孩子！"

妈妈忐忑不安地在诊疗室外面等待着。一段时间后，梦梦平静地走了出来。妈妈急忙抱着她问："梦梦，疼吗？你哭了吗？"梦梦笑了一下，挺着自己的小胸脯骄傲地说："妈妈，有点儿疼，但我一声也没哭！"

后来，那位老医生解答了梦梦妈妈的疑问："我当时让您离开您的女儿，是因为守在她身边的您会因为心中的心疼和柔弱而感染到您的孩子，让她更加撒娇、任性、哭泣，而学不会坚强。只有您不在她身边，才能促使她自己去直面困难和痛苦，从而变得更加坚强；当然，如果您能在女儿面前表现得很坚强，她也会受到鼓励和感染，从而更有信心去面对痛苦和难关。"

方法二：教导女儿凡事再坚持一下

8岁的晴晴在阿姨家见到一架钢琴后，就非要学习钢琴，而且为了练习钢琴，她还特意剪掉了自己漂亮的指甲。但没多久，练琴的枯燥和辛苦就让晴晴打起了退堂鼓，所以在一天早上，她摸着自己肿起来的手指头，就是不肯再碰钢琴。此时，她的妈妈并没有责备她，而是给她讲了这样一个故事：

在一次拳击比赛中，有一位拳击手被对手打得头破血流，但他依然没有放弃，每一次被打倒，他都坚持爬起来，甚至场下的观众都让他别打了，他还是一次又一次顽强地站起来，直到耗尽所有的力气昏迷过去，这场比赛才算结束。

后来，他的对手走到后台问醒过来的他："比赛时，你已经没有力气了，而且胜负已定，你为什么还要站起来呢？"这位拳击手说："你说得没错，胜负已定，或许倒下才是一种解脱，但是，假如我当时真的倒下，那以后我便再也站不起来了。于是，每一次倒下，我都在心中对自己说：'坚持，你一定行，只要再坚持一下就可以了！’因为只有我爬起来，才有胜利的希望。”

晴晴听完妈妈的话，羞愧地说：“妈妈，我也要坚持。我是真的很喜欢弹钢琴，现在这点儿困难是难不倒我的，呵呵！”妈妈看着女儿脸上又扬起自信的笑容，欣慰地说：“晴晴真是一个好孩子，你要记住凡事再坚持一下，你就会越来越坚强，世界上就没有什么事情是你做不到的。”

其实，父母希望女儿拥有坚强的性格，并愿意不遗余力地锻炼她，这本身就是一个需要耐性的过程。而这个过程就像教会女儿建造一座房子一样，你要让她拥有耐性和韧性，就要让她学会一砖一瓦坚持地累积下去，这样她才会成功，才会更加坚强。

专家教你女孩怎么养

父母用什么办法让女儿变得坚强?

第一，榜样示范法。父母可以以自身为女儿坚强的榜样，也可以引导女儿向身边的朋友、名人等学习坚强。

第二，故事熏陶法。平时多给女儿讲一些古今名人关于坚强的故事，让她受到熏陶，进而培养她坚强的毅力。

第三，诱导鼓励法。比如当女儿学习时，因为题目太难不想做时，父母要在一边循循善诱，鼓励女儿坚持，然后启发诱导她深入研究。

勇敢——胆小、怯懦不再是女孩的代名词

德国著名的诗人歌德曾这样说：“你若失去了财产——你只失去了一点儿；你若失去了荣誉——你就丢掉了许多；你若失去了勇敢——你就把一切都失掉了。”一个没有勇气的女孩是很难取得成功的，因为丢掉勇气，她便没有了继续

前行的魄力，变得畏缩不前，甚至越加胆小和怯懦。

女孩胆小常常表现在以下这些方面：

不敢独自一人待在家中，嘴上总说害怕，但怕什么却说不清楚；

不敢触摸小动物的皮毛，有时一看到动物就受惊吓般地大叫起来；

不敢在生人面前说话，面对家中来的客人常常一言不发地躲在角落里，大气也不敢出，更多时候是躲在妈妈的身后。

这些胆小、怯懦的表现，十分不利于女孩正常的心理发展，会使她失去很多展示自己、锻炼自己的机会，所以父母在面对女孩的胆小和恐惧感时，要采取正确的方法积极帮助她摆脱恐惧，进而让她变得勇敢。

给女孩父母的建议

胆小的女孩用眼泪面对世界，怯懦的女孩用躲避隐藏自己，所以她们不敢推开生活中一扇扇未知的门，而只有勇敢的女孩才会用无所畏惧的眼神看着这个世界，然后大踏步地去探索和面对生活中的一切，无论是成功还是失败，她们依然有勇气再一次踏上旅程。

方法一：带着女儿参加训练勇气的项目

有一位妈妈为了使女儿变得更加勇敢，就经常带着她去参加体育锻炼，而且有意加入一些训练勇气的项目，比如玩勇敢者游戏等。女儿很喜欢在游戏中和妈妈进行较量，并在这个过程中一步步增长了力气，更学会了如何保护自己。

有一次，这个小女孩在玩耍的时候，不小心摔了一跤，而且手掌也被擦破了。当时，她的小脸一拉，眼泪就想落下来。她的妈妈没有责怪她的顽皮，也没有搂着她心疼地安慰，而是一边帮她处理伤口，一边对她说："你已经是个大孩子了。这点儿小伤没事的。上次和妈妈玩勇敢者游戏时，摔那么疼，你都没有哭，所以妈妈一直认为你是一个非常勇敢的女孩，待会儿妈妈教你怎么处理伤口，好不好？"小女孩点点头说："妈妈，我不怕，我也不哭，我可是勇敢的孩子。如果有其他小朋友受伤了，我也可以帮他们包扎。"

这位妈妈是明智的，她不但教会女儿勇敢，还教会女儿如何在生活中保护自己。其实，女孩的勇气就像人生航船上的风帆，纵使狂风暴雨来袭，只要风帆鼓起，她们就有力量冲破一切阻碍。

方法二：给女儿安全感和可预见性

一个人最害怕的就是失去安全感，尤其是对这个复杂的世界还处在朦胧意识状态的女孩，她们心中对事物的不确定性，常常会让其觉得害怕、担忧和彷徨，于是在事情存在不可预知危险的情况下，她们会变得胆怯，缺乏自信心。

小薇上小学一年级，是一个极度缺乏安全感的女孩。她在家的时候，什么事情都喜欢依赖自己的妈妈，而且就像妈妈的“跟屁虫”，一刻不离地紧随其后。小薇妈妈让女儿和邻居的孩子们一起玩儿，但小薇只是拽着她的衣角，死活都不撒手。晚上睡觉的时候，一定要妈妈陪着她，爷爷奶奶陪不行，爸爸陪也不行。假如妈妈没有及时抓着她的手，或者因为有事不在她的身边，她就会哭鼻子、发脾气。每天早上送她去学校，是小薇妈妈最头疼的一件事情，因为要花很长时间哄她才行，而小薇总是又哭又闹地非要她陪着上课，小薇妈妈每次只能狠心地把她推进教室里，转身快速离开。

小薇妈妈假如再不采取科学有效的措施改变小薇过度依赖她的情况，那么势必会对小薇日后的生活造成不良影响。因为过度依赖父母、缺乏安全感的孩子，很容易对外界的人或事物产生恐惧心理，不愿意主动去接近、探索和了解，长此以往，孩子就失去了自己的判断力、认知力和观察力，根本无法独立在人生的道路上行走。所以，父母要学着从女儿的生活中适当地“离开”，给她创造一个安全的环境，让她学着信赖自己，建立起自信，从而独立地面对生活。

方法三：从处理女儿的恐惧感开始

勇气是孩子克服恐惧的有效手段，尤其是天性敏感的女孩，她们对周围的一切都会产生恐惧感，比如怕黑、怕动物、怕噪声，生活中更是怕陌生人和怕被抛弃等，各种各样的事情都有可能引起女孩的恐惧感，而这就需要父母针对女孩的每一种害怕和恐惧给予适当的引导和教育，让女孩在遇到心中恐惧的事情时有勇气去面对。

所以，如果你的女儿害怕毛毛虫之类的小虫子，你千万不要以成人的想法说她是个“胆小鬼”，而是要和女儿一起面对它，然后通过耐心的鼓励和引导，让她慢慢克服这种恐惧心理。

专家教你女孩怎么养

父母如何培养一个勇敢的女儿？

第一，轻松而理智地面对女儿的小伤口。生活中女儿免不了会磕磕碰碰，有时头撞疼了、手划伤了小口子，这时父母不要大惊小怪和过于紧张，处理、安抚好孩子之后淡然处之。

第二，不拿女儿和别人家的孩子做比较。父母不要常抱怨孩子："你真笨，这有什么好害怕的？你看人家××。"这会渐渐让女儿产生反抗情绪和自卑感，肯定女儿的优点是最重要的。

第三，鼓励女儿独立完成力所能及的事情，如独立购物、自己去选适当的物品等。

乐观——女孩获得幸福的法宝

父母最想给予女儿的除了一个健康的身体，还有一生的快乐。他们最想看到的是女儿脸上能够常常挂满笑容，而这一切，除了家庭为女儿创造轻松愉悦的氛围之外，最主要的还是靠女孩自己的乐观。因为只有乐观的女孩才能找到快乐的钥匙，而一个乐观的女孩也更容易获得大家的好感，更能展示自己的魅力和获得幸福。

月月是一个自尊心很强的女孩，但是每次面对自己的父母，她都有些抬不起头来。她的父母都是名牌大学毕业生，对她的学习要求一直很高，而且每次她考试成绩不好的时候，父母总是唉声叹气地说她，慢慢地她总觉得有一种悲观的情绪缠绕着自己，认为自己无论怎样努力学习，父母的脸上都不会展露笑容。

女孩的父母一定要注意在日常生活中不要让自己的不良情绪影响到孩子，而是用乐观的生活态度来感染和影响女儿。

给女孩父母的建议

乐观是一种积极的生活态度，更是一种宝贵的性格品质。有关调查表明，生活中开朗乐观的人不仅身体更健康，而且婚后生活也比较幸福，事业上也更容易取得成功。为了让女儿生活幸福，父母必须对女儿进行积极的引导。

方法一：父母要控制好不良情绪，不把不良情绪传给女儿

如果父母善于控制自己的情绪，孩子就不容易被不良情绪感染，不容易变得懦弱、自卑、暴躁等。

扬扬的妈妈每天都是乐呵呵的。在她眼里，妈妈是世界上最乐观的人，因此，不论什么事，她都愿意和妈妈说。妈妈不是没有烦恼，只是她觉得，把工作上的烦恼带给孩子，会不利于孩子的成长。

情绪不佳的时候，妈妈会通过与同事聊天、看看书、想想和女儿在一起的快乐时光、默默流眼泪等方式排解不良情绪，等到自己心情恢复后再回家。

为了保持一天的好心情，妈妈会准备好每个人喜欢的早餐，维护家里愉快的氛围；下班回家后，妈妈会准备好营养又可口的晚餐，一家人一边讲趣事，一边用餐。受妈妈的影响，扬扬在同学当中是出了名的乐天派，同学们都愿意和她玩儿。

父母要做一个乐观的人，不要当着孩子的面不开心，即使有不良情绪也应尽量自我化解。父母在处理自身问题和家庭问题时的乐观态度，对孩子具有重要的示范作用，孩子通过观察和模仿会逐渐养成乐观性格。

方法二：让女儿多交朋友，多些兴趣爱好

乐观开朗的孩子心中的快乐源泉来自各个方面。试想一下，如果一个孩子只喜欢看电视，而某一天恰巧没有他喜欢的电视节目，他就会闷闷不乐。如果他同时有很多爱好，并且有很多朋友，他就可以选择看看书、听听歌，或者和朋友一起打打球等。他获得快乐的渠道多了，获得的快乐自然也会更多。所以，我们要想培养女儿乐观开朗的性格，就应该让女儿多交朋友，让女儿多点儿兴趣爱好。

方法三：减去女儿额外的压力

独生子女家庭中，父母往往把所有的希望都寄托在唯一的孩子身上，结果孩子从很小的时候就开始学习外语、绘画、钢琴等，也不管孩子是不是喜欢、能不能承受得住，每天都只管为孩子安排紧凑的生活。

其实，童年应该是轻松自在和十分美好的，女孩可以选择是不是一定要上午练钢琴、下午学书法或者晚上学英语，她可以选择做自己喜欢的事情。父母不要从小给女儿太多压力，而是告诉她："宝贝，如果你对这个没兴趣，可以选择你喜欢的……"这样，女孩才能生活在快乐之中，才会对未来充满美好的期许。

专家教你女孩怎么养

父母如何让女儿变得开朗、乐观起来?

第一，教会女儿与他人融洽相处。比如父母可以经常带着女儿接触不同性别、性格、年龄、职业和社会地位的人，引导她以热情和真诚与他人交往。

第二，不要对女儿控制过严。天真烂漫是孩子的天性，生活中父母不要对女儿有太多的苛责，更不要经常对她说"我不准……""你不能……""你必须……"等。

第三，鼓励女儿多交朋友。不善交际的女孩大多性格内向，甚至会自卑，时常感觉孤独，进而变得悲观，鼓励女儿多交朋友，尤其是同龄朋友，会使她渐渐变得开朗、乐观起来。

自信——女孩成功的重要保证

美国文学家爱默生曾说："自信是成功的第一秘诀。"而拥有自信的女孩不但能够获得成功，同时还能让自己在自信的映照下散发出一种夺人心魄的美丽，所以，父母应该让女儿充满自信地生活。

默默上小学二年级，是一个很没有自信心的女孩。有一次，班里选班干部，她的票数是全班最多的，但是她说什么都不愿意当。她的妈妈知道这件事情之后，就问她其中的原因，默默扭捏着说："我怕我当不好，到时候大家都不会喜欢我了。"默默妈妈于是一边鼓励默默尝试，一边给她分析怎样做一个班干部才能让大家喜欢，同时老师和同学们也都不断鼓励默默，希望她能当班干部。

后来，默默在众人的支持和鼓励下担任了班里的文艺委员。默默妈妈在女儿当上班干部之后，每天都会询问她在班里工作的情况，然后从旁给她一些鼓励和支持。慢慢地，默默不但变得越来越开朗，越来越自信，自主性也越来越强，还组织同学们在校庆日上表演了节目，获得了老师们的一致称赞。

默默的转变是令人欣慰的，她从一个缺乏自信心的女孩变成一个自信独立的女孩，这中间的转变和她妈妈的鼓励是分不开的。其实，父母是女儿自信心的助推器，而自信心是女儿展示自身魅力、冲破艰难困苦走向成功的力量来源，所以，我们要让女儿做一个充满自信的人，信心满满地去面对人生的机遇和竞争。

给女孩父母的建议

父母都希望女儿是一个充满自信的女孩，但因为各种各样的原因，自卑会不时地困扰着女孩，所以父母要及时对女儿加以引导，然后把自信的种子种在女儿的心中，等到有一天，父母会发现女儿因为自信收获了幸福的人生。

方法一：多对女儿讲"你能行""你可以"

世界上任何一个孩子都希望被认同、被肯定，而且这种被肯定的心理需求比成人更强烈。心理学家通过研究发现，孩子对自己的评价很多是源于周围人对自己的评价，而且这种评价会深深地影响他们的心理和生活。

假如身边的人对他的评价是积极的、肯定的，他便会觉得自己一定行，这时自信心就像一股股小溪流一样注入他的身体，让他在生活中逐渐变得自信坚强起来；假如身边的人给他的评价是消极的、否定的，那么他便会觉得自己一无是处，做什么都不会成功，自信心会很快丧失，甚至产生自暴自弃的想法，所以，我们要多对女儿说“你能行”“你可以”，让她在被肯定的氛围中健康快乐地成长。

方法二：让女儿从不断成功中获得自信

不断地获得成功是培养孩子自信心最重要的一种方法，因为过多的失败会一再打击孩子的自信心，让他开始怀疑自己的能力，进而产生自卑感。如果你的女儿做一件事情是在不断自我否定的情况下进行的，那么成功只会离她越来越远，所以父母要让女儿品尝到成就感，在一次又一次的成功中获得自信。

燕燕是一个很早熟的小女孩，虽然看起来只有7岁，但是妈妈从她的眼睛里发现她对周围的人产生了一种戒备感，好像害怕别人走进她的世界一样。平时家里来客人了，也不爱和客人打招呼，总是一个人怯怯地躲进自己的房间。妈妈担心她心理上有什么问题，于是带她去做了咨询，心理医生说这个孩子只是极度缺乏自信，具有强烈的自卑感。

为了让女儿变得自信，妈妈通过观察发现燕燕很喜欢玩模型，于是就买了几个特别简单，能够自己组装的玩具模型，让燕燕自己来组装，每当燕燕完成一个玩具模型，她就大声地表扬。一段时间后，燕燕脸上的笑容越来越多，人也越来越自信，还主动交了几个好朋友。

方法三：多鼓励，少对她说“不”

妈妈正在厨房做早饭，8岁的媛媛凑到妈妈的面前说：“妈妈，做饭我也会，让我帮你吧！”妈妈赶紧把女儿推出了厨房，脸色不悦地说：“你什么都不会，别跟着添乱，快出去玩儿去，别耽误我做饭。”媛媛马上嘴巴一撇，难过地回到了客厅。

中午的时候，媛媛又看见妈妈在洗衣服，于是自告奋勇地说：“妈妈，让我帮你洗衣服吧。”说完就要凑过来，妈妈赶紧阻止她说：“这不是你能干的活儿，待会儿要是把你弄湿了，我还要照顾你，乖一点儿，玩儿去吧，别跟着妈妈添乱。”

媛媛看着妈妈一脸的“不可以”，只好低着头委屈地走进自己的小房间。

显然，媛媛妈妈的这种做法没能体会到女儿的心情。她的这种行为会让女儿消极、悲观地认为自己什么都做不好，只会给妈妈添乱，于是慢慢地女儿会越来越怀疑自己的能力，面对事情时会产生自我否定，进而失去自信。

假如父母遇到上面这种情况，一定要真诚地鼓励女儿，常对她说：“孩子，你真棒！你这么小就能帮助妈妈做事，简直太了不起了！”接下来，再教女儿如何做，怎样做到最好，而且父母要在女儿帮助你的过程中，不断地鼓励、赞扬她，渐渐地女儿在这种鼓励的氛围中，不仅会养成爱劳动的好习惯，更会培养起自己的自信心，同时父母也加深了与女儿之间的亲子之情。小眼睛只要有神就很好看。很多时候女孩不自信往往源于对自己相貌的不认可。

专家教你女孩怎么养

父母可以从哪些方面培养女儿的自信心？

第一，建立合乎自己女儿能力的目标。为女儿订目标之前，先了解她的能力，如果超过她自身能力太多，容易使她产生挫败感，丧失信心。

第二，多给女儿提供实践的机会。因为女孩的自信心是随着成功次数的增加而逐步增强的，所以当女儿擦桌、扫地、择菜时，父母应及时给予肯定和表扬。

第三，向女儿提供书籍和材料，支持她做自己想做的事，进而让她认识到自己的才干和能力，这样她才会更有自信。

有主见——不做人云亦云的“小鹦鹉”

现实生活中，假如一个女孩缺乏主见，那么她不仅不能很好地安排自己的学习和生活，还会慢慢地失去自己的判断力和思考力，当她长大之后，遇到的问题更是层出不穷，比如：上什么大学、学习什么专业、找一个什么样的男友、毕业后做什么工作等，她根本不知道自己应该做出什么选择，统统需要父母帮她做选择。

小君上五年级了，虽然她的学习成绩很好，但是她对任何事情都没有自己的主见。在家里，她凡事都要妈妈帮她选择，比如：穿什么上衣、选择什么颜色的裤子等；在学校，她总是让老师帮她选择自己是否要参加活动。有时候，她看见同学穿什么衣服，也不管自己适不适合，就一定要妈妈买。

女孩如果只会做一个人云亦云的“小鹦鹉”，那么她将来走入社会，不是被动地等待别人帮自己做决定，就是被别人轻视，失去竞争力，所以，父母要从小培养女儿的自主意识，让她变成一个有主见、有魅力的女孩。

给女孩父母的建议

有主见的女孩会保持清醒的头脑，有自己的思考和判断力，而这些会在她成长的过程中为其今后的成功带来很大的帮助。

方法一：不要让孩子在比较中失去主见

生活中，当父母产生问题或者矛盾的时候，总愿意让孩子成为自己这一方的“盟友”，也有些父母总爱问孩子更爱谁，其实这时候，孩子会不知所措，因为他不想因为自己的抉择伤害任何一方，于是很多时候，即便他的心中更偏向妈妈一点儿，他也会违心地保持中立。长此以往，这种爱的比较在孩子心中的影响就会延伸到生活中的方方面面，孩子为了能够得到更多人的喜爱，而不得不像个人云亦云的“小鹦鹉”那样，违心地表达自己的想法。

有一天，妈妈做好了晚饭。谁知在饭桌上爸爸刚吃一口菜，就皱紧眉头对妈妈说："今天这菜太咸了。"妈妈的心情本来就有些不好，所以赌气地说："这菜哪儿咸了，我吃着正好。"爸爸又说："你还不承认，这菜明明就做咸了。"于是两人就争论了起来，气氛突然有些紧张。

这时，爸爸看着女儿蓉蓉说："乖女儿，你说这菜咸不咸？"蓉蓉看了一眼急切等待答案的爸爸，又看了一眼注视着她的妈妈，不知怎样回答才能让两个人都满意。其实，今天妈妈做的菜确实有些咸，但是为了不让妈妈脸色难看，蓉蓉低着头小声地说："我觉得正好，不咸不淡！"

爸爸一听这个答案，失望地说："你这个孩子怎么一点儿自己的主见都没有呢！"蓉蓉一听，小脸马上红了起来，羞愧极了，再也不想待在饭桌上，匆匆扒了两口饭就跑回自己的房间了。

当女孩在面对父母让她做出的两难选择时，总会犹豫不决，拿不定主意，最后，在现实的逼迫下强行选择一个答案，长此以往，只会让女孩变得越来越没有主见，失去对事物最真实的判断力，到最后她的生活只能有意无意地被别人影响或者操纵，为了避免这种情况的发生，父母要适时选择正确的方式对女孩加以引导。

方法二：给女儿自己做主的机会

父母要想培养女儿的主见，就应该给她提供更多自己做主的机会。

首先，要让女儿衣食自主。现在很多父母常常主观决定让女儿吃什么、不吃什么，从不过问女儿的意见。其实，在不影响女儿饮食均衡的前提下，父母可以让她自己选择吃什么。在女儿的穿衣打扮上，父母千万不要把自己认为好看的衣服强行给女儿穿上，除非她也喜欢那件衣服。其实，父母最好把穿衣的选择权交还到女儿手上，让她自己决定穿什么衣服。

其次，女儿的玩乐也要让她自己做主。如果你想让女儿成为一个有主见的人，就不要替她决定买什么玩具或者游戏该怎么做，而是放开手让她自己去做决定，最大限度地提升她的自主意识。

方法三：让女儿有参与的机会并尊重她

有一天，妈妈带着女儿小茹来到家具商场，目的就是要让自己8岁的女儿"做主"给新家挑选家具，所以一走进家具商场的时候，妈妈就和小茹商量说："宝贝女儿，你喜欢什么颜色的书桌啊？”小茹想了一下，大声地回答说：“粉色的。”妈妈又问她：“那你喜欢什么样式的沙发呢？”小茹摇了摇头说：“我也不知道。”小茹妈妈笑了一下，带着女儿来到了专门卖沙发的地方，然后每看见一种样式的沙发都会问问女儿的意见，并且说明每种沙发的优缺点，让女儿在心中自己做个评估，最后再确定买什么样的沙发，小茹妈妈还称赞女儿是一个非常棒的“军师”。

家里重新摆上家具之后，小茹看着自己和妈妈一同挑选的家具，感到妈妈对自己特别重视，因而备受鼓舞，在很多场合都会适当地表达自己的意见。

现在她不仅成为班里的文艺委员，而且做任何事情都有模有样，像个小大人一样关心着家里家外的一些事情。

女孩做事缺乏主见，很大程度上是因为父母和她缺乏沟通，做事武断，不注意尊重她的要求。所以，父母应该给予女儿充分表达自己愿望的机会，给她独立思考和参与的机会。

专家教你女孩怎么养

父母用什么方法培养有主见的女儿?

第一，让女儿自己决定喜欢做的事情，然后信任并尊重她的这种决定。

第二，不要过分担心女儿。生活中，父母应少对女儿说“宝贝，多吃点儿，不然等一下饿肚子”“今天冷，穿厚点儿，不然会生病”等。

第三，教导女儿积极争取机会，表达自己的见解和想法，要独立思考，不人云亦云。

进取心——女孩不断进步的动力

一般来说，女孩一进入新的集体，首先关注自己和谁能成为朋友，并建立起友好的关系，进而受到大家的欢迎和喜爱。

父母要明白，积极的进取心，不仅是孩子取得成功所必备的素质，更代表着孩子自身的一种独立思维能力和创新能力。

阻碍女孩进取心提升的有以下这些因素：

课业繁重让女孩身体和情感上负担过重，甚至会产生厌学情绪，不但无法安心读书，还会产生紧张、焦虑、烦躁、悲观等消极情绪。

女孩受到批评后，往往会打击其继续努力的积极性。

女孩如果没有品尝过成功带给她的喜悦，那么也无法进一步激发她自主学习的动力……

父母可以采取相应的对策克服这些阻碍因素，并且通过正确引导，让女儿拥有更加积极的进取心，使她的人生走上更高的台阶，实现更美好、更远大的理想。

给女孩父母的建议

进取心是女孩不断进步的原动力，也是促进她学习、事业成功的力量源泉，所以父母要找到最科学、最合适的方法把积极的进取心注入女儿的体内，让她能够有足够的力量创造一个美丽的未来。

方法一：利用激将法刺激女儿的进取心

有一位妈妈曾在日记里这样满心忧愁地写道：

女儿已经10岁了，虽然她比较聪明伶俐，但是对自己的事情缺少规划，对很多东西都不是特别在乎，对学习更是缺乏上进心，这是最让我担心和忧虑的。记得上次她考完试回到家，我问她考得怎么样，她扬扬得意地说自己考了80多分，还说班里很多同学都不如她。

有时，我故意在她面前说谁家的孩子学习很努力，考试总是前三名，女儿一听我这样说，脸上什么表情也没有，好像我一个人在自言自语，或者干脆有意地躲开，不听我继续说。现在看着别人家的孩子每天都努力地学习，而我的女儿取得一点儿小成绩就沾沾自喜，不思上进，我的心里就非常无奈和难过，真不知用什么办法可以让她更加认真地对待学习。

生活中，当父母遇到女儿不思上进这种情况时，可以采取激将法来刺激她的进取心。

首先，父母要为女儿找到两个竞争对手，一个要比她“弱”，一个要比她“强”，因为前者可以增强她的自信心，后者可以激发她的进取心；其次，父母要适时鼓励和引导女儿对学习的兴趣，让她重新鼓足信心和勇气，投入到新的学习环境中去。

方法二：给女儿一个积极、正确的评价

孩子都非常看重父母对自己的评价，尤其是对父母依赖性比较强的女孩，她非常渴望从父母那里得到赞扬和肯定，这样，她对自己的能力就不会产生怀疑，而是在学习和生活中更积极地表现自己。

京京7岁半了，是一个很乖巧聪明的女孩子，她的妈妈是一家杂志社的编辑，平常工作很忙碌，晚上在家也时常加班。一天，京京的妈妈又在书房加班。京京蹦蹦跳跳地来到书房，看到妈妈正在专心致志地写文章，散乱的稿纸随意地摆在桌子上。京京想到老师要她们保持课桌整洁，于是开始帮助妈妈收拾乱七八糟的纸张。

突然注意到女儿的举动，京京妈妈没有大声喝止女儿，而是表扬她是个贴心的宝贝，并且建议她把自己弄乱的书整理好，放进她够得着的书柜里。

京京听到妈妈的夸奖和建议后，马上更加热心地忙活起来，每天晚上都帮助妈妈整理书柜，而京京妈妈也特别有心地故意把一些买给女儿看的书杂乱地放在书房里，暗示女儿在收拾书柜的时候可以阅读里面的文字，然后归类放进去。一段时间后，京京在帮助妈妈整理书柜的同时，还越来越爱读书了，这让京京的妈妈很是欣慰。

女孩通常在得到父母的赞扬和肯定的时候会表现得更加乖巧、懂事，如果这时父母再慢慢引导女儿，那么她一定会在不断的积极鼓励下朝着父母期望的方向发展，变成一个有进取心、自信、努力的孩子。

专家教你女孩怎么养

父母怎样提升女儿的进取心？

第一，给女儿一个梦想。因为有梦想才会有目标，而梦想是激发女孩激情、希望和进取心的源泉，而且永不枯竭。

第二，每天问她一个“为什么”。女孩都有天生的好奇心，父母就要利用这种好奇心，引起她主动学习的兴趣，每天问她一个“为什么”，让她自己去找到答案并告诉你。

第三，不要对女儿提过高的要求。父母要根据女儿的能力、性格等，给予她适当的学习任务，不要让学习成为她的负担，并使她产生逃避学习或厌学的情绪。

责任感——责任感比能力更重要

有责任感的女孩更易让父母省心、宽心、放心，她们更加自觉，也容易对他人表现出自己的友好，在学校里，集体荣誉感也比较强。

缺乏责任感的女孩，做事往往以自我为中心，很容易变得自私自利。

小樱是一个非常聪明、性格开朗的女孩，平时很喜欢和小朋友们一起玩儿，但是她有一个缺点：遇事总爱给自己找借口，爱把责任推到别人或者其他事物身上。

有一次，小樱把自己的芭比娃娃扔得到处都是，妈妈让她收拾一下，放在玩具柜上，但她不是说“一会儿还玩儿呢”就是说“我累了，要休息一下”。不过，如果有小朋友来找她玩儿，把她的芭比娃娃随意放在屋子里，小樱就会非常生气，责问别人为什么不收拾玩具。

有些女孩就像小樱一样，有些事情明明能做好却不愿意去做，做错了还不承认，习惯把责任推到别人身上，这类问题的根源就在于孩子还没有建立起一定的责任感。所以，生活中父母要像给予孩子身体营养一样随时给予孩子责任感，要让她对自己、对他人、对集体、对社会有责任感。

给女孩父母的建议

女孩的责任感不是一朝一夕就能形成的，它伴随着女孩的成长过程，因此，父母绝对不能放松对她责任心的引导和培养。

方法一：放弃你的溺爱，让女儿对自己的事情负责

现在家庭中，很多女孩都是爸爸妈妈的掌中宝，过着衣来伸手、饭来张口的生活，父母更是从学习到生活各个方面都为她打理得很好，本来应该女儿自己去完成的事情，结果，因为父母的过度疼爱，全部都由父母代劳了，应该自己负的责任也全都由父母承担了。因此，父母要想培养女儿的责任感，首先就要放弃对女儿的溺爱，让她学会自己的事情自己做。

扬扬上三年级了，是一个很活泼好动的女孩，可能因为家里就她一个孩子，爷爷奶奶十分宠爱她，什么事情都喜欢替她安排好，即使扬扬闯了什么祸，两位老人也想法替孩子摆平，但他们却没有意识到这样很容易让孙女变得没有责任感。

有一次，顽皮的扬扬在小区里玩耍，把邻居李叔叔新买没多久的汽车给刮花了，这件事情只有扬扬的奶奶看见了，她马上把孙女带回了家，而且告诉孙女什么事情都没有发生，也不要对别人说。但后来还是被扬扬的妈妈知道了，她没有像扬扬的奶奶那样，让扬扬逃避自己的责任，而是带着扬扬来到邻居家，让她主动给李叔叔道歉，并且当面拿出赔偿汽车的钱。回到家之后，扬扬的妈妈对扬扬说："女儿，你已经是个大孩子了，自己的事情要学会自己负责。你刮花了李叔叔的汽车，就要承认并且主动道歉，而不是逃避，妈妈相信你以后不会再犯这样的错误，会成为一个负责的好孩子。"扬扬认真地听妈妈说完，羞愧地点点头。

方法二：给女儿表现责任的机会

8 岁的妮妮在外边很少让妈妈操心，妮妮妈妈也从来不会像别人那样，冲顽皮的孩子大喊："慢点儿，看车！"很多时候，是妮妮拉着妈妈的手一边过马路，一边说："妈妈，我领着你。"生怕妈妈迷路或者发生危险。而每次出去逛街，妮妮总是很乖地帮妈妈拎东西。

邻居们看到妮妮这么小就这样乖巧有责任感，就询问妮妮妈妈教育孩子的秘

诀。这时，妮妮妈妈总是笑着说：“我总会在女儿的面前适当地‘示弱’，比如出门的时候，我会告诉她自己不会过马路，而且很容易就迷路，让她领着我过马路；在商场买东西的时候，我会对她说：‘妈妈力气太小了，这些东西拎不动了。’这时她就会主动过来帮助我；我在家做饭洗菜的时候，总说自己洗不干净，妮妮就会主动要求帮我洗菜。每当女儿帮助我以后，我都会大大夸奖她一番，所以很多时候她就像一个小大人一样帮助我、照顾我。”

生活中，如果父母在自己女儿的面前稍微“示弱”，多给她一些表现责任的机会，那么她就真的会表现得不错，不但会像个大人那样去体贴照顾你，而且一旦她得到你积极的肯定和赞扬，那么她会主动去承担更多的责任。

方法三：要求女儿做事有始有终

养成一个孩子的责任心是需要坚强的意志力和持之以恒的态度来维持的，但这恰恰是很多女孩缺少的。小女孩的好奇心都很强，但往往缺乏自控力和毅力，做事很容易三分钟热度，有时遇到挫折就打退堂鼓，做事情半途而废的情形时有发生。

因此，父母要增强女儿的责任感，就要培养她做事有始有终、负责到底的好习惯。比如让女儿去完成一些事情，可以是由小到大、由易到难的事情，父母不但要全程监督，而且发现问题要及时纠正，绝不允许孩子做一半就放弃，直到孩子最后完成，然后大力表扬她的这个能力。

专家教你女孩怎么养

父母怎样培养女儿的责任感？

第一，给女儿买一盆属于她的花。小女孩对花花草草都会比较喜爱，因此让她负责照顾自己喜爱的植物，是培养孩子责任感的好方法。

第二，给女儿足够的选择权，父母保留建议权。因为当孩子体会到不负责任的后果时，她才自然会为自己的选择负起应有的责任。

第三，父母应该要求女儿勇于对自己的言行负责，比如女儿损坏了他人的物品，父母就应要求她去帮人修理或照价赔偿等。

第五章

赐予女孩美貌，不如雕琢她的气质

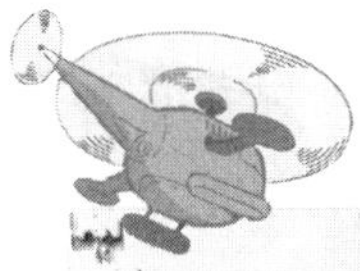

一个女孩的真正魅力不在于她是否有绝美的容貌，而在于她内在独有的气质美，在于她是否举止优雅、是否仪表整洁、是否大方得体、是否有礼有仪……

或许你的女儿没有过人的美貌，但你却可以让她的身上充满迷人的气质美，让她学会如何认识和培养真正的美，领悟生活中美的真谛。

举止优雅——养出女孩的淑女气质

无论时代如何变迁，年轻一代的审美观如何变化，女孩的父母都希望女儿能够成长为一个谈吐不俗、举止优雅的小淑女。

但是现实生活中，不少女孩性格外向，不拘小节，还时不时地给父母制造一些小麻烦，很让父母头疼。

接下来，让我们来看看下面这位妈妈在培养女儿淑女气质中遇到的问题吧。

我女儿7岁了，是一个大大咧咧的女孩。别人家的小姑娘说话都是细声细语的，但我女儿却是个“皮猴子”，不仅大声大气地说话唱歌，还经常和附近的小男孩一起去摔跤、爬树，没有一点儿女孩的样子。我怎样才能培养出一个小淑女呢？

给女孩父母的建议

生活中，有的女孩天性好静，有的女孩天性好动，因此，如果想将女儿培养成真正的小淑女，父母就应根据自己女儿的具体情况，因材施教。一般来说，对于性格外向的女孩，父母可以积极地引导她将过剩的精力转移到一些有益的兴趣爱好中来，如让女儿学习钢琴、古筝、舞蹈等；对于性格内向的女孩，父母应多给予赞扬和鼓励。

方法一：父母应以身作则，把优雅展示给女儿看

珊珊的妈妈是一家建筑公司的项目经理。由于工作的关系，她非常豪爽，说话粗声粗气，有时候还大声地批评下属。在妈妈的影响下，珊珊也变得不拘小节，说话唱歌都喜欢大喊大叫，玩耍时把玩具弄得七零八落；有时候她还带着小伙伴去和其他的小孩打架，俨然成了“土匪头目”。

由上面这个例子，我们不难看出这样一个问题——父母的一言一行对女儿的影响是巨大的。如果父母不注意自己的言谈举止，行事大大咧咧，那么女儿自然也会大大咧咧起来，所以，要想把女儿培养成谈吐不俗、举止优雅的小淑女，父

母首先要检讨自己的言谈举止是否足够优雅得体，只有这样，你们的女儿才能在你们良好的熏陶下越变越文静，越来越优雅，成为一个人见人爱的小淑女。

方法二：不要一味地苛责女儿的错误行为

女儿的一些错误行为往往是出于考虑少，并非有意为之，因此，父母与其严厉苛责女儿不经意犯下的错误，让女儿对父母的话产生逆反心理，还不如耐心地引导，积极地暗示，让女儿自己认识到错误，主动改正，这样的方法尤其适用于培养女孩的优雅气质。

一位妈妈是这样通过提示和表扬来引导女儿的：

妈妈带晶晶去一位阿姨家做客前，这样告诉晶晶："我们去看阿姨的时候，如果晶晶向阿姨问好，并且在用餐之前主动为阿姨拉出椅子，妈妈就会为晶晶感到骄傲。"

做客回来后，妈妈这样表扬了晶晶："我和阿姨今天都很高兴，我们都很喜欢你向阿姨问好和为阿姨拉椅子的样子。"

一般来说，当父母对女儿有所提示时，女儿会牢记在心并努力实现父母的期望。而父母适时的表扬，则可以让女儿将这样的好习惯延续。经常这样提示和表扬女儿，用不了多久，你就会发现，你已经不再需要提示，女儿就变得优雅多了。

专家教你女孩怎么养

生活中，父母如何培养女儿的优雅气质？

第一，先从行为举止入手。要求女儿在站立时要身体直立、挺胸收腹，不要表现得无精打采；行走的时候要不急不缓，不要表现出慌乱着急的样子；坐着的时候要挺直上身，不要抖腿、晃脚。

第二，在表情神态方面，要求女儿与人交往时，要面带微笑，表现出对他人的尊重和理解。

第三，在言谈措辞方面，要求女儿和人说话时，不要粗声粗气，而要温柔和缓，给人一种如沐春风的感觉。

仪表整洁——给人良好的第一印象

女孩的父母都会有这样一种感觉：无论女儿长得如何，只要她干净整洁地出现在大家的面前，她都会很受欢迎，而父母也会因此为女儿感到骄傲；反之，若女儿邋里邋遢地出现在众人面前，即便她长得很漂亮，也很难得到他人的喜爱，父母也会觉得没面子。

培养女孩爱干净、注重个人仪表的习惯，不仅能够帮助女儿健康成长，还能够让女儿在成长的道路上收获更多的肯定，让女儿充满自信，因此，父母应该积极地引导女孩养成爱干净、注重个人仪表的好习惯。

给女孩父母的建议

干净的仪表不仅能够体现一个人的精神面貌，还会让人充满自信，因此，父母首先应在教育女孩的过程中明确这样一个道理：女孩不讲卫生、不注重个人仪表，绝不是一件小事情。

方法一：做女儿爱干净的榜样

父母是女孩的一面镜子，父母的一举一动都被女孩看在眼里，记在心上。如果父母在平日里非常爱干净，那么，久而久之，在父母的影响下，女孩自然也会养成爱干净的好习惯；反之，如果父母非常邋遢，女儿从小习惯了脏乱的环境，她就很难养成爱干净的好习惯，所以，父母要想培养女儿干净整洁的好习惯，首先应以身作则，为女儿树立良好的榜样。

一位妈妈这样讲述自己的育女经验：

最初，女儿不爱干净，房间乱了也不收拾，衣服很脏后才会换下来。看到女儿邋遢的样子，我意识到可能是自己平时工作繁忙，不经常收拾房间影响了女儿。从那以后，我开始经常收拾自己的房间，注意自己仪表的干净整洁。受我的影响，女儿也开始讲卫生、注意起自己仪表的干净整洁。

有一次，我把自己的房间收拾干净后，把女儿叫过来问：“妈妈的房间是不是很干净呢？方方想不想自己的房间永远这么干净？”方方说：“想啊。”她想了想，明白了我的用意，然后跑回自己房间，把房间收拾得干干净净。现在女儿最大的一个变化是，只要身上的衣服出现一个小污点，她马上就换另外一身衣服。

故事中，妈妈的做法无疑是明智的，她及时地发现自己的不良行为影响了女儿，并及时改正自己的不良习惯，为女儿树立了良好的榜样，通过对女儿潜移默化的影响，让女儿开始注意仪表的干净整洁。

方法二：严格执行为女儿制订的规矩

很多父母为了培养女儿干净、整洁的习惯，制订了很多规矩，比如不洗手就不能吃东西、衣服脏了要及时换、不梳头不洗脸就不能出去玩儿……可生活中，父母的规矩是制订了不少，但大多数规矩都没能严格地执行下去，常常是女儿一哭一闹，父母就妥协了。事实上，这并非爱女儿，相反，这非常不利于让女儿养成爱干净的习惯。

父母既然给女儿制订了规矩，就要严格执行，只有这样，规矩才能发挥它应有的作用，否则，规矩只能是一纸空文，毫无用处。

方法三：教给女儿讲究卫生的正确方法

很多父母告诉了女儿要讲卫生，却没有告诉她讲卫生的正确方法。

一位爸爸就犯了这个错误：

早晨起床后，爸爸告诉女儿去洗脸，女儿乖乖去洗手间了。女儿洗完脸回来，爸爸看到她没有把脸洗干净，就埋怨女儿：“这孩子洗脸都洗不干净，真是邋遢啊！好啦！先吃饭吧！”

另一位爸爸就采用了与之相反的处理方法：

他发现自己的女儿没有洗干净脸后，说：“洗洗脸的侧面和耳朵后面。”女儿按照爸爸说的做了。等洗完后，爸爸说：“刚才因为你没有洗脸的侧面和耳朵后面，所以你没有把脸洗干净。不过现在你终于把脸洗干净了，自己照照镜子，多漂亮呀，这样的女孩大家才会喜欢嘛！宝贝，以后要记得洗脸时认真一点儿啊！”

爸爸看到女儿没有把脸洗干净并没有埋怨她，而是耐心地教她正确的方法，这样的做法是正确的，可以教会女孩讲卫生，如果坚持下去，很快就能养成良好的习惯。

专家教你女孩怎么养

父母如何培养女儿爱干净、爱整洁的习惯?

第一，父母要为女儿做爱干净、爱整洁的榜样。父母作为女儿的第一任老师，一言一行都会影响到女儿，因此，父母应成为女儿爱干净的榜样，这样就能使女儿在耳濡目染中变成一个整洁、大方的小淑女了。

第二，告诉女儿仪表干净整洁的好处。比如，父母可以告诉女儿爱干净的女孩不容易感冒、拉肚子等；与邋遢的女孩相比，仪表干净整洁的女孩更容易受到别人的喜爱。

穿衣打扮——培养正确的审美观

孩子到了3岁以后，便开始逐渐形成自我的审美意识。尤其是对女孩而言，随着她们年龄的增大，会对穿衣打扮产生浓厚的兴趣，有些孩子甚至更早地在这方面有了敏感性，对此，很多父母常常这样抱怨：

“我的女儿才4岁，但是已经开始挑衣服穿了，如果她看不上眼的，我给她穿上，一会儿她就会脱下来。”

“我女儿上小学二年级，但是上个月她过生日，向我要生日礼物，非让我给她买双高跟鞋。你说她那么小的孩子怎么能穿高跟鞋呢？”

正如父母所说的那样，当孩子开始对自己审美有所意识的时候，她们会突然产生很多稀奇古怪的想法，比如，要穿有亮片的衣服，要买高跟鞋，不穿颜色太旧的衣服，校服真的很难看……当然，随着女孩年龄的增大，她们的审美意识也会给父母带来很多烦恼，此时，父母一定要积极引导女儿建立起正确的审美观。

给女孩父母的建议

现代社会，女孩习惯打扮自己，追求当下的潮流时尚是没有错的，不过追求潮流时尚一定要建立在适度的基础上。

方法一：让女儿明白，美丽的最高境界是展现个性

美丽的最高境界不是随波逐流地追求时尚，而是展现出自己的个性，那么，父母应该怎么做，才能让女儿明白这一点，并拥有正确的审美观呢？

这里为父母介绍一种方法：和女儿一同制作一件符合她个性的美丽衣服。

下面是发生在一位妈妈身上的故事：

我女儿9岁了，一个周末，我来到女儿的房间，对她说："我们一起来设计一件你觉得最好看的衣服怎么样？"

"我们设计？"女儿半信半疑地看着我。

"对啊，把你的设计告诉我，然后我们一起来制作。"

"妈妈，你会做衣服吗？"

"当然。"

"好吧，不过我的设计有点儿复杂，我想要……"随后女儿开始表达自己的想法。女儿的想法的确有些复杂，但真的很特别，随后的一天，我们一起去商场选购了做衣服的面料和材料等，两天后，女儿的设计终于完成了，她迫不及待地穿上在镜子前照来照去，真的很好看，女儿高兴得不得了。

第二天，女儿穿上新衣服到学校去，大家都觉得这件衣服很棒，都问女儿是从哪里买的，女儿自豪地说："我和妈妈一起设计的！"放学后，女儿高兴地告诉我，所有人都觉得这件衣服好看，她还说，长大后，她要做一名服装设计师，从此，女儿对自己的审美能力也越来越自信，再也没有看到别人穿什么她就穿什么。

无论这个女孩长大后能否成为服装设计师，我们都不能否定这次自主设计给女孩带来的快乐。与此同时，通过这次经历，她长大后一定会成为一个独具审美能力的人，这次特别的经历也会成为她一次美好的回忆。她在体会设计、制作服装的同时，也增强了自信心。

方法二：转移女儿不正确的审美视线

审美品位最能反映一个人的气质。女孩审美品位的层次越高，她的个人气质就越好。那么，在生活中，父母应该如何培养并提升女儿的审美层次呢？

一位智慧的妈妈这样介绍了自己的育女经验：

有一天，女儿回家后问我："妈妈，是不是穿上漂亮衣服后，我就会变得更漂亮呢？"我猜想着，女儿肯定是听小朋友说了些什么。"娇娇，是不是有的小朋友说穿漂亮的衣服才会漂亮？"女儿点点头，说："邻居家的小哥哥说我的衣服一点儿也不漂亮，他还说别的小朋友都穿漂亮的裙子，戴漂亮的项链和戒指。"

我不能确定是不是那个小哥哥说的，但我确定女儿想把自己打扮得漂亮些。

一天，我到市场买来各种颜色的毛线，为女儿织了几件衣服，有裙子，也有马甲。我还精心利用各种颜色的毛线在衣服上钩了一些可爱的卡通形象，这些衣服看起来可爱又时尚，女儿穿上它们平添了几分灵气。

女儿穿着可爱的裙子去上学，放学回家后非常兴奋地告诉我："妈妈，老师和小朋友们都说我的衣服漂亮。老师还研究了我裙子的织法，说以后也要为她的女儿织一件这样的裙子。"

后来，我问女儿："你还要不要去买漂亮的衣服、项链和戒指了？"女儿摇摇头，说："妈妈给我织的衣服才是最漂亮的，为什么还要买衣服呢？项链、戒指戴上后像个大人似的，我才不要戴呢！"

女儿因为年龄小、判断能力不足而建立起了错误的审美观是很正常的，比如认为鲜艳的衣服就是美的，戴首饰就是漂亮的等。对此，父母不要进行粗暴地干涉和批评。这个时候，父母可以试着转移女儿的视线，像娇娇的妈妈一样为女儿亲手做一些漂亮的衣服。当女儿穿上了这些人人都羡慕的漂亮衣服时，自然会认为自己是最美的，也不会再去注意效仿他人。

专家教你女孩怎么养

面对爱打扮的女儿，父母应该怎么正确引导她的审美观？

第一，女儿爱打扮是爱美的表现，父母要正确看待，同时要培养女儿正确的审美观。

第二，父母不要责骂女儿爱打扮的行为。父母应听一听女儿的想法，耐心地告诉她这样打扮的坏处，让女儿选择适合她自己年龄、身份的服饰。

第三，培养女儿在其他方面的兴趣，把女儿对穿衣打扮的注意力转移到更有益的事情上。

懂礼仪——让女孩更受欢迎

讲文明、懂礼貌是为人处世最基本的要求。中国大教育家孔子说过：“不学礼，无以立。”英国著名教育家斯宾塞也说过：“礼仪修养是一个人全部品德的基础。”由此可见，无论是在东方还是在西方，都把文明礼貌看得非常重要。

在生活中，那些讲文明、懂礼貌的女孩往往容易受到大家的欢迎和尊敬，也容易建立较好的人际关系；而那些不讲文明礼貌的女孩，则很难有较好的人缘儿，有时候还会被大家嫌恶和讨厌。

我们来看看下面这位妈妈写的日记：

上周末，我7岁的女儿邀请几个小朋友到家里一起做作业。我为她们准备了一些水果。当我把果盘摆上来时，很多孩子抓起来就吃，只有一个叫欣妍的小女孩非常礼貌地对我说：“谢谢阿姨。”做完作业后，大家忙着整理课本、收拾书包。只有欣妍留到了最后，把自己坐的桌椅摆整齐，并且把弄乱的东西放回原处。这一瞬间的细小行为深深地打动了我。我想她的父母一定是懂礼仪的人，要不然教不出这样优秀的孩子，这个孩子将来也一定会成为一个优秀的女孩。

从这个事例可以看出，讲文明、懂礼貌的孩子更易受到认可和欢迎。但是现在很多孩子由于从小受到父母的娇惯，做任何事都以自己为中心，常常做出一些不礼貌的行为，这其中不乏一些女孩。

对于女孩来说，讲文明、懂礼貌显得更为重要。试想一下，如果一个女孩不懂礼貌，甚至开口就吐脏字说脏话，这样的女孩大家避之不及，又怎么会受到欢迎和喜爱呢？所以，我们要让女儿从小养成讲文明、懂礼貌的好习惯，让她成为一个真正受欢迎的人。

给女孩父母的建议

对于女孩来说，懂得文明礼让是非常重要的。女孩父母从小就要教育她使用一些文明用语，并且给她树立一个良好的榜样。那么，父母应该怎样帮助女儿学习礼仪呢？

方法一：理解并纠正女儿偶尔失礼的行为

场景一：3岁的茹茹坐在床上，让妈妈把牛奶递给她。妈妈正在收拾餐具，没有时间，茹茹用小手指着妈妈说：“大坏蛋！”

场景二：3岁的张新让妈妈给自己买一个玩具。妈妈没有答应她。张新就用小手打了妈妈几下说：“妈妈不给我买玩具，妈妈坏。”

一般来说，孩子在3～4岁时，会对“大笨蛋”“大坏蛋”这类词感兴趣。此外，孩子有时因为一时疏忽或者为了发泄情绪，也可能会做出一些失礼的行为。这时，父母不要马上指责、批评孩子，这样做不仅不能从根本上解决问题，还容易激发孩子的逆反心理。出现这种情况的时候，父母应该平静而坚决地对孩子说：“咱们家不应该有不讲礼貌的孩子。”然后再表达自己的要求：“如果你想要妈妈帮助，应该用礼貌的方式和妈妈说话。”这样，孩子会逐渐改掉失礼的行为。

方法二：引导女儿在家中使用礼貌用语

外出交际的时候，父母会提醒孩子使用“谢谢”“请”“对不起”等礼貌用语，而在家里的时候，父母往往不要求孩子使用礼貌用语，认为这是无所谓的事情。其实，父母的这种做法是不恰当的。女孩良好的气质，不在于她在外人面前的表现，而在于使用礼貌用语是否成为她的一种习惯。

一位爸爸是这样要求孩子在家里使用礼貌用语的：

慧慧一件紫色外套的扣子掉了，妈妈在针线盒里选出一根紫色的线，沿着针孔穿进去，首先把衣服拉平整，然后比量了一下扣子应该放的位置，最后，仔细地把扣子缝在了衣服上。缝完后，妈妈喊女儿：“慧慧，外套扣子缝上了，过来把外套拿回房间吧！”慧慧从自己房间出来，拿了外套转身就要回去。这时，爸爸喊住女儿：“慧慧，妈妈为你缝衣服这么认真、辛苦，你是不是应该谢谢妈妈啊？”听到爸爸的话，女儿转身对妈妈说：“谢谢妈妈。”妈妈笑了。爸爸说：“慧慧，看你妈听到你说谢谢多高兴啊，以后妈妈帮你的时候也这么说，妈妈会更开心的。”慧慧点点头答应了。

养成使用礼貌用语的习惯，是女孩成长为气质女孩的重要内容。故事中的爸爸在妈妈帮女儿把掉了的扣子缝好后，让女儿说“谢谢妈妈”，并且让女儿养成了说“谢谢妈妈”的习惯。爸爸这样的做法是正确的，女儿养成了说礼貌用语的习惯，也就拥有了一种良好的内在气质。

专家教你女孩怎么养

生活中，父母如何培养女儿良好的坐姿？

第一，入座的时候，首先走到座位前，然后转身，最后双腿并拢后同时往左或往右放，轻稳地坐在椅子上。若是裙装，应首先用手将裙子稍稍拽一下，不要坐下后再拉拽衣裙。

第二，入座后，要立腰、挺胸，上体保持自然挺直。如果是椅子，就要坐满椅子的2/3，宽沙发则至少坐满1/2。需要注意的是身体要端正，但不僵硬，同时，要避免一些不合礼仪的举止体态，比如搔头发、揉眼睛、伸懒腰等。

阅读——让女孩充满知性美

阅读对于培养女儿的气质来说，可谓意义重大。无数个事实证明，一个读书多的女孩，在人生观、世界观、感知力、求知欲以及解决问题等方面都有很大的优势。此外，女孩读的书多，积累的知识自然也就多。谈论起某一话题来，读书多的女孩能说出别的孩子不知道的知识，这样周围的人就会对这个女孩刮目相看。

初二女孩陈慧，在班级里学习排名第一，而她的同桌排名第二十三。自习课上，陈慧给同桌上起思想课来，她问同桌：“你想知道怎样才能学习得更好吗？”同桌说：“我当然想了，谁不想学习好呢？”

陈慧说：“要想学习好，就要多阅读、多积累，积累的知识多了，学习自然会好。”

同桌疑惑了，“那你平时看什么书呢？”同桌接着问道。

陈慧说：“潇竹的书。”

同桌问："潇竹是谁呀？没听说过！"

陈慧说："潇竹是一位畅销书作家。"

陈慧还想继续说下去，但被同桌打断了："我没听说过潇竹呢！"

陈慧想了想说："我比较喜欢她，自然就会关注她啊！而你不喜欢她就不会关注她。我除了喜欢潇竹的书，还喜欢余秋雨的散文、舒婷的诗歌。"

同桌听陈慧说了一堆人名，顿悟似的说："原来因为你读的书多，学习才这么好的。"

陈慧很多同学的父母都到陈慧爸爸那里取经，陈慧爸爸说："你们到我家里看一下就知道了。"

原来，陈慧爸爸在家里所有的房间都放了一个书架，书架上摆满了各种类型的书籍和杂志。

故事中的爸爸做得非常好。他在家里营造出了一个读书环境，让家里洋溢着书香之气，这样，女儿随手就能拿到书。我们试想一下，成长在这样一个家庭环境中的女孩，怎能不是一个知识丰富、带有书香气质的女孩呢？

阅读，不仅会令女孩更具知性美，对女孩的人生还具有指导意义。如果女孩通过阅读懂得了女孩为什么要自信、坚强……那么女孩不用父母指导就能自己学会做人处世，父母对女儿的教育也会相对省力很多。

给女孩父母的建议

女孩拥有良好的阅读习惯，不仅能帮助她更好地学习语文，还能让女孩成为有知识、有涵养的人，因此，父母要想女儿更加有气质，就马上开始培养她阅读的好习惯吧！

方法一：让女儿结交爱读书的朋友

有的女孩天生好动，往往不能静下心来读书。父母怎样让这样的女孩产生阅读兴趣呢？媛媛爸爸有一个很好的方法，你不妨借鉴一下。

媛媛爸爸喜欢为女儿读一些有意思的故事，但女儿活泼好动，在爸爸读故事给她听时，她总是无法集中精力，爸爸对此烦恼不已。

有一天，媛媛的表姐玲玲来到媛媛家。玲玲是个喜欢阅读的女孩，看到媛媛家有很多她想看的书，就拿了一本坐下来看。媛媛看表姐看书的时候，不时地笑一下，很好奇，于是缠着表姐给她讲她看的故事，但是，沉浸在故事中的玲玲不愿意被打扰。爸爸看到这一幕，想到了一个好主意。

那天，爸爸和玲玲都读了《八十天环游地球》。读完后，两人谈论起里面的情节。爸爸说："我喜欢福克的机智、勇敢。"玲玲说："我也是，他还利用时差节省了一天的时间。"看着两人眉飞色舞地谈论着，媛媛心里很不是滋味。晚上，媛媛就自己研究起《八十天环游地球》来，读着读着，她迷上了故事中的福克，为福克最终抱得美人归而感到欣慰。

父母若想让女儿爱上阅读，首先要培养女儿的阅读兴趣。在培养女儿的阅读兴趣时，要讲究方法。媛媛爸爸巧妙地运用了同龄人间互相影响的道理，激起了媛媛的求知欲和好奇心，成功地让女儿产生了阅读兴趣。

方法二：父母应以身作则，做女儿爱读书的榜样

欣欣的妈妈给孩子买了很多书，但是欣欣从来不看。妈妈很奇怪这一点，就开始观察欣欣，以便找到欣欣不喜欢阅读的原因。

妈妈很喜欢看电视剧。每次下班回家，她的第一件事就是打开电视看电视剧，有时候在房间里做作业的女儿也会跑过来看电视。

一次，在女儿看动画片时，妈妈看女儿看得津津有味，突然意识到是她的习惯影响了女儿。以后，妈妈给自己订了《青年文摘》《读者》等杂志，为女儿买了《格林童话》《一千零一夜》等，自己空闲的时间就坐下来读书，而女儿也开始阅读了。

女孩有很强的模仿能力，她总会模仿与她接触最多的爸爸妈妈。而父母若想培养女儿的阅读兴趣，就要以身作则，做女儿热爱阅读的榜样。从上述例子中我们可以看出：父母只有要求自己热爱阅读，才能成功培养出孩子的阅读兴趣。

方法三：让女儿感受到阅读带来的快乐

一位妈妈提起女儿的阅读习惯时这样说：

10岁的女儿喜欢读童话和漫画书，于是我会经常带女儿到新华书店买她喜欢的书。在书店的儿童书区，女儿翻看一本本童话、漫画书时，脸上总是露着笑容。看到阅读给女儿带来的快乐，当女儿提出买某本书时，我总会答应她的要求。

周末的时候，我会带女儿到河边读书：在河边，我和女儿坐在草地上，她捧一本《格林童话》，我抱一本《冰心散文》，枝头的鸟儿为我们唱着动听的歌曲。

从女儿津津有味看书的样子来看，她一定非常喜欢这样的读书环境。女儿自己看累了，就会让我读一些故事给她听。一次，我读《灰姑娘》给她听，当我读到灰姑娘的后母欺负灰姑娘时，女儿难过地说："妈妈，灰姑娘真可怜。"而当我读到灰姑娘与王子幸福地生活在一起时，她立马兴奋起来，说道："灰姑娘终于得到自己的幸福了。"女儿读书时，会把自己的感情融入故事情节中，这给她带来了快乐。

如果女孩不喜欢闷在屋子里读书，可以为她换一个新环境，带她到大自然中去，在鸟语花香的氛围中，女孩的心情自然就舒畅了，也能真正体会到阅读的乐趣。

专家教你女孩怎么养

父母怎样培养女儿的阅读兴趣?

第一，顺应女儿的心理特点。比如，到书店买书的时候，父母应让女儿自己选择书籍；遇到适合她看的书时，父母可以采用循循善诱的方法来激起女儿对此书的兴趣。

第二，不要对女儿的阅读过程管得太死。有的时候女孩不会像大人一样看完一本书后，再去看下一本书，她会同时翻阅几本漫画书，对于这一点父母应予以理解。

第三，不可过早地限定女儿的阅读范围和阅读内容，而应把阅读选择的权利交给女儿，尽可能为女儿提供轻松自由的阅读环境。

第六章 美德教育，让女孩受益一生

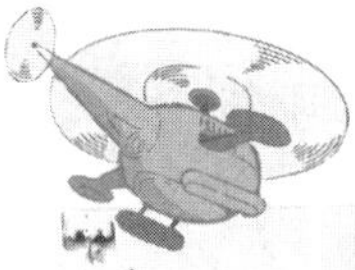

善良的美德，会塑造出一个天使般纯洁的女孩；

节俭的美德，会让女孩学着控制自己；

分享的美德，会带给女孩更多的快乐；

……

美德教育，不但会让女孩受益终生，更会让她变得充满气质美、人性美、女性美，成为更受人欢迎的那个散发着独特光芒的女孩。

善良——女孩最宝贵的品德

一天晚上，妈妈带云云出去玩儿。一只小猫从一棵树的背后走出来，跟在妈妈和云云的后面。那只小猫脏兮兮的，身上还有几处伤口，显然是一只没人要的流浪猫。看着可怜的小猫，云云对妈妈说："妈妈，这只小猫多可怜啊！我们把它带回家吧。"云云走过去把那只小猫抱起来，自言自语着："这只受伤的小猫真可怜，如果没人照顾它，它会死掉的。"妈妈意识到，云云同情小动物是善良的表现，她应该培养女儿的善良之心。这时，妈妈没有立即答应云云的要求，而是问云云："妈妈上班没有时间照顾小猫，如果你想带小猫回家，就要自己照顾小猫。这样的话，你还想带小猫回家吗？"云云看着妈妈，使劲儿地点点头："嗯，我要带小猫回家，我会照顾它的。"

女孩天性都是善良的，当她们遇到那些需要帮助的人或小动物时，就会生出想要帮助对方的愿望。故事中的云云看到受伤的小猫，想要把它带回家亲自照顾，说明云云是一个非常善良的女孩。同时，云云的妈妈做得也非常对，她没有拒绝女儿想要带小猫回家的愿望，而是答应了女儿的要求，并给女儿自己照顾小猫的机会，从侧面培养女儿善良的品德。

由此我们不难看出，虽然女孩有善良的天性，但父母后天的培养也是非常重要的。如果父母总是阻碍女孩善良天性的发展，那么，久而久之，女孩最终可能变成一个自私自利、完全不顾及别人感受的人。

给女孩父母的建议

善良是女孩宝贵的品德，每对父母都希望女儿成长为一个善良的人。那么，生活中父母应如何培养女孩的善良品德呢？

方法一：让女儿养一只小动物

有关研究发现，在幼年、童年时期饲养过小动物的女孩，往往感情比较细腻，心地比较善良。因此，为了培养女孩的同情心和丰富细腻的感情，父母可以在适当的情况下，让女儿饲养一只小动物。

一次，婷婷和爸爸在超市门口看到了卖小白兔的小摊，婷婷要求爸爸为她买一只。爸爸知道婷婷非常喜欢小白兔，于是就给她买了一只，但条件是婷婷要自己照顾它。

从此以后，婷婷每天放学回家，第一件事就是喂小白兔吃萝卜。当小白兔吃得很起劲儿时，婷婷的嘴角会不自觉地露出笑容。隔上两三天，婷婷就为小白兔清理一次兔窝，看着小白兔健康、活泼，婷婷感到很骄傲。

方法二：教育女儿要爱自己的父母

事实证明，孝顺的女孩都很善良，因此，父母在培养女孩善良品德的同时，要让她学会关爱自己的父母。因为父母是女孩的至亲，也是女孩最应给予回报与关爱的人。

一位爸爸在这方面做得很好：

周四晚上，爸爸妈妈宣布周六要带着女儿去爬山，女儿高兴极了，她提前一个晚上就收拾好了自己的背包，但是周六的早晨，妈妈却意外地犯了胃病……

为了不让爸爸和女儿担心，妈妈强撑着为他们收拾好出游所需的东西。爸爸一眼便看出妈妈的身体不适，于是把女儿叫到一边：“宝贝，我们今天不能去爬山了，你妈妈的胃病犯了。”

女儿一听就着急了：“不行，我盼这一天盼了很久了，再说，妈妈刚才还给我们收拾东西呢，我看妈妈很正常。实在不行就我和你两个人去也行。”

爸爸耐心地告诉女儿：“妈妈是不想让我们担心，才装出没有病的样子。你没有看到妈妈的脸色苍白吗？如果我们去爬山了，把妈妈一个人留在家里，也没人照顾她啊。”

女儿还是坚持要去爬山：“我不管，我就是要去爬山，你答应带我去爬山的。”女儿急得都要哭出来了。

爸爸说：“我之前是答应要带你去爬山，但是现在妈妈病了，我觉得作为一个孝顺的女孩，爱她的妈妈比玩儿更重要。”

女儿开始琢磨爸爸的话，最后，女儿说：“爸爸，我今天要留下来照顾妈妈。”

只有让女孩学会爱父母、体谅父母，她才能学会用善良的心去爱别人、体谅别人。所以，在日常生活中，父母在爱女儿的同时，还要向女儿“索取”爱。这样，她才不会觉得父母对自己的爱是理所应当的，才会把爱父母当作一种自发的行为，并在爱父母的过程中慢慢学会去爱更多的人，成为一个懂得关爱他人的善良女孩。

专家教你女孩怎么养

生活中，父母如何从小培养女儿善良的品德？

第一，带女儿去孤儿院、养老院等，让她学会关爱他人。

第二，鼓励女儿把自己的零花钱存下来帮助需要帮助的人。

第三，尊重女儿，让女儿在尊重中学会尊重父母，感恩父母。

节俭——让女孩学会控制自己

节俭是一种习惯，也是一种美德。父母应该从小就培养女儿节俭、节约的好品德，这样不仅有利于她们长大后勤俭持家，还能提高她们的品德修养。

然而随着时代的不断发展，越来越多的女孩开始遗忘节俭这一传统美德，于是，很多父母在教育女儿的过程中常常会遇到这样的事情：

场景一：晓溪是个爱美的小姑娘，每次看到漂亮衣服都吵闹着让妈妈买给自己。有一次，她看中了一件红色上衣，妈妈对她说：“你身上的运动衣才穿了没几天，怎么又要买新的啊？”她有些不屑地说：“现在什么年代了，谁还把衣服穿烂了再买新的！”

场景二：在静琪上四年级的时候，爸爸把她转到了一所私立小学，班里的同学家境都比较富裕。也许就是从这个时候开始，静琪对名牌产生了兴趣，穿的衣服、鞋子都要是耐克、阿迪达斯等品牌服饰。有时候妈妈不给她买，她就会振振有词地对妈妈说："别的同学都穿名牌，我不穿怎么去见同学，太没面子了！"

现在的孩子生活在富足的年代，没有经历过苦日子，不知道节俭的重要性，而一些父母（尤其是女孩父母）对孩子也是十分娇惯，不让孩子干任何家务；孩子要买什么东西时，却是千方百计地去满足。在这些父母看来，这样做是在爱孩子，殊不知这是在害孩子。

古人说过"勤能补拙，省能补贫""俭，德之共也；侈，恶之大也""历览前贤国与家，成由勤俭破由奢"。勤俭节约是中华民族的传统美德，它不仅关系到一个人的家庭幸福，还关系到一个人的品德修养。一个节俭的人，可以通过自己的节俭克己持家，逐渐走向小康生活；而一个奢侈浪费的人，不仅不能过上幸福的生活，可能还会品德败坏。

也许有父母会说，现在的生活富足了，我们没必要再提倡节俭了。事实上，这样的做法是完全错误的，在任何时候，节俭都是一条朴素的真理，都有提倡的必要。更何况现在的孩子吃喝都靠父母，更没有奢侈浪费的理由。

节俭可以说是我们的"传家宝"，我们上一辈人正是靠这个"传家宝"摆脱贫困、走向富足的。现在，我们非常有必要把这个"传家宝"传给自己的女儿。

给女孩父母的建议

现在有的女孩不懂得节俭，很大一部分原因在于平时她们被父母娇惯坏了，只知道花钱，而不知道赚钱的不易。所以，要想培养她们勤俭的美德，父母应该舍得让女儿劳动，并且让她们知道赚钱的不易，进而认识到节俭的重要性。

方法一：让勤俭意识在女儿心中扎根

一位妈妈曾经这样谈起自己的育女经验：

我7岁的女儿没有经历过苦日子，也不知道勤俭节约的重要性。她在家里很少做家务，在花钱方面更是大手大脚。虽然我们的家境还算可以，但是我决心改变这种情况，因为我认为懒惰、奢侈是一种非常不好的习惯，可能会影响一个人的一生。在以后的日子里，我给女儿讲了很多古人勤俭节约的故事，让她知道勤俭节约是一种美德。在生活中，我也经常有意识地称赞那些勤俭节约的行为，批评那些懒惰、奢侈的行为。慢慢地，女儿意识到了懒惰、奢侈的坏处，不仅人变得勤快多了，花钱时也不大手大脚了。

此外，为了让女儿养成节俭的好习惯，父母可以带女儿去参观各种物品的生产过程，当女儿知道了所吃、所穿、所用都来之不易，都是人们用汗水和心血创造出来的劳动果实时，对食物、物品自然就会格外珍惜。这样，父母很快就能让女儿养成节俭的好习惯。

方法二：让女儿体验一下贫穷

生活条件的优越，往往让现代社会的女孩体验不到贫穷的滋味，无法理解节俭的含义。因此，父母不妨来点儿“苦肉计”，让女儿品尝贫穷的滋味。

一位爸爸在培养女儿节俭习惯时采用的方法很独特：

暑假的时候，爸爸把9岁的女儿林虹送到乡下的爷爷家里，让女儿体验一下农村生活。平时，女儿和农家孩子一起放牛、耕种、锄草，吃油水不多的饭菜……

在爷爷家，林虹认识了几个当地的小朋友。渐渐地，林虹喜欢上了那些憨直可爱的小朋友，喜欢上了淳朴宁静的乡村生活。与此同时，林虹还学到了不少农业知识，学会了很多农活儿。临近开学时，爸爸把林虹带回了家。此时的林虹已经养成了节俭的好习惯，她不会再剩饭、不会再追着爸爸给她买芭比娃娃，而是把自己的零花钱都存起来，还告诉爸爸，要把钱花在有用的地方。

生活环境对女孩的影响是很大的。当女孩一直生活在条件优越的环境中，她往往很难学会节俭，而当她真正体验到了贫穷的滋味后，她就会明白“一粥一饭，当思来之不易”的道理。

一位名人说过：“平静的湖面练不出精悍的水手，安逸的环境造不出时代的伟人。”说的也正是这个道理。

专家教你女孩怎么养

生活中，父母如何正确引导女儿养成节俭的好习惯？

第一，教女儿正确认识金钱的含义。要让女儿从小懂得钱是怎么来的。

第二，教女儿学会花钱，节俭不是要把女儿培养成守财奴，只有学会正确地花钱，才能理解赚钱、省钱的意义。

第三，教女儿学会积累。父母应告诉女儿，手里的零花钱、压岁钱应该有计划的使用，还应适当积累。

勤劳——为女孩增加成功的砝码

勤劳是中华民族的传统美德，更是女孩长大成人后立足于社会的基础，因此，从小培养女孩勤劳的品德是父母肩负的一项重要责任。

那么，如何培养女孩勤劳的品德呢？

一位妈妈这样描述自己勤劳的女儿：

女儿爱劳动，喜欢尝试新鲜事物。比如，她看到我在扫地，感觉很好玩儿，就会过来帮我扫地。一天，我下班回来，看到女儿把房间收拾得特别整洁。从门口望去，窗子的玻璃上没有一丝尘土，窗边挂着几只串联起来的千纸鹤，地板也很干净。我高兴地夸奖女儿："女儿把房间收拾得这么干净，真勤劳。还想到在窗子边装饰上千纸鹤，很有创意。"女儿听到我的夸奖，笑得很开心。

从上面这个故事我们不难看出，勤劳的品德不仅有利于女孩的健康成长，还能够激发出女孩的创造力，为其未来增加成功的砝码，因此，父母应尽可能地培养女孩勤劳的品德。

给女孩父母的建议

儿童心理学专家研究显示，勤劳的女孩与比较懒惰的女孩在性格、爱好、人生、事业方面都存在着很大的差异。比较懒惰的孩子长大后的失业率、犯罪率均比勤劳的孩子高出很多。那么，父母如何培养出一个勤劳的女儿呢？

方法一：教育女儿自己的事情自己做

生活中，很多父母会把女儿的事情全都包办了，比如，帮女儿洗衣服、刷鞋，这样不仅无法培养女儿勤劳的习惯，反而会使她养成懒惰的习惯。懒惰的习惯一旦形成，往往很难改掉。

一位妈妈在这方面做得很好：

妈妈发现女儿比较懒。每天早晨，女儿不仅赖床，还总让妈妈帮她叠被子。为了改掉女儿懒惰的习惯，妈妈想出了很多办法。比如早晨起来，女儿说："妈妈，帮我叠被子。”妈妈会回答说：“你这么大了，应该自己叠被子了。”

星期天，女儿拿出一双运动鞋给妈妈：“妈妈，明天体育课我要穿这双运动鞋，你帮我刷干净。”妈妈帮女儿刷完一只运动鞋，然后对女儿说：“女儿，妈妈去做饭，你自己把另外一只刷一刷吧！”可是女儿并没有刷另外一只鞋子。第二天，女儿穿着一只干净、一只脏的运动鞋去上课，同学们都笑话她穿脏鞋子来上课。后来，上体育课之前，女儿都会细心地把运动鞋刷干净，而且再也没有让妈妈帮她刷过鞋子。

故事中的妈妈是智慧的。在生活中，她有意识地培养女儿爱劳动的习惯，最终让女儿懂得了自己的事情应该自己做。如果能够坚持下去，女儿很快就能养成勤劳的习惯。

方法二：鼓励并表扬女儿做家务

通常情况下，即使女孩的年龄很小，她也有想帮助父母分担家务的愿望，因此，生活中，当女儿提出要分担家务时，父母应该积极地支持女儿的提议，并分配一些女儿力所能及的事情。在女儿完成家务后予以表扬，千万不要直接拒绝女儿，或在女儿做家务的时候泼冷水，以免打击孩子的积极性与自尊心。

此外，如果父母能在日常生活中有意识地培养女儿分担家务的习惯，并且积极地表扬女儿主动分担家务的行为，那么，女儿就会逐渐养成勤劳爱做家务的好习惯。

一位爸爸是这样做的：

周末的中午，爸爸在厨房里做炸酱面，女儿很有兴趣地过来要帮助爸爸。爸爸吩咐女儿把黄瓜切成丝，听到爸爸的吩咐，女儿马上开始行动起来。等爸爸把面煮熟时，女儿正好把黄瓜丝切好了。看到女儿切的粗细不一的黄瓜丝，爸爸笑着说：“女儿切得真好，女儿能帮助爸爸做饭，爸爸很开心。”听到爸爸的夸奖，女儿心里甜滋滋的，从此以后，女儿经常帮助爸爸妈妈洗菜、炒菜，每次都做得很认真。

生活中，女孩往往比男孩更注重父母对自己的评价，因此，当女儿主动要求分担家务时，父母应该像上文故事中的爸爸那样，鼓励孩子去实践，并在女儿完成家务后加以表扬，久而久之，女儿就能变成一个勤劳的小姑娘了。

专家教你女孩怎么养

父母如何培养女儿爱劳动的好习惯？

第一，父母应培养女儿自己的事情自己做的意识。如一两岁的女孩可教她自己吃饭，三四岁的女孩可教她自己穿衣服……

第二，让女儿干一些适当的家务活儿，比如打扫卫生、洗碗碟、擦鞋子、洗菜、购买物品等，逐步让女儿养成勤劳的习惯。

孝顺——让被爱的女儿更懂爱

孝敬长辈是中华民族的传统美德，但是这种美德在现在有的孩子身上却鲜有表现，以至于生活中有些父母都发出了这样的感慨："我们竭尽全力地爱孩子，可孩子怎么就不懂得爱呢？"

某报曾经在一所中学做过一次调查，问班里的女生是否记得父母的生日，结果大部分女生的回答是"不知道""可能是某月某日"……当记者询问女生是否记得自己的生日时，结果她们都能说出自己的生日。

父母非常爱自己的孩子，而有的孩子却缺乏孝顺之心，不懂得爱自己的父母。针对以上问题，父母要采取相应的措施——培养女儿的孝顺之心。

给女孩父母的建议

人们常说"百善孝为先"，那么，生活中的父母应该如何培养女孩的孝顺之心呢？下面就为父母介绍几种行之有效的方法。

方法一：教育女儿孝敬长辈

中国是一个文明大国、礼仪之邦，每个中国人都应该继承和发扬中华美德。《三字经》中提到："首孝悌，次见闻。"意思是一个人首先要孝敬父母和兄弟友爱，再学习看到和听到的知识。所以，父母要教育女儿以孝为先，而坚持以孝为先的首要做法就是教育女儿孝敬身边的爷爷奶奶、姥姥姥爷。

芳芳的妈妈在这方面就做得很好：

妈妈带芳芳从超市买了很多水果回来。回到家后，芳芳就吵着妈妈拿火龙果给自己吃。这时，妈妈没有拿火龙果给女儿，而是提醒芳芳："平时奶奶会把好吃的东西留给你吃，你为什么不先把水果拿给奶奶吃呢？"

芳芳想了想，感到妈妈说得对，于是她拿了一些水果去了奶奶房间："奶奶，我和妈妈买了许多水果回来，我拿来了火龙果和香蕉给您吃。"说着，芳芳把水果递给了奶奶。而奶奶知道芳芳最喜欢吃火龙果，就拿出火龙果给芳芳。芳芳不仅没有接奶奶手里的火龙果，还故作生气地对奶奶说："芳芳拿水果给奶奶，是让奶奶吃的。"奶奶笑着说："芳芳懂事了，好，奶奶留着自己吃。"

女孩小的时候不懂得"以孝为先"的道理，父母要在平时给予正确的引导，从而培养女儿的孝顺之心。当然，父母在引导女儿的时候，应让女儿从一些小事做起，比如给爷爷奶奶捶背、把好吃的东西留给长辈，等等。慢慢地，女儿就会养成习惯，最终成长为一个孝顺的女孩。

方法二：让女儿学会关心父母

父母一味地给予女儿爱，而不去向女儿"索取"爱，会让女儿认为得到父母的爱是理所应当的，这样也容易让女儿失去责任心，使她成长为一个感情冷漠的人。

苇苇妈妈因为工作加班，很晚才回家。妈妈回家后，苇苇不仅没有问妈妈这么晚才回家是不是很累，还大声地说："妈妈，我还没有吃饭，快去做饭啊！"

生活中，像苇苇这样的女孩有很多。她们认为自己得到父母的爱是很自然的一件事情，却从来不去关心父母，这样对于女儿的发展是非常不利的，容易让她们变得自私自利，从而不关心别人的感受。所以，父母在给予女儿爱的同时，要记得向女儿"索取"爱，只有这样才能培养出女儿的孝顺之心，才能让女儿得到亲人和朋友的喜爱。

方法三：做女儿孝敬长辈的榜样

孩子的奶奶和我们住在一起，平时我和老公非常尊重她。吃饭的时候，孩子奶奶不上桌，我们不会开饭。遇到生活中的大事小事，我们会先询问一下孩子奶奶的意见。这样，女儿在我们的影响下，也学会了孝顺奶奶。

当奶奶想吃苹果时，女儿会选一个好苹果削给奶奶吃；当奶奶生病时，她会细心地照顾奶奶，忙前忙后。

女孩的模仿力很强，如果父母孝敬老人，女儿也会模仿父母孝敬老人；反之，如果父母不孝敬老人，女儿也不会孝敬老人，甚至不会孝敬自己的父母。

方法四：让女儿体会到父母的辛苦

如果父母不让女儿体会到自己的辛苦，女儿就不会知道父母为她付出了很多，进而不珍惜父母对她的爱。

兰兰的妈妈下班回来后就坐到沙发上，因为全身酸痛起不来。兰兰过来叫妈妈："妈妈，我想洗澡，你帮我把热水器电源插上吧。"

妈妈没有立即答应女儿的请求，而是说："妈妈肩部酸痛，兰兰能不能过来帮妈妈捏捏肩膀呢？"

兰兰答道："好的，妈妈。"兰兰过来帮妈妈捏起了肩膀，捏了几下，兰兰说："妈妈，你的肩膀好硬啊，妈妈工作一定很累吧！"

故事中的妈妈是智慧的，她让女儿体会到了自己的辛苦，让女儿懂得了爱。这样，女儿学会了爱自己的父母，同样也会去关心别人，从而得到周围人的喜爱。

专家教你女孩怎么养

父母如何培养女儿孝敬父母的品德？

第一，督促检查，抓好每件小事。例如为父母倒一杯水，给父母捶一次背，等等，点滴小事既比较可行，又可以持之以恒。

第二，正面引导，习惯成自然。正面引导的效果要好于敲警钟式的教育。如父母在孩子出门时，提醒孩子同爷爷奶奶说"再见"；放学回家，也不忘和爷爷奶奶打招呼等。

第三，肯定好行为，增强正效应。要注意观察，及时发现、鼓励孩子的好行为，让孩子体会到孝敬父母的幸福感，时间长了，自然会产生好的效果。

宽容——培养女孩宽广的心胸

我的女儿是一个二年级的小学生。在班里，女儿总是被坐在后边的晶晶欺负，比如上课的时候，晶晶会无缘无故打女儿一下。为此，我让老师把女儿和晶晶的座位调开了。

有一次，我带女儿出去玩儿。在街上遇到了晶晶，女儿走过去和晶晶打招呼："晶晶，你也出来玩儿了。今天妈妈带我去公园，你去哪儿玩儿？"晶晶说："妈妈带我和妹妹去超市。"两人各自说了"再见"后，女儿跑到我身边。我问女儿："晶晶在学校里不是欺负过你？你还把她当朋友？"女儿笑笑说："嗯，但那都是过去的事情了，现在我们还是朋友。"这时，我感到很高兴，因为女儿有一颗宽容的心，而因为这颗宽容之心，女儿在班上赢得了更多朋友，成为一个很受欢迎的女孩。

故事中的女孩，因为懂得宽容别人，所以赢得了别人的友谊，成为受欢迎的女孩。

给女孩父母的建议

富有宽容心的女孩往往心地善良、性情温和、惹人喜爱；而缺乏宽容心的女孩往往情感冷漠，不易为人亲近，因而人际关系往往不好。那么，父母如何让女儿拥有一颗宽容的心呢？

方法一：教育女儿试着原谅他人的过失

学生时期，同学、朋友之间难免会产生一些矛盾。当女儿和同学、朋友产生矛盾时，父母要及时与女儿沟通，教女儿学会宽容对方，与同学、朋友和睦相处。

一位妈妈这样讲述自己的育女经验：

放学回家后，女儿讲述了和同学红艳发生的矛盾，具体情况是：女儿把自动铅笔借给了红艳用，后来，红艳把女儿的自动铅笔弄坏了。女儿要求红艳赔给她一支新的，因为女儿的自动铅笔是旧的，所以红艳没有同意女儿的要求。

听完女儿的讲述，我问女儿："你现在需要一支新自动铅笔吗？"女儿摇头说："我还有一支。"我接着说："既然你不需要一支新自动铅笔，就不用让红艳给你买新的了。即使你需要一支新自动铅笔，妈妈也可以买给你。"女儿点点头。从此以后，当女儿遇到类似的事情时，她会对同学说："没关系。"

故事中的妈妈得知女儿与同学发生矛盾的原因时，及时地疏导了女儿，化解了女儿与同学之间的矛盾，让女儿学会了宽容。日常生活中，父母应给予女孩正确引导，让她能够原谅他人的过失，并明白，宽容别人也是宽容自己。

方法二：父母应以身作则，引导女儿学会宽容他人

当父母教育女儿要宽容时，父母首先应做到宽容待人，只有这样，女儿才能在潜移默化中学会宽容。盼盼的妈妈在这方面做得很好：

奶奶和盼盼一家三口住在一起。一天，奶奶要妈妈去给她买烤鸡，于是妈妈带盼盼一起去了超市，当她们来到超市后，当天做的烤鸡已经卖完了。两人回家后，奶奶得知她们没有买烤鸡回来，生气地说："不给买就不给买吧，还说没有，哼！"妈妈笑了笑说："妈，明天去买就应该有了。"盼盼跟妈妈说："妈妈，明明是烤鸡没有了，奶奶还这样说。"妈妈说："老人年纪大了总会有些孩子气，盼盼要理解奶奶，知道吗？"盼盼点点头。

一次，盼盼和几个同学一起去公园玩儿。到了公园门口，因为检票口比较窄，只能一个一个地通过，所以有人提议排队进去。这时，盼盼排在最前面，她正准备走进公园的时候，奇奇突然推开她第一个跑进了公园，而盼盼差点儿倒在地上，幸好被站在旁边的倩倩扶住了。倩倩生气地说："奇奇，你也太不礼貌了吧！要不是我扶住盼盼，她就被你推倒在地上了。"盼盼拉了一下倩倩说："奇奇抢着跑进公园是不对，但他不是故意推倒我的。"

上文的盼盼之所以如此大度还要归功于她妈妈的宽容。女孩的宽容之心最主要的来源就是父母。父母宽容、大度、遇事不斤斤计较，与邻里、同事相处融洽，女孩就会学着父母的样子处理同学之间的关系，也会变得宽容、与人为善。

专家教你女孩怎么养

父母培养女儿的宽容之心有哪些具体方法?

第一，父母应以身作则，引导女儿学会宽容他人。

第二，及时地与女儿沟通。女儿由于年龄小，不知道该如何处理同学之间的矛盾，这时候就需要父母及时引导女儿正确处理和同学之间的矛盾。

第三，让女儿体会到宽容的乐趣。

感恩——教女儿学会知恩图报

苏联著名的教育家苏霍姆林斯基说过：“良好的情感是在童年时期形成的，如果童年蹉跎，失去的将无法弥补。”因此，越早对小女孩进行感恩教育，越有利于培养她的感恩之心、爱心和同情心。

有一位妈妈是这样做的。

平时，无论我和老公的工作有多忙、多累，都会在假期带上女儿去看望我们双方的老人；等到春暖花开的时候，我和老公也会抽出时间，带上女儿一起陪老人去外面走走，看看大自然美丽的景色，拍一些照片，一家人围坐在一起聊聊天；逢年过节或者老人生日时，我们会和女儿一起为老人选购礼物；我们告诉女儿，吃饭时要让长辈先吃；如果家里有朋友送来的各种食物，要给老人留出一份等。正是我们这种对长辈的关爱言行，在不知不觉中慢慢影响着女儿，使她也成了一个懂得感恩和关爱他人的好孩子。

家庭是女孩人生的第一课堂，父母就是她的第一任老师。父母身上的情绪、习惯、性格、品德等都会在日常生活中对女孩产生潜移默化的影响。因此，要想培养女孩感恩的美德，父母就要做到感恩于亲人、朋友、社会等。

一个不懂得感恩的女孩，是无法去爱别人的。作为妈妈，应该让不懂得怎样去爱、还不会去爱的女儿感受到爱的力量。那么，有哪些良好的教育方法可以协助妈妈培养女儿的感恩之心呢？

给女孩父母的建议

每对父母都希望女儿能孝顺、懂事，怀有一颗感恩之心，那么，应该怎样引导她养成孝敬长辈的美德呢？

方法一：引导女儿树立正确的感恩之心

生活中，很多父母在培养女儿感恩之心时，常常将感恩的范围局限在个人的层面，如父母、老师是恩人，工作上对自己有帮助的人是恩人，这种报恩具有狭隘性、局限性，还没有上升到一定的高度。事实上，真正的感恩之心应该是广义的，多是向社会、自然的感恩。换言之，真正的感恩不仅是对帮助你的人存有感激之情，还包括对自然、社会的感激之情。

因此，父母在对女儿进行感恩教育的时候，应该首先从思想意识上把感恩教育扩展到整个人类社会的层面。针对以上问题，父母平时可以多带孩子做些回报社会、回报他人的事情，让孩子对社会充满感恩之心，只有这样，她的心胸才能更宽广，她的回报对社会才会更有意义。

一位爸爸在这方面做得很好：

为了培养女儿的爱心，园园的爸爸准备带她一起到贫困小学献爱心。

去贫困小学之前，爸爸把买来的书包、童话集递给园园，然后告诉园园："园园，无论是书包还是书籍，都是许多叔叔、阿姨共同辛勤劳动创造出来的。园园很幸运，在生活中能享用到这些，但是在现实生活中也有很多和你一样大却没有自己的书包、童话集的孩子。明天，爸爸带你去把这个书包和童话集送给他们，好吗？"园园说："好啊。"去贫困小学的时候，园园带上了爸爸买的新书包和童话集。献爱心大会举行时，园园把书包、童话集送给了一个小女孩，那个女孩还笑着对她说"谢谢姐姐"。看到女孩开心的笑容，园园心里也很开心，并且决心以后要帮助更多这样的小妹妹。

故事中的爸爸通过行动向女儿说明这样一个道理：生活中的每件物品都是人们共同创造出来的。当我们享用物品时，我们是幸运的，然而生活中还有很多人享用不到这些物品，因此，当你能享受到所需的物品时，你要怀着一颗感恩的心。

当然，既然你享用到社会带给你的好处，在适当的时候，你也要回馈社会。上述事例中爸爸的做法是正确的，女孩父母不妨借鉴一下。

方法二：教育女儿学会感恩父母

生活中，大多数女孩都不会忘记要对给予她帮助的人表示感谢，却时常忘记感谢给她生命、给她关爱的恩人——父母。父母是生活中女儿最不应该忘记感谢的人，父母应当时常提醒女儿感谢自己，要知道，这样做是培养女儿拥有感恩之心的重要方法之一。小然的妈妈在这方面做得很好：

星期天，妈妈给小然买了一双溜冰鞋，并带她去了溜冰场学习溜冰。2小时后，小然就学会了溜冰。然后，小然来到妈妈跟前，高兴地对妈妈炫耀说："妈妈，我已经学会溜冰了，你要买什么奖励我呢？"

妈妈说："我给你买了溜冰鞋，还带你过来学习溜冰，你应该感谢妈妈给你这次学习机会，而不是向妈妈索要奖品。"

小然想了想妈妈的话，心里想：是的，是妈妈给了我这次学习的机会，让我学会了溜冰，我应该感谢妈妈，而不是要所谓的奖品。于是小然对妈妈说："谢谢妈妈。"

当故事中的小然学会了溜冰，向妈妈索要奖品时，妈妈没有答应她的要求，而是告诉她要学会感恩父母。通过这件事情，小然学会了感谢妈妈。

当然，父母除了要提醒女儿感谢自己之外，还应积极地引导她感谢身边的人和事，如告诉她"这本书是姑姑送给你的，你要谢谢姑姑""这楼梯是邻居徐阿姨打扫的，你要谢谢徐阿姨""现在认识了这么多字，并且能够自己看书读报了，你要谢谢老师教给你知识"等，要时时事事心存感恩。这样坚持下去，女儿就能时时怀着感恩之心，最终成长为一个懂得感恩的女孩。

专家教你女孩怎么养

生活中，父母如何培养女儿的感恩之心？

第一，父母要做女儿感恩的榜样。父母在生活中应该多诚恳地感谢别人，而不是漠然地对待别人的爱和帮助。

第二，给女儿创造感恩的机会。在生活中，很多女孩喜欢帮父母做家务，让她干干也无妨，另外不要忘记真诚地对她说声“谢谢”。

第三，带女儿一起感恩社会，比如，很多父母鼓励自己的孩子给灾区的小朋友捐献书本、玩具等。

分享——懂得分享的女孩更快乐

分享作为一种美德，是每个女孩都应该具备的优良品德。因为让女孩从小学会分享，不但可以增进她与人交往的能力，而且可以提升她的协作能力、理智思考能力，为其未来的成功增添砝码。

那么，很多父母便要问了，应该如何培养女孩分享的美德呢？答案很简单，从父母日常的教育开始入手。父母的教育方式正确，孩子就会懂得分享、与人合作，能够与人良好相处；相反，若父母的教育方式不正确，孩子就会变得斤斤计较、凡事以自我为中心、自私自利。

生活中，父母都希望女儿能够健康快乐地成长，渴望女儿能够在与人分享的过程中收获更多的快乐，成为受人欢迎的女孩，所以，父母在重视培养女孩学习能力、道德涵养的同时，也应着重培养女孩与人分享的能力。

给女孩父母的建议

生活中，分享不仅限于吃的、穿的、玩的等有形的东西，还包括心情、创意、想法、意见等无形的东西。分享是一种快乐，分享更是一种智慧。

方法一：冲淡女儿的占有欲望

生活中，不少不愿意与人分享的女孩大都是因为想要自己独占一些东西，而引起女孩这种自私独占欲望的原因大都是害怕失去或者渴望拥有。此时，父母应该让女儿获得满足感及安全感，让她知道她喜爱的东西并不会因为与人分享而发生变化，这样一来，女儿自私的独占欲望就会逐渐变淡，从而乐于与人分享。

思怡8岁了，是一名二年级的住校生。每隔几天，妈妈都会去学校看她一次。

一次，思怡的妈妈去学校看她，带了一袋思怡喜欢吃的巧克力。妈妈临走时候提醒思怡："思怡，别忘了把巧克力分给你的舍友们一些。"思怡说："妈妈，我不想把我最爱吃的巧克力分给别人。"于是妈妈安慰女儿说："家里还有很多巧克力，妈妈下次来的时候再给你带。"

回到宿舍，思怡把妈妈带来的巧克力分给舍友们，舍友们都说好吃。看到大家高兴地吃着妈妈带来的巧克力，思怡也觉得很开心，干脆把整袋巧克力放在公共桌子上，让大家自己取。

当女儿有一块巧克力时，肯定不愿与人分享；但当她有很多块巧克力时，她便乐于与人分享。当她体验到分享带来的快乐时，就会逐步减少自己的分量，甚至完全把东西共享，因此，要想女儿学会与人分享，父母应先教女儿学会满足，冲淡她的占有欲望。只有这样，女儿才能放心地与人分享自己的好东西，而不用担心自己能否享用到足够的好东西。

方法二：与女儿分享好东西

生活中，当女儿想和父母分享自己的一些东西时，父母坚决推辞，哪怕只是象征性的分享也不肯接受，谢绝女儿的一片好心，长此以往，女儿就不再会和父母分享好东西了，换言之，就不懂得与人分享了。因此，作为父母，自己首先要学会坦然地与女儿分享东西。

有一位妈妈讲述了自己的育女经验：

在女儿很小的时候，妈妈每次给她吃水果或者其他食品时，总会要求女儿和他人分享。每天晚饭后的水果加餐时间，是训练女儿分享意识和分享习惯的好时机。每天我会切好水果，然后让女儿端到客厅，先分给爷爷奶奶、爸爸妈妈后，再自己吃。慢慢地，女儿养成了乐于分享的习惯，成了受人欢迎的女孩。

父母要告诉女儿这样一个道理：好东西是大家一起努力创造的，也应该大家一起来分享，不能养成吃独食的习惯。很多女孩之所以完全以自我为中心，就是父母舍不得“吃那一点点”造成的，因此，要想培养女儿与人分享的美德，父母首先应学会与女儿分享好东西，只有这样，才能让女儿获得更多的快乐。

专家教你女孩怎么养

父母如何培养女儿与人分享的美德？

第一，创造机会，首先让女儿和家人建立分享意识，再推广到小朋友。

第二，培养女儿的自信心。因为对于没有自信心的女孩，要让她学会拿出自己的东西和他人分享是困难的。

诚信——告诉女儿“言必信，行必果”

在现实生活中，父母都希望女儿能够做到“言必信，行必果”，成长为一个诚实守信的人。因为诚信的女孩不仅可以赢得他人的信任、支持与帮助，还可以收获一个好人缘儿。

下面这个故事充分地说明了这一点：

星期天早晨，爸爸要带小荣去张伯伯家做客。两人正准备出发的时候，小荣突然想起昨天她约了小雨今天来家里玩儿。于是，小荣告诉爸爸：“我和小雨昨天约好今天上午在我们家玩游戏，所以我不能去张伯伯家了。”爸爸说：“以后再在一起玩儿吧！明天你可以和小雨解释一下，再说，张伯伯家有你喜欢的小八哥，你不去会后悔的！”

“不会的，爸爸，”小荣想了想，继续说，“虽然我很想去伯伯家看八哥，但是我不能失信于别人。爸爸你去吧，我在家等小雨。”爸爸只好依了小荣。

就这样，小荣在家等小雨。中午12点的时候，小雨还没来，小荣很失望。

过了一会儿，爸爸回来了。听小荣说小雨没来，爸爸说：“要知道她不来，就不等她了，和爸爸一起去张伯伯家多好。”

小荣却说：“不，爸爸。虽然我没有等到小雨，但是我心里很坦然。”听了小荣的话，爸爸冲她竖起了大拇指。

虽然故事中的小荣很想去张伯伯家玩儿，但她依然信守了自己对小雨的承诺。从故事里我们不难猜到，信守诺言不仅让小荣感到快乐、有尊严，而且也会让小雨对小荣有敬佩和信赖感。

很显然，诚信这种美德可以帮助女孩拥有一颗高尚的心，还可以让女孩收获一个好人缘儿，因此，父母应培养女儿诚实守信的好品德。

给女孩父母的建议

诚信是做人的基本准则，是每个人都应该遵守的道德准则，那么，生活中，父母应该如何培养女儿诚信的品德呢?

方法一：为女儿讲有关诚信的故事

一位妈妈这样讲述自己的育女经验：

晚上睡觉之前，我会给女儿讲一个有关诚信的故事。有一天，我给女儿讲了这样一个寓言故事：“诚信”被一个名为“聪明”的年轻人投弃到水里以后，拼命地游到了一个小岛上。然后“诚信”就躺在沙滩上休息，心里计划着等待哪位路过的朋友允许他搭船，救他一命。突然，“诚信”听到远处传来一阵阵欢乐轻松的音乐。于是，他站起来，向着音乐传来的方向望去，他看见“快乐”的小船。“诚信”忙喊道：“快乐，快乐，我是诚信，你用船载我回岸上可以吗？”“快乐”一听，笑着对“诚信”说：“不行，我如果有了诚信就不快乐了，你看这社会上有多少人因为说实话而不快乐，对不起，我无能为力。”说罢，“快乐”走了。

正当“诚信”近乎绝望的时候，一个慈祥的声音从远处传来：“孩子，上船吧！”“诚信”问道：“您是？”一个白发苍苍的老者在船上掌着舵道：“我是时间老人。”“那您为什么要救我呢？”老人微笑着说：“只有时间才知道诚信有多么重要！”

在回去的路上，他们看到“快乐”的小船在旋涡里翻船了。时间老人指着因翻船而落水的“快乐”意味深长地说道：“没有诚信，快乐是不会长久的。”

讲完这个寓言，我问女儿：“‘快乐’‘时间’谁做得对呢？”女儿回答说：“当然是时间老爷爷做得对，他帮助了‘诚信’，也因为‘诚信’才没有像‘快乐’那样因翻船而落水。”我说：“女儿说得对。生活中也是这样，没有诚信，快乐就不会长久。我希望你在生活中能做到诚实守信。”女儿点点头。

在培养女儿的诚信品德时，父母可以给女儿讲一些有关诚信的寓言故事，再和女儿一起讨论故事中的情节、人物的行为，与女儿一同分析他们的对错，以故事中讲诚信的情节来打动、激励女儿，让女儿从中领悟出诚信的重要性。

方法二：要给女儿树立一个良好的榜样

为了女儿能够取得好成绩，妈妈每天晚上都会辅导小雨功课。一天晚上，妈妈正在辅导小雨功课时，电话突然响了。妈妈悄悄对小雨说：“如果是你王阿姨找我，你就说我还没有下班，明白了吗？”小雨不解地问：“您不是在家吗？为什么要撒谎呢？”妈妈有些不高兴地说：“小孩子懂什么！”最终，小雨按照妈妈的说法接了这个电话。

后来，妈妈发现女儿常常编造各式各样的借口逃避学习，学习成绩也一落千丈。有一次，妈妈被骗后，怒不可遏地斥责小雨说：“小小年纪，谁教你撒谎的！”小雨理直气壮地回答：“妈妈打电话可以撒谎，我为什么就不可以啊！”

苏联教育家马卡连柯说过：“不要以为只有在你们同儿童谈话、教训他、命令他的时候，才是进行教育。你们在生活的每时每刻，甚至你们不在场的时候也在教育儿童。你们怎样穿戴，怎样同别人说话，怎样议论别人，怎样欢乐和发愁，怎样对待敌人或朋友，怎样笑，怎样读报——这一切对儿童都有重要的意义。”上面事例中的妈妈显然没有注意到身教，她让女儿替自己撒谎，结果让女儿养成了撒谎的坏习惯。作为妈妈，我们一定要意识到孩子的模仿能力是十分强的，要想让女儿做一个诚实守信的人，妈妈自己首先就要做到诚实守信，为女儿树立一个良好的榜样。

专家教你女孩怎么养

父母如何培养女儿诚信的品德？

第一，父母应为女儿树立诚信的榜样。在我们的每一件大小事情上，每一个行为举止上，都让女儿去感受诚信、学习诚信，这是一种身教。

第二，教育女儿在答应别人的请求之前，要慎重考虑自己有没有能力和把握做到，对不能做到的事，就不要轻易答应别人；而一旦答应了别人的事，就要兑现。

第三，对女儿诚信的表现要及时地肯定和鼓励；当女儿出现一些欺诈和虚伪的苗头时要抓紧批评教育，趁热打铁才能成功。

社会公德意识——培养女孩的必修课

随着父母对女孩教育重视程度的不断提高，很多父母都自信满满地认为，自己的女儿已经具有社会公德心了，然而，实际情况真是如此吗？我们不妨先看看下面的这个例子：

一天，爷爷送6岁的小敏去上学。在公交车上，小敏吃着香蕉，吃完后，她顺手把香蕉皮扔在过道中。公交车上的叔叔、阿姨立即向小敏投来异样的目光，此时小敏竟然没有任何反应。过了一会儿，刚上车的一位小伙子不小心踩到香蕉皮滑倒在地上。“谁这么没有社会公德啊？”小伙子无奈地说了一句，叔叔、阿姨又向小敏投去嗔怪的目光。

大家对上文中的家长和孩子应该都没有什么好感。因为孩子不自觉地违反了社会公德，而家长不但没有及时要求孩子改正，还默认了孩子错误的行为。试想，如果故事中的爷爷看到孙女的行为后，及时制止或以身作则将孙女丢弃的香蕉皮捡起来扔进垃圾桶，结果又会如何呢？

让我们再来看一个例子，这个事例中的女孩与前面小敏的表现截然不同，也因此受到了大家的喜爱和欢迎。

一天，5岁的童童跟着妈妈坐公交车去公园。在途中，一位老奶奶走上了公交车。还没等妈妈做出反应，童童就从座位上站了起来，大声喊道："奶奶，来我这里坐吧！"此时，车厢里的叔叔、阿姨都转头看向童童。奶奶坐到童童让给她的座位上后，对童童说："谢谢你啊，小朋友。"童童回答说："奶奶，不用谢。这是我应该做的。"这时，叔叔、阿姨的脸上都露出了笑容，其中一位阿姨还称赞童童说："这女孩这么小就懂得为老人让座，真是一个聪明、懂事的孩子。"

从这个事例可以看出，一个具有社会公德意识的女孩，一定会爱到大家的欢迎和称赞。

给女孩父母的建议

一个遵守公共秩序、尊老爱幼、爱护公物的女孩，往往更具有爱心、责任心、同情心，深得众人的喜爱与欣赏。而这也恰恰是她优雅、高贵气质的最直接体现，因此，父母要培养女儿的社会公德意识。

方法一：从细节入手，教导女儿养成良好的社会公德意识

前面的章节我们提到，父母是女儿最好的榜样。因此，如果要培养女儿良好的社会公德意识，作为孩子的第一任老师，父母要为女儿树立遵守社会公德的榜样。

凌云妈妈在这方面做得很好：

凌云妈妈带凌云从麦当劳出来，突然，妈妈被一个小图钉扎到了脚。妈妈把图钉从凉鞋里取出来，扔到了附近的垃圾箱里。然后妈妈对女儿说："妈妈把图钉扔在垃圾箱里，是为了防止别人走路的时候再被扎到，你以后遇到这样的事情，也要这样做。"

一天，妈妈和凌云在马路上走着，看见一个比凌云大的女孩随手把用过的纸巾扔在地上，凌云马上跑过去，把那张被丢在马路上的纸巾扔到了垃圾箱里。

故事中的妈妈利用了女孩善于模仿的特点，用自己的真实行动教育女儿要维护公共场所卫生，让女儿在潜移默化中树立社会公德意识。如果父母为女儿树立了遵守社会公德的榜样，那么女儿很快就能建立起社会公德意识。

方法二：教育女儿尊老爱幼

云芝和妈妈一起走在街上，看到一个老奶奶正站在马路中间，妈妈提醒女儿：“老奶奶过马路不安全，你是不是可以扶她到马路的另一边呢？”云芝想了想说：“可以啊，妈妈。”于是，云芝走到老奶奶身边，扶着老奶奶过了马路。

故事中的妈妈是非常明智的，她对女儿进行了引导，从而让女儿懂得了要尊敬老年人。在生活中，这样的机会有很多，父母要想培养女儿的公德心，就要随时抓住这样的机会，给女儿上一课。

方法三：让女儿了解养成社会公德意识的意义

为了培养女儿的社会公德意识，父母可以和女儿一起讨论一些正面或反面的生活事例。

妈妈领着6岁的女儿英巧在站点排队等公交车，过了一会儿，公交车缓缓驶过来。一个刚走到站点的男子站到队伍的前边，很多人不满地说：“别人都排队，你为什么不排队呢？到后面排队去啊！”男子没有理会别人的评论，公交车门打开之后，挤在最前边上了公交车。

事后，妈妈问英巧：“没有排队的叔叔的做法对吗？”英巧回答说：“别人都排队上车，只有叔叔没有排队，叔叔的做法显然是不对的。”妈妈接着说：“英巧分析得很对，叔叔没有遵守公共秩序，违反了社会公德。”

通过对生活事例的讨论和评价，相信女孩的社会公德意识很快就会建立起来。此外，父母还可以让孩子接触一些培养道德情操方面的书籍或少儿节目等。

专家教你女孩怎么养

父母如何培养女儿的社会公德意识？

第一，父母可以利用身边的事例对女儿进行公德教育。如吃饭时，父母可以有意识地向女儿讲述粮食的生产过程，让女儿明白粮食是农民伯伯辛勤劳动换来的，以使女儿爱惜粮食。

第二，父母可以运用评价的方法，引导女儿评价自己的行为和他人的行为。

第七章

培养八种关键能力，让女孩变得出类拔萃

世界上没有父母不想让女儿变得出类拔萃，所以从女儿降生的那一刻，父母就注意开始培养她的各方面能力，希望她能成为一个更加出色的优秀女孩。

培养女孩的表达能力，帮她推开人际交往之门；

培养女孩的动手能力，使她对生活产生无比的兴趣；

培养女孩的自律能力，使她成为生活的强者；

……

相信通过对上述能力的培养，你的女儿一定能够变得出类拔萃。

表达能力——开启女孩的人际交往之门

女孩语言能力的发展虽然比同龄的男孩早一些，但她们的表达能力仍然需要父母的训练，比如有的父母说："我的女儿唠唠叨叨地讲了一大堆话，但是却听不出个所以然来。"有的父母说："女儿虽然很爱讲话，可是却缺乏精彩准确的词语。"

柳柳从小就是一个话很多的小女孩，她虽然话很多，别人却总是搞不清她在说什么。有一次，她在学校里做了一件好事受到了表扬，回到家，她就想把这件事告诉妈妈，以便再次得到称赞。于是，一回到家，她就高兴地对妈妈说："妈妈，今天在教室的时候，我和李月在做游戏，我们玩儿的是小蜜蜂，后来张燕和宋佳也要一起玩儿，我一开始不同意，后来我又同意了。我们玩儿着的时候……"柳柳讲了天，妈妈也不明白她到底想要表达什么意思。

假如父母能从一开始就对女儿进行表达能力方面的训练和引导，那么她以后不但能说、会说，而且会说得流利、有条理、有文采，相信在不久的将来，一定会拥有较高的表达能力。

给女孩父母的建议

语言是人类最重要的交际工具，幼年时期是孩子表达能力的启蒙和高速发展阶段，也是他们好奇心和模仿力最强的时期，所以父母要利用这个关键时期，针对孩子的特点，用正确的方法提高孩子的表达能力。

方法一：教给女儿正确、有效的表达方式

女孩的表达能力弱，其中一个很重要的原因就是她没有掌握一定的表达方式，不知道如何把一件事情或一种事物向别人讲解清楚，或者把内心的想法、意见清楚地表达出来，所以，父母要教给女儿正确、有效的表达方式。

小慈的父母一直在外地工作，所以就把她交给奶奶抚养。因为小慈是家里唯一的孩子，奶奶就把全部的爱都给了她，而小慈也经常向奶奶撒娇："奶奶，我要喝水水。”“我要吃糖糖。”后来，小慈的父母把她接回到自己的身边照顾，小慈也像以前对奶奶那样对妈妈撒娇。女儿的这种表达方式很快让小慈的妈妈意识到有问题，这非常不利于孩子语言能力的培养，必须尽快改正女儿的这种坏习惯。

有一次，小慈对妈妈说：“妈妈，我要吃饭饭。”妈妈立刻纠正她说：“小慈，你应该说‘我要吃饭’。来，跟妈妈再说一遍‘我要吃饭’。”小慈很听话地说：“我要吃饭。”

妈妈继续引导女儿说：“你要吃什么饭？你能用一句话把自己的要求说清楚吗？”

“我要吃妈妈今天蒸的大米饭，还有炒的黄瓜鸡蛋。”

在女孩的学习和生活中，父母要随时注意对她的表达能力进行培养和引导，让她自己学会组织语言，把多种主要信息完整地表达出来，做到口齿清晰、用词准确、富于表现力等，这对规范孩子的语言，令其说出完整的话非常重要。

方法二：鼓励女儿续编故事

佳妮非常喜欢看童话故事，为此，妈妈给她买了很多童话故事书。有一次，她看完《白雪公主》，便把这个故事绘声绘色地讲给妈妈听，最后还对妈妈说：“妈妈，为什么白雪公主和灰姑娘一样，她们都是从此过着幸福快乐的生活，她们找到王子后就没有烦恼了吗？”

佳妮的妈妈觉得女儿很爱思考，于是就突发奇想地对女儿说：“佳妮，如果白雪公主离开之后，七个小矮人的家中又来一个人，你希望是谁呢？”

佳妮抿着小嘴想了想说：“我希望是小红帽，小红帽在森林里迷路的时候遇到了七个小矮人。”

“然后呢？”妈妈用鼓励的眼神看着女儿。

“七个小矮人请小红帽到家里做客，然后还一起送她到外婆的家里，一起帮她把大灰狼赶跑了。”

女孩都喜欢听故事，而让女儿续编故事很容易引起她的兴趣，并让她的思维变得活跃，往往会不自觉地就说了很多话，这时，如果再加上父母的从旁引导，鼓励女儿多说、多想，那么，不仅女儿的表达能力变强，想象力也会变得丰富起来。

方法三：教女儿积累词语、多打比方

词语是句子的基础，女孩只有掌握了足够多的词语，才有可能把一句话讲清楚、说明白，而要让自己说出的话有文采、生动，就一定要学会修辞，比如比喻、拟人等。

父母平时和女儿讲话时，也一定要尽量做到用词丰富，避免语言单调贫乏，比如看见路边盛开的花，可以用百花齐放、争奇斗艳等来描述花。如果女孩学习语言一开始就站在了高起点，那么她的表达能力自然会飞速发展。

专家教你女孩怎么养

父母如何提高女儿的表达能力？

第一，当女儿表达困难时，给她一些提示，或者换个角度进行提问，如妈妈让女儿讲故事，但她讲到“很久很久之前”就讲不下去了，这时妈妈可以提示。

第二，父母要问女儿更具体的问题，可以多问“为什么”“在什么地方”“谁”“怎么样”等，不要问孩子用“是”或“不是”“好”或“不好”就能直接回答的问题。

第三，鼓励女儿多参加演讲比赛、诗词朗诵等活动，生活中还要多为她创设情境，鼓励她在公共场合大胆地表达。

动手能力——激发女孩对生活的兴趣

父母都希望女儿是一个心灵手巧、人见人爱的小才女，但实际生活中，很多女孩学习成绩很好，动手能力却很差。

冰冰虽然才5岁，但已经会背诵很多的唐诗，也认识了很多汉字，还能讲很多故事，是一个非常聪明的小女孩，父母和老师都很喜欢她。但是，唯一令父母担忧的就是这个孩子的动手能力很差，幼儿园的老师也时常反映冰冰身上的这个缺点，说她不爱写字、画画，也不爱上手工课，动手能力比别的小朋友差很多。

针对冰冰这样的情况，父母需要提高她的动手能力。因为手脑相连，一双灵巧的双手不仅关系到孩子的自理能力、学习能力，更是一个人大脑发育良好的标志之一。

科学研究表明，在大脑中支配手部动作的神经细胞有20万个，而负责躯干的神经细胞约5万个，由此可知，手部动作灵敏对大脑发育的重要性。可见，父母要在教育女儿学习知识的同时，注意培养她的动手能力。

一个发育正常的女孩，随着其年龄的增长，会出现想要摆脱父母控制的倾向，此时父母不要担忧女儿什么事情都做不好，而要不断地鼓励她亲自动手去做，并在事情完成后给她肯定的评价。在父母的鼓励和支持下，经过多次的尝试、动手学习之后，女孩的动手能力一定会显著提高。

给女孩父母的建议

父母会发现动手能力强的女孩会变得勤快、细心、有耐性、爱劳动……而一个女孩能否心灵手巧，与父母的教育方式直接相关。

方法一：分给女儿一些适合她做的家务

家务活动是锻炼女孩动手能力的有效途径，像打扫房间、洗袜子、擦窗台、择菜、洗菜等，这些虽然都是小事，但是却能很好地锻炼女孩的动手能力，慢慢养成她爱劳动的好习惯。

一位妈妈引导女儿做家务的方法很值得父母学习：

苗苗虽然是家里的独生女，但是我从不娇惯她，在她小时候，我会分给她一些“小家务”，让她成为家庭生活中的小助手。比如每次洗衣服的时候，我都会把她的小袜子单独放进一个水盆里，然后对她说：“苗苗是个乖孩子，和妈妈一起洗衣服好不好？”女儿表示同意后，我会接着告诉她洗袜子的步骤，并且表扬她说：“苗苗真是个了不起的女孩，不但帮助妈妈洗衣服，而且洗得这么干净！”听到表扬后，女儿总是表现得非常开心。

很多时候，我会让女儿帮我择菜和洗菜，如果她对此不感兴趣，我会换一种方法，让她在吃饭的时候为家人摆上筷子，这样，在吃饭前，她总是会听到“我们这顿饭可是有苗苗的功劳啊”“真是一个懂事的好孩子”这样类似的称赞。

渐渐地，女儿从被动地做“小家务”变成了主动地做“小家务”，后来随着年龄的增长，她不但会主动帮忙做家务，还可以自己整理房间和书包，不用我特别叮嘱，她就能很好地处理自己的学习和生活。

父母除了让女儿动手干些家务劳动外，还可以指导她做些简单的手工，如折纸、剪贴、十字绣等，这些事情不但不会影响女孩的正常学习，还非常有利于培养她的动手能力，有助于提高她的综合素质。

方法二：引导女儿自己动手找答案

小女孩和妈妈走在街上的时候，忽然抬头看见路边店的招牌上有一个“天”字，于是便指着这个字问妈妈：“妈妈，这个字念什么呀？”

这位妈妈马上告诉女儿：“这个字念‘天’，天气的‘天’。”孩子得到答案后，“嗯”了一声继续往前走。

遇到同样的问题，另一位妈妈则说：“乖女儿，妈妈回家教你查字典好不好？以后，你要是会查字典了，大街上出现的字，你就都认识了。”于是，一回到家，妈妈就教她查字典，并让她查出了“天”。然后，妈妈和女儿从天气，谈到了蓝天，谈到了棉花状的云朵，谈到了风雨雷电，还谈到天空下美丽的花草树木。

在现实生活中，孩子一遇到不认识的字或者不会做的数学题，总会去问父母，这时，父母应该向第二位妈妈学习，教会孩子找到答案的方法，而不是直接告诉她答案。

因此，在面对女儿提问时，父母一定要避免说“这个答案是……”或者“爸爸（妈妈）告诉你……”因为这样下去很容易养成孩子的依赖性和懒惰性。父母一定要换一种告诉孩子答案的方法，即让孩子在你的暗示或者引导下自己找到答案，比如你可以对女儿说：“女儿，你要的答案在那本书里呢，你可以自己找得到！”或者：“这道数学题课本上一定有公式和类似的题目，我们可以找出它的解题规律。”

另外，聪明的父母还会为女儿提供各种结构材料，让孩子在玩结构游戏的过程中锻炼自己的动手能力，比如积木、七巧板、拼装玩具、橡皮泥等。这些不但有助于孩子动手更有助于动脑，让她在学会技巧和专心解决问题的同时提高了独立工作的能力。

专家教你女孩怎么养

父母如何提高女儿的动手能力？

第一，制作法。父母可以教女儿利用生活中的废旧物品，制作出精美的工艺相框、易拉罐娃娃等丰富多彩的工艺品。

第二，实验法。女孩可以在父母或者老师的指导下，利用简易的仪器或设备，模拟、干预、控制自然现象，比如“听心跳”，通过气球、听诊器等材料模拟心脏跳动情况，这样通过亲自动手操作和观察，才能验证或得出科学的结论，进而获取科学知识。

第三，创造法。父母要鼓励女儿按照她的意愿和要求想象，独立完成某项作品，比如根据自己的想象制作出水磨；利用废旧钟表的零件，结合自己的想象力、创造力以及事先准备好的方案，复制成功古代的灌溉设备。

自律能力——战胜自己才能成为强者

俄国著名作家陀思妥耶夫斯基说过：“如若你想征服全世界，你就得征服自己。”这句话换个角度来说，一个女孩要想成为强者，就要先战胜自己，而战胜自己的首要条件，就是要有自律能力。

一个缺乏自律能力的女孩，很容易受到各种各样主客观因素的干扰，也很难在某一领域做出杰出的成绩，实现自己的理想和目标就更不容易了。

下面是一位妈妈的育女感言，我们读完后说不定会有所启发。

我女儿的自制力非常差，每天放学第一件事就是看动画片，如果没有我和老公的催促，她连作业都做不完。每天晚上，我和老公都会催促女儿四五次，这让我们不胜其烦。

有一天晚上，我对正在看动画片的女儿说："妈妈以后不再提醒你做作业了，妈妈相信你自己就能把作业做好。"没想到我的话起到了神奇的作用，1天、5天、10天、1个月……女儿不用我们提醒就能把作业做好了。有了以上的经验，我和老公再也不做女儿的"拐杖"了，而是把自由走路的权利还给了女儿。自从我们开始培养女儿的自我管理能力后，女儿不仅把自己管理得井井有条，而且取得了不小的进步。

看过上面的事例后，很多妈妈也许突然间会醒悟：不是孩子的能力差，而是我们的教育方法出了问题——我们总是害怕孩子做不好、出错，所以总是提醒、帮助他们，慢慢让孩子养成了不能自我管理、处处依赖妈妈的习惯。而那些聪明的妈妈会着重培养孩子的自我管理能力，让孩子自己管理自己，不仅妈妈省去了很多力气，孩子也容易取得更大的进步。那么，我们应该做哪种妈妈呢？这个答案不言自明。

心理学家研究发现，在取得成功的过程中，情商比智商的贡献更大。而情商中的核心能力之一，就是我们常常提起的"自我管理能力"。自我管理能力是一种非常优秀的能力，它能够让孩子自己管理好自己、自己照顾好自己，让妈妈不再担心他们的学习和生活。尤其在孩子走入社会后，如果他们仍不具备自我管理的能力，处处都依靠别人的提醒、帮助，最后只能被社会所淘汰，无法成为真正的人才。所以，妈妈应该从小就着重培养女儿的自我管理能力，为她以后的成功打下坚实的基础。

给女孩父母的建议

孩子自律能力的培养更多的是在她所处的社会环境中（包括学校、家庭）通过教育而获得发展的，因此，父母要做好培养女儿自律能力的"家庭教师"，谨记培养孩子自律性的四大原则——承担责任、延迟满足、忠于事实、求得平衡，让女儿在以后的生活中懂得自我约束、消除欲望，进而走向成功。

方法一：让女儿学会自我控制、自我调节

孩子在幼年时期自我控制和自我调节能力都很差，到她三四岁之后，才逐渐发展起自律能力，但是，这时的孩子依然受冲动和欲望的影响，不能完全控制自己的情感和欲望，再加上父母的宠爱和保护，变得更加的骄纵，而一个骄纵和任性的女孩是很难有什么作为的。

8岁的陆姗是一个很可爱的女孩，而且很喜欢吃甜食，尤其是巧克力。陆姗的妈妈发现，女儿吃蛋糕时，吃饱就不会再碰了，但是吃巧克力时，一点儿节制都没有。有一次吃过晚饭，陆姗就对妈妈说："妈妈，我要吃巧克力。"妈妈就给她拿了两块。5分钟后，她又跑到妈妈的面前说："妈妈，我还要吃巧克力。"妈妈虽然知道晚上吃太多甜食对孩子身体不好，但是又不想让女儿不开心，就又给她拿了两块。谁知，类似的要求陆姗一晚上提了很多次，气得妈妈把巧克力放在了很高的柜子上，而陆姗竟然搬个凳子要爬上去拿巧克力，这一下子把妈妈吓坏了，万一女儿摔倒怎么办，无奈之下只好把剩下的巧克力给了女儿。

女孩的自律性差，很大一部分原因是父母宠出来的，所以要想改变孩子自我约束能力差的问题，父母就要把主动权交到女儿的手上，让她自己学会自我控制和自我调节。比如上面的那位妈妈可以一次性把10块巧克力放在孩子的面前，然后告诉孩子吃太多巧克力对她牙齿和身体的坏处，接着和孩子商量好一天只能吃两块。孩子答应了，就要求她按照约定去做。等到时间长了，孩子就会有所进步。

方法二：延迟满足女儿的需求和抵制欲望

法国教育家卢梭曾在其著作中写道："你知道用什么方法准能使你的孩子得到痛苦吗？这个方法就是百依百顺。"这是因为孩子在父母对其有求必应的条件下，头脑中会渐渐形成一种思维定式，认为自己想要的都会马上得到，所以他们会变得越来越任性，越来越贪心。而延迟满足女儿的需求，不但能够锻炼她的耐性和自律性，还可以帮助她学会节制，抵制欲望，成为一个自我约束性很强的女孩。

有一位妈妈的育女经验很值得父母借鉴：

我的女儿香香5岁了，但她却比同龄的孩子更有耐心。一天，幼儿园老师发给所有的小朋友一根棒棒糖，孩子们一拿到就想吃。这时，老师对他们说："谁

要是能等到老师回来的时候再吃，那么我就奖励给他一张海绵宝宝小贴片。如果我回来的时候，你已经吃过了，那么可爱的小贴片你就得不到了！”孩子们尽管嘴里说着“我想要海绵宝宝”，但是当老师一离开，一部分孩子就忍不住吃了起来，一边嘴里发出“非常好吃”的声音，一边劝说其他的小朋友也一起吃。等到老师回来的时候，只有包括香香在内的 4 个孩子的棒棒糖是原封不动的，于是这 4 个孩子拿到了海绵宝宝的贴片。

后来，有邻居问我香香为什么这么自觉，能忍受住诱惑。我非常自豪地说：“香香很小的时候，我对她的要求总是慢半拍，即使在她三四个月的时候，我也不会一听到她的哭声就冲到她的跟前，而是先弄出一些声音，暗示女儿妈妈就在不远处，过了一会儿，我就出现在她的面前；等到她长大一点儿，知道要东西的时候，我总会延迟满足她的要求和愿望，正是因为有了期待，在等待的过程中，香香才会表现得比一般的孩子冷静和能忍。”

专家教你女孩怎么养

父母如何让女儿变得自律？

第一，自我命令法。如上课默念：“坐如钟，站如松。”写字时，让她念：“三个一，胸离桌子一拳远，眼离本子一尺远，手离笔尖一寸远。”久而久之，女孩就会形成良好的坐、立、写的姿势。

第二，自我记录法。让女儿自己制作一张表，将自己每天做作业、上课不认真、看电视、发言的次数等记录下来；天天比较，看看自己有没有进步，哪些方面需要改进。

第三，自我奖惩法。当女儿有进步时，让她自己奖励自己，如给自己买一份礼物；如果退步了，则惩罚自己周末不准看电视等。

应变能力——让女孩轻松应对变化

所谓的应变能力是指人在外界事物发生改变时所做出的反应，它可以是本能的，也可以是经过大量思考过程后所做出的决策。而应变能力是人们在这个世界上生存应该具备的基本能力之一，它是可以通过某种方法进行后天培养的。

很多女孩在面对突发事件时所表现出的应变能力都不是那么好，她们通常喜欢用眼泪来面对一切，还会常常表现出手足无措，不知道如何妥善处理事情。

小芬是小学四年级的学生，是一个非常乖巧可爱的女孩，学习成绩一直是中等。有一天，她的父母因为有急事没有赶回家，她就不知所措地蹲在自家门口呜呜哭了起来，而又因为正值隆冬腊月，小芬被邻居发现的时候，已经冻得感冒了。

像小芬这样应变能力差的女孩，回到家发现父母不在，竟然只会在自己家门前哭，而不知道去邻居家或者给家人打电话，假如不是有邻居发现了她，真不知道接下来会发生什么更糟糕的事情。

女孩不但要学着坚强，更应该有一定的应变能力，因为在人的一生中，有很多始料不及的事情会发生，只有具备很强的应变能力，才知道怎么来应对那些突发事件，因此，父母从小就应该培养女儿的应变能力，教会她一些从容应对各种人生问题的策略。

父母都希望自己成为女儿最坚强的保护伞，但是你不可能随时随地都跟随在自己孩子的身边，女孩必须有应变能力，能够自己处理突发事件。对女孩来说，最好的人生技能就是生存技能，所以父母应该从多方面培养和提高女儿的应变能力。

方法一：给女儿出个难题，锻炼她的应变能力

很多父母在面对应变能力差的女儿时，总是显得忧心忡忡，因为他们不知道如何提高女儿的应变能力。其实，生活中，处处都有锻炼女孩应变能力的机会，而有意识地给孩子创造机会，就是一个非常好的办法。

5岁的珠珠是一个很可爱、很善良的小女孩，但安全意识不是很强。为了能够从小锻炼她的应变能力，珠珠爸爸经常给她讲解一些遇到危险情况时应该怎样解决的办法，有时还找机会锻炼女儿的应变能力。

一天，珠珠爸爸贴上胡子，化装成陌生人，敲响家里的门，而此时，家里只有珠珠一个人。

"请问你找谁？"珠珠打开里面的一扇木门，隔着镂空的防盗门问眼前的这位"陌生人"。

"你好，小朋友，我是你爸爸的同事，他有东西忘在家里了，让我过来取的。你打开门好吗？"珠珠爸爸故意改变声音对女儿说道。

"叔叔，那我怎么没有见过你呢？"珠珠看着眼前的"陌生人"，竟然没有认出是正在和她做游戏的爸爸，但是以前爸爸告诉过她，不要轻易给陌生人开门。

"我是你爸爸很好的朋友，只不过以前没有来过你们家，现在我们不就见面了吗？小朋友赶快打开门，让叔叔进去，你爸爸的事情很着急的。"珠珠爸爸继续说。

这时，只见珠珠看了看他，并没有来开门，而是走到屋里，拿起桌上的电话给爸爸打了起来。

女孩单独在家的时候，如果遇到陌生人来敲门，有时会很大意地就给对方开了门，这里有很多潜在的危险。父母应该告诫女儿不要轻易给陌生人开门，有时更要像上文中的爸爸一样，找机会有意识地给女儿出难题，看看她面对突发状况时会如何反应。

方法二：多让女儿参加富有挑战性的活动

父母教育孩子不能只说不练，而应在理论教育的基础上进行实践活动。因为只有通过亲身的经历和体验，才能明确看出一个孩子的应变能力，而那些富有挑战性的活动必然会让孩子遇到各种各样的问题和实际的困难，孩子在努力解决问题和克服困难的过程中，不但变得勇敢、自信和坚韧，也会极大地增强自己的应变能力。

暑假来临的时候，爸爸妈妈带着女儿糖糖参加了野外训练营的活动。虽然女儿只有7岁，但是父母并没有骄纵她，而是鼓励她积极参与训练营的各种活动，如搭帐篷、做饭、捡柴火，而一旦遇到困难或者突发事件时，爸爸总是先问糖糖：“乖女儿，这件事情我们应该怎么解决呢？爸爸妈妈想听听你的主意。”比如突然迷路了，爸爸就问女儿应该首先怎么做，糖糖就说：“爸爸可以用指南针，也可以打电话找人帮忙，还可以用小石子留下记号。”爸爸冲女儿竖起了大拇指，称赞她是一个很聪明的女孩，而得到夸赞的糖糖感到非常自豪，再遇到困难时，她总能想出很多办法供爸爸选择。

生活中，很多女孩对父母的依赖性过强，她们一遇到突发事件时，不是惊慌失措，就是什么事情都找父母解决，结果对那些潜在的危险浑然不觉，缺少冷静处理事情的能力，所以，父母应该培养女儿的应变能力，让她变得更加勇敢、冷静和自信，以自己的力量获得积极的结果。

专家教你女孩怎么养

在人身安全方面，父母如何提高女儿的应变能力？

第一，加强女儿的安全意识，告诉孩子出现危险时可拨打110、119等电话求助。

第二，告诉女儿不要轻易相信陌生人的话，尤其是家人不在身边的时候，不要轻易给陌生人开门或者跟着陌生人走。

第三，要让女儿学着对突发事件做出自己的分析和判断，并给予她正确的指导，帮助她找到解决问题的最佳方法。

社交能力——让女孩成为人际交往高手

社交能力就是与人交往的能力，它是每个女孩在他人面前展现自己的必备能力。一个社交能力强的女孩不但能够与他人友好相处、展示自己的魅力和结交到很多的朋友，还能够在通往成功的道路上走得更加顺畅，所以，父母应该从女儿的幼年时期就开始培养她与人交往的能力。

当然，父母在教导女儿怎样与人相处的问题上，不能盲目地行动，而是要科学地根据一定的交往原则来进行，否则很容易让女儿在与人交往的过程中走入误区。下面 6 条与人交往的原则，希望父母在教导女儿的过程中能够充分利用：

（1）真诚原则；（2）尊重原则；（3）互利合作原则；（4）宽容原则；（5）平等原则；（6）理解原则。

假如父母在培养女儿社交能力时，能够很好地遵循以上与人交往的原则，那么，相信你的女儿一定会成为最受欢迎、最快乐的女孩。

给女孩父母的建议

父母都希望女儿是一个合群、善于交际，能够拥有很多的朋友，并且在朋友间受欢迎的女孩，但是，现实情况是很多女孩害怕与人交往、性格孤僻，有时看见陌生人不是吓得躲避起来，就是低着头一句话不说。要想改变这些情况，父母有必要掌握一些有效的方法。

方法一：引导女儿掌握正确的交往技巧

在交往过程中，人们都喜欢乐观、大方、懂礼貌的人，孩子也不例外。但很多女孩在与人交往的过程中并不知道怎样才能赢得朋友的喜爱，她们渴望与人交谈或者融入集体之中，可不知道用什么样的方法才能融入。

嘉宝 6 岁了，因为父母调动工作，她也跟着从原来的幼儿园转到一家新的幼儿园。面对新的环境和新的人群，嘉宝常常表现得很不爱说话，也不知道怎样和他人交朋友。这种情况很快就被嘉宝的妈妈察觉到了，所以一天接女儿回家之后，妈妈问她："宝宝，你在新幼儿园交到好朋友了吗？"

"没有！"嘉宝小脸一沉回答说。

嘉宝的妈妈知道女儿平时就有些内向，属于那种被动交往的孩子，自己从来不知道主动去结交朋友，于是嘉宝的妈妈慢慢引导女儿说："宝宝，幼儿园的小朋友一定很想和你成为朋友，宝宝也很想和他们成为朋友，对不对？"

嘉宝点点头。妈妈接着说："那宝宝明天可以拿着你的洋娃娃和朋友一起玩儿，还可以和他们交换着玩玩具，好吗？"

第二天，嘉宝按照妈妈的提议，和幼儿园的另一个小朋友交换着玩玩具，很快她们就成为好朋友。

其实，上面的这位妈妈正是采用了交往中最重要的一种交往技巧，即分享。学会与人分享，让女孩不但拥有了朋友、融入了集体，也渐渐学会了怎样在交往中与他人友好合作，这是取得成功的重要基石。

父母要教给女儿的交往技巧除了上面所说的分享，还有让女儿学会耐心等待、遵守规则，学会沟通和赞赏，拥有自信和友善的姿势，注意自己的仪表整洁等。

方法二：适当让女儿与陌生人交往

很多父母反映女儿在人际交往方面具有两面性，比如她们在家里表现得非常活泼开朗、能说会道，但一到外边就会显得特别胆小、拘谨。面对这样的问题，父母应该多给女儿提供与陌生人交往的机会。

一位妈妈曾这样总结自己的教育经验：

女儿清清天生胆小怕事，从来不敢与人交往，甚至一见到陌生人就会被吓哭。为了改变孩子的这种状况，也为了锻炼孩子的交往能力，我就经常鼓励她与陌生人进行交流，并时常为她创造一些交往的条件。

有一次，我带清清去公园玩儿的时候，就拿出随身带着的零食递给她说："清清，拿你手里的零食和对面的小朋友一起去吃吧！他们一定都很想认识你呢！"

清清一开始有些扭扭捏捏，不过在我的再三鼓励下，她终于鼓起勇气和周围的小朋友一起分享自己的零食。

有时，我带着女儿去逛商场的时候，会鼓励她说："清清，你帮妈妈问问营业员阿姨，这件衣服还有其他颜色吗？妈妈想给你买一件更好看的。"

如果家里来了陌生的客人，我还会鼓励女儿主动去和客人打招呼，或者进行简单的交谈。

女孩对外界的人或事物都很敏感，很怕生，此时父母不应该表现出焦急或者漠视，而是应该正确引导女儿与陌生的环境或者陌生的人交流，让孩子心中的恐惧感渐渐消失。父母可以在日常生活中经常有意识地创造女儿与他人交往的机会，这样在孩子克服了怕生这个问题之后，她的社交能力自然会得到提高。

专家教你女孩怎么养

父母如何提高女儿的社交能力？

第一，经常邀请女儿的朋友到家中做客。比如在女儿生日或者节假日的时候，可以鼓励女儿邀请她的朋友到家里玩儿，而父母可以选择暂时避开，给孩子自由的交往空间。

第二，引导女儿掌握交往技巧和交往规则。比如教育孩子多考虑小伙伴的建议，如果观点出现分歧，要互相商量，玩游戏时要遵守游戏规则，想和别人玩儿的时候，要礼貌地问："我和你一起玩儿，好吗？"或者"我们交换玩具玩儿，好吗？"

第三，教女儿懂得积极倾听。比如在别人讲话或者提建议时，教育女儿集中精神听，理解他人的意思，并且不要随便插嘴打断别人。

合作能力——让女孩学会与人合作

如今，越来越多的父母常这样感叹："我的女儿只喜欢自己玩儿，和其他小朋友交流很少，不容易融入集体。"造成孩子只喜欢这样沉浸在自己世界中的原因主要有两个：

第一，独生子女家庭中，孩子没有兄弟姐妹，孤独成了这些孩子不得不面对的尴尬，沟通与团队合作能力自然会相对欠缺，社会适应能力也比较弱。

第二，孩子的生活空间变得比较狭窄，学习压力也日益繁重，这些都成为培养孩子合作能力的障碍，因此，父母必须开拓女孩的生活空间，让孩子经常走出自己的"小家"，学着积极投入到社会这个"大家"中去，并且在这个"大家"中学会怎样更好地与他人沟通、合作，并建立真诚的友谊。

小雨的爸爸妈妈因在外地工作，就把刚出生不久的小雨寄养在退休后住在农村的爷爷奶奶家里。爷爷奶奶照看孙女，又是在空气新鲜的农村，这本来是一件很惬意的事情，可小雨的妈妈不成文地对女儿"约法三章"：不允许在大街、山坡等地方玩儿；不允许玩泥土沙石；不允许与邻居家的孩子一起玩儿……妈妈给小雨圈定的活动范围只剩下家住的几间平房和一个干净平整的水泥地院子，而孩子平常交往和接触的人只有爷爷和奶奶。

转眼间，小雨到了上学的年龄，妈妈将她接到自己工作地的一所小学上一年级。接着问题也就出现了，小雨见人就怕，更不与老师和同学们交流，每天到校后总是又哭又闹，根本无法独立在学校学习，妈妈无奈休假一个月陪读，以帮助小雨适应学校生活。后来，妈妈去上班，奶奶只好继续陪读，但情况依然没有好转，最后只好让小雨休学一段时间。

可见，这位妈妈当初的"约法三章"对女儿的成长是不利的，它不仅影响女儿的学业，更为严重的是影响了女儿健全的心理、生理甚至良好人格的形成，而这种不足往往很难弥补。

给女孩父母的建议

欧洲著名心理学家阿德勒认为："假使一个儿童未曾学会合作之道，他必定会走向孤僻之途，并产生牢固的自卑情绪，严重影响他一生的发展。"由此可见，女孩学会交往与合作是多么重要。当然，培养孩子的合作能力和团队意识是有方法可循的，希望下面这些方法能够给父母提供一些参考。

方法一：让女儿走好合作的第一步——沟通

生活实践中，很多父母发现女孩不知如何打入一个陌生的人际圈，或者和他人合作后，不是合作不顺，就是貌合神离，甚至无话可说。女孩为什么会这样呢？其中最主要的原因就是女孩没有走好合作的第一步——沟通。

没错，积极有效的沟通是女孩合作的第一步，走好这一步，女孩就知道怎么着手进行下面的交往或活动。而有目的、有计划地从女孩的基本社交性语言入手，然后积极引导、提出要求，是父母让女儿学会沟通的一个学习重点。

基本社交性语言如"你好""合作愉快""我叫……"等一类的打招呼、互相问候、自我介绍的语言，或者握手、微笑、击掌等创造合作氛围的"打招呼"动作，这些都是组成合作团体的重要开端，具有打破僵局的作用。

方法二：让女儿在团队学习中学会协作

教育专家指出：孩子的学习不同于成人，让孩子独自学习很容易使其产生强烈的孤独感，所以父母应该让心智尚未成熟的女孩与小伙伴合作，进行语言沟通和良性竞争，这样女孩们才会互相鼓励、分享快乐和成果，增加学习的兴趣和动力。

8岁的荞荞是家里的独生女，平时玩伴也不多，妈妈发现女儿自从上学后变得更加不爱说话了，总是一个人闷在房间里玩玩具，放学也不和其他同学一起出去玩儿，沟通能力和合作能力都比较弱。

一年级暑假的时候，老师布置了一个调查作业"你给爸爸妈妈洗过碗吗"。于是，荞荞妈妈借助这个有利的机会，鼓励女儿和相邻的几个同学一起进行调查。一开始，荞荞很不愿意，有些害羞和胆怯，妈妈就一再鼓励她说："乖女儿，不用怕，你是个勇敢的孩子。妈妈可以成为你的第一个调查对象。"接着，妈妈又让荞荞先和关系比较好的同学双双结成了两人小组，并建议胆子稍大的双双去询问别人是否愿意接受调查，然后由荞荞简单地说明内容和填写步骤。

在两个孩子行动之前，荞荞妈妈已经和双双妈妈商议好，让两个孩子先从对方的家庭成员开始问起，然后再问比较熟悉的邻居，最后再鼓励她们去跟陌生人沟通、交流。

没想到这个方法非常奏效，一段时间下来，荞荞和双双的调查小组由最初的两人组发展到后来的六人组，而且在没有大人的参与下，她们自己学会了分工协作，调查工作也进展得非常顺利。

等到暑期开学后，荞荞不但圆满地完成了老师布置的作业，而且变得不再惧怕和陌生人交流，最重要的是她交到了一帮好朋友，整个人也变得开朗、乐观、自信很多。

专家教你女孩怎么养

父母如何提高女儿的合作能力？

第一，让女儿学会与人分享，多参加合作性的活动和游戏，比如把自己的玩具、零食等和小伙伴一起分享，和大家一起跳皮筋、跳绳等。

第二，教女儿学会关心他人，善解人意，变成一个有爱心、善良、尊重他人的女孩。

第三，教女儿学会欣赏和接受别人，并教给她一些合作的规则与技巧。比如在与他人合作中，要尊重他人，服从大局，还要坚持自己的立场和原则，要讲究诚信等。

理财能力——让女孩成为小“财”女

当今，理财能力是每个人都必须具备的素质，而且，一个女孩的理财能力直接关系到她一生的事业和家庭幸福。但并不是所有父母都愿意让自己的女儿接触金钱，他们觉得那样会让女儿变得虚荣、庸俗和养成一些坏习惯。

其实，女孩是否会因为金钱而变得虚荣、势利和爱攀比，这和她是否过早接触和掌握金钱关系不大。相反，一个拥有理财能力的女孩，会对金钱有比较正确的认识，更容易养成节俭、勤劳、朴素的好习惯。

豆豆很小的时候，妈妈就开始有意识地培养她的理财观念，每个月定期给她一定的零花钱，让她试着学习理自己的“财”。

有一天，豆豆放学回到家对妈妈说：“妈妈，我们学校外边文具店里的作业本太贵了。你下班路过文具批发超市时，给我买两个作业本吧，到时候我给你钱，这样我就能节省五角钱了。”

妈妈一听非常高兴，点头同意说：“乖女儿，妈妈一定帮你带。你真是了不起，已经学会自己省钱了。”

下个月，妈妈再给豆豆零花钱时，豆豆就会少要几元钱，并且对妈妈说：“妈妈，我的铅笔要用完了，你再去给我多批几根吧，这样我又能省下不少钱了。”

西方教育专家认为，孩子应从3岁开始进行经济意识教育，主要教孩子理财知识，并根据孩子各年龄段制订相应的教育计划，比如3岁要教孩子辨认钱币，认识纸币、硬币和币值；4岁要让孩子学会用钱买简单的用品；而培养孩子理财能力的关键时期则是在5～14岁。所以，父母应注意从小就开始培养女儿的理财能力，让女儿不但从小就具备正确的理财意识和理财观念，还成为一个勤俭节约、体恤父母、积极向上的女孩。

给女孩父母的建议

理财不但是女孩必须掌握的一种生存技能，更是创造美好幸福生活的一种保障。理财教育是家教的有机组成部分，父母应该抓住生活中的每个小细节，对女儿进行正确的引导，让女儿养成正确的金钱意识和消费意识。

方法一：引导女儿进行正确消费

很多女孩对金钱都没有正确的概念，往往是看见什么好看、好玩儿的东西就想买，身上只要有钱就非要把它花出去，结果买完之后又后悔，因此，父母要教会女儿合理而正确地消费，这也是理财教育的一个重要方面。

有一位妈妈记录下自己是怎样引导女儿进行正确消费的：

有一天，我带着6岁的女儿去超市买东西。超市里琳琅满目的商品都在吸引着女儿的注意力，当女儿看中一样东西时，我从不制止她，或者斥责她不懂事，而是亲切地对她说："乖女儿，来，让我们看看这个东西的价钱是多少。哦，8元钱，你是不是觉得太贵了？如果我们买旁边那一个，省下3元钱，就可以买6根你最爱吃的棒棒糖，你看要哪一个呢？"

女儿歪着小脑袋想了想，选择了后一个。

购物结束的时候，我又拿出一些钱给女儿，并对她说："好孩子，帮妈妈结账好不好？"

这位妈妈在购物消费的过程中，不但给了女儿充分选择商品的权利，而且让她学会了正确消费。这样，妈妈在尊重女儿意愿的前提下，又教会她经过比较后再购买的消费方法；而让女儿自己去结账，又锻炼了她对金钱的认知能力。

方法二：让女儿学会储蓄

父母最担心女儿花钱大手大脚，没有节制，这样的坏习惯会严重扭曲孩子的金钱意识，对她的生活造成不良影响，所以，父母就应该从小培养孩子的储蓄意识，帮助她养成不乱花钱的好习惯。

汤汤10岁了，上小学四年级，别看她年纪小，却已经在银行里有了两个属于自己的账户，一个是用于存放不常用的钱的定期账户，另一个是用于存放日常的零花钱的活期账户。

每次家人给她的零花钱，还有过年时的压岁钱，她都会在妈妈的帮助下，把这些钱分成两部分，一部分存入她的定期账户内，另一部分存入她的活期账户内。自从汤汤有了自己的银行账户，她变得不再花钱大手大脚，而是每一分钱都会仔细想清楚到底该不该花，应该花在哪些有用的地方。看着自己银行账户里的钱越来越多，汤汤感到非常高兴，她还会用自己账户里的钱给爸爸妈妈买礼物，这让她觉得非常自豪和有成就感。

方法三：给女儿当家的机会

俗话说："不当家不知柴米贵。"女孩只有亲身体会金钱在这个家的重要性、怎样能更好地运用钱、节省钱，她才会慢慢对金钱有正确的认识。生活中，很多女孩总是要求家人给自己买昂贵的衣服、文具等，遇到这种情况时，父母应该多给女儿一些机会，让她自己去买油盐酱醋、交水电费等，要让她明白家里的钱是怎样花出去的，家里每个月的开支都有哪些。

当女孩有了了解家中财政的机会，她就会慢慢学会节约，学着为家庭节省下每一分钱。

专家教你女孩怎么养

父母如何培养女儿的理财能力？

第一，教会女儿认识各种货币的价值及其使用方法。

第二，注意培养女儿的储蓄观念，教她合理使用自己的积蓄。

第三，教女儿乐于分享，体验捐献和助人的喜悦。

第四，协助女儿制订一个消费计划并正确执行。

时间管理能力
——让女孩学会合理利用时间

苏联著名的教育家苏霍姆林斯基说过："真正的教育是自我教育，是实现自我管理的前提和基础；自我管理则是高水平的自我教育的成就和标志。"而女孩的自我管理能力中时间管理能力是最应该引起人们注意的，因为一个不善于管理自己时间的女孩，是无法管理好自己的人生的。

其实，小女孩缺乏时间管理能力，通常情况下原因有两个：

第一，孩子缺乏时间观念。小女孩没有成人那样的时间紧迫感，她对时间概念比较模糊，自然也就变得不知道珍惜时间。如果人们没有教会女孩快速完成一件事有什么好处，节省时间能够带给她多大的益处，那么她往往不会尽快去做完一件事，反而认为慢对自己没什么不好，长此以往，必然会让女孩变得懒惰，凡事喜欢给自己找借口拖延。

第二，女孩对自己所做的事情提不起兴趣。谁愿意去做一件自己不喜欢的事呢？这肯定会影响她的办事效率。

因此，父母要在生活中随时教导女儿学会珍惜时间，引导她如何管理好自己的时间，找出具体有效的办法帮助她走出懒惰、低效率的误区。

给女孩父母的建议

“一寸光阴一寸金，寸金难买寸光阴”，一个女孩学会管理时间将对自己未来的生活十分有益，那么父母应该怎样做才能让自己的孩子具有时间意识、学会管理自己的时间呢？

方法一：制订每一天的具体计划

有计划地去做一件事情是避免浪费时间的最佳方法，因此，父母首先要教会女儿的是让她学着制订计划。

有一位妈妈曾自豪地对大家说起自己女儿的故事：

我的女儿鱼鱼上小学三年级，以前她是一个很不会管理自己时间的孩子，一有时间就去玩儿，而且很没有节制，有时，上课时玩心还没有收起来，老师也常常说她不按时完成作业，做什么事情都喜欢拖拖拉拉的。

为了改变女儿这种浪费时间的坏习惯，我特意给她买了一个白色的速写板，上面写下这一天她要完成的几件事，比如刷牙、洗脸、自己穿衣服、写一篇日记等。一开始我让她每天完成的都是非常小、用时短的事情，而且每当她完成一件小事，我就在那件事情上画上一个对勾，并且写上表扬的语句。久而久之，女儿不但变得做事有规律、按时完成学习任务，而且会自己加上一些额外的任务，像“今天我要帮妈妈打扫卫生”“帮爸爸买晚报”“写一篇读书笔记”等。现在，女儿做事不但勤快、有效率，而且比以往更自信、乐观和坚强。

方法二：每晚抽出10分钟和女儿讨论两件事

人们常说：“时间就是生命。”而对于女儿的未来，父母必须时时记住一句话：“你可以把财富留给孩子，但是你没法给他们留下一秒钟。”因此，父母为了培养女儿的时间管理能力，最好能保持一种习惯——每天晚上在和女儿互动时抽出10分钟时间，和孩子讨论一下这两件事：

第一件事：今天要做的事完成没有？

若女儿完成则给予她肯定和表扬；若她没完成，你可以问她该怎样处理，或者与她商讨处理方法。

第二件事：明天要做哪些事？

如果一开始女儿的自我管理能力很差，父母可以让她把这两件事的答案写出来或画出来，贴在家里显著的位置，让她第二天一早就可以看到。

方法三：送给女儿一个小闹钟

文珊 4 岁了，每天早起都要赖床。后来妈妈买了一个小闹钟送给女儿，并且对她说："现在珊珊长大了，应该不用爸爸妈妈叫你起床了，以后还是让小闹钟叫你起床吧。"从那以后，只要小闹钟一响，文珊马上起床穿衣服，一点儿也不磨蹭了。而且文珊还有了时间观念，有时候，晚上大家一起看电视，文珊一看小闹钟已经快 10 点钟了，就对爸爸妈妈说："爸爸妈妈，咱们快睡觉吧，时间已经很晚了。"

儿童心理学家研究发现，孩子在 3 岁前不理解时间是怎么一回事，到了 3 岁后才渐渐有了时间这个概念，但是时间观念还是非常薄弱的。所以，我们要培养女儿的时间观念，就要让她对时间加深了解，知道时间的重要性。在女儿小时候送她一个小闹钟，既可以培养她的时间观念，还可以让她养成规律的作息习惯。

专家教你女孩怎么养

父母可从哪些方面教给女儿赢取时间的方法？

第一，把该负责的事按重要性排好顺序。这些事情可以让女儿在周末或者前一天晚上安排妥当。

第二，开始做一件事情之前，如做作业，应先将所需要的课本、资料、铅笔、工具书等放在书桌上，免得女儿为寻找遗忘的东西浪费时间。

第三，把最困难的事情放在工作效率最高的时候做，比如女儿最怕做数学作业，而她精力最集中的时间是在晚上 8 点，那么就让她在这一段时间做数学作业，而其他较容易的事情或作业就放在其他时候完成。

第八章

掌握科学的学习方法，每个女孩都能获得好成绩

你的女儿对学习有兴趣吗？

她学习时会制订目标和计划吗？

她会带着“问号”学习吗？

她有融会贯通的能力吗？

……

如果你对这些问题并不能给出肯定的答案，那么就请仔细阅读本章，并把你学到的知识和技巧教给女儿吧！

兴趣是最好的老师——引导女孩爱上学习

芊萱7岁了，是一个活泼可爱的小女孩，但是她一点儿也不喜欢学习，妈妈给她买来好多童话书，她连看也不看一眼；每天放学回来，她要做的第一件事情就是看动画片。妈妈催她很多次，她才极不情愿地去做作业。为了让女儿能够认真地把作业做好，妈妈把其他事都放到一旁，专门陪在女儿身边监督她做作业。有妈妈在身旁监督，芊萱会装作很认真的样子写一会儿，但是等妈妈放松警惕的时候，她就开始摆弄自己的小刀、铅笔和文具盒了。因为没有学习兴趣，芊萱的学习成绩非常差，常常排在班里的倒数几名。妈妈常常无可奈何地说："人们都说女孩爱学习，可我女儿为什么就不喜欢学习呢？"

和男孩相比，女孩安静、听话、有耐心，也更热爱学习。但是并非每个女孩都这样，有些女孩不仅不爱学习，也不愿意安心地做作业。为什么会出现这样的情况呢？这和她们没有学习兴趣有关。

给女孩父母的建议

爱因斯坦说过："兴趣是最好的老师。"如果没有学习兴趣，那么女孩会把学习当成一种苦役，躲避还来不及，哪还会塌下心来安静地学习呢？所以，我们要试着培养女儿的学习兴趣，让她认识到学习的意义，只有这样，她才会爱上学习，才会主动去学习。那么，父母应该如何激发女儿的学习兴趣呢？

方法一：把强迫学习变成引导学习

很多女孩产生厌学情绪都是由于父母教育不当引起的。女孩的年龄还小，不知道学习的重要性，如果父母强迫她学习，很可能让她产生厌学情绪，甚至把学习当成一种苦役。这样的想法一旦形成，很难再唤起她学习的欲望，所以，我们千万不要用强迫的方式来让女儿学习。

当然，不强迫女儿学习并不等同于放任自流，我们还是要引导女儿学习的。在引导女儿学习方面，我们可以从以下三个方面入手：第一，尊重女儿的兴趣，多给她一些自由宽松的时间，让她自己去选择感兴趣、喜欢的东西；第二，每次学习时间不宜过长，学习任务也不要太重，否则会给女儿很大的压力；第三，当女儿取得进步的时候要适度表扬，这样可以提高她学习的积极性。

方法二：让女儿将兴趣与知识相结合

梦娜8岁了，最近，她开始学习怎样写日记。但是她总觉得没有东西可写，每次都是东拼西凑，应付了事。有一天，她正对着作文簿发愁，妈妈对她说：“你不是喜欢读郑渊洁的《皮皮鲁和鲁西西》吗？你可以在日记里面写一篇读后感啊。”梦娜听从了妈妈的建议，很快就把一篇日记写了出来。从那以后，每当梦娜觉得没有东西可写的时候，妈妈都会让她写自己最熟悉和最感兴趣的事情。经过妈妈一段时间的提示，梦娜再也不为写日记而头疼了。

我们都有这样一种经验：如果我们对某事物了解、充满兴趣，那么我们就愿意接触与之相关的事物。比如某个电视剧热播的时候，我们就愿意读原著小说。同样的道理，孩子也愿意接触和学习自己原本就熟悉、有兴趣的东西。但是并非每个科目都是他们熟悉和了解的，所以，父母要将孩子的原有兴趣和知识学习结合起来，培养和激发他们新的兴趣。比如孩子要学习自然、生物，父母可以告诉他们：在这些书上可以找出他们关心的“下雨为什么会打雷”“小猫睡觉为什么会打呼噜”的答案。这些都是孩子以前有兴趣和关心的东西，当它们和新学的知识发生了联系，孩子自然就愿意学习了。

方法三：让女儿来扮演老师的角色

一位妈妈这样谈到自己的育女经验：

我和老公都是博士毕业，自然希望7岁的女儿将来也能够成为社会上优秀的人才。我对她要求很严格，每天晚上，我都会检查女儿当天的学习情况，如果学习效果不理想，我就让她反复练习，直到学会为止。但是我们渐渐发现女儿对学习丧失了兴趣，甚至连学校都不想去了，每天早上赖在被窝里，要我们哄好久才不情不愿地爬起来。

发现这一点后，我们变换了一种教育方法。每天女儿放学回来，我不再检查她的学习情况，而是找来一块小黑板，对女儿亲切地说：“今天我们的宝贝女儿一定又学到了不少知识，能不能给妈妈讲一讲呢？”每当这个时候，女儿就会高兴地模仿自己最崇拜的王老师来给我“上课”，用小木棍指一个字读一下。用这样的方法，不仅激发了女儿的学习欲望，而且能够让我更好地掌握女儿的学习情况，然后再有针对性地对她进行指导。现在，女儿不仅喜欢上了学习，学习成绩也大大提高了。

可见，父母要想端正女儿的学习态度，就要让她对学习产生兴趣，只有这样，她才能成为一个热爱学习的人。

专家教你女孩怎么养

父母如何激发女儿的学习兴趣?

第一，父母要不断启发和引导女儿的求知欲，尤其是面对孩子的“为什么”，父母绝不要置之不理，而是积极鼓励和帮助孩子寻找答案。

第二，每天和女儿一起讨论她学习活动中有趣的事情，比如今天课堂上发生了什么有趣的事情、老师有没有提问你、作业多不多等，这会让孩子觉得校园生活很有趣、很愉快。

第三，实现女儿兴趣的转移。如果女儿喜欢打羽毛球，而对写作文很头疼，那你可以允许她在能完成作业、不影响学习的情况下打球，或者建议她把自己打得最精彩的一场球写下来，以提高她对写作的兴趣和能力，或者让她阅读并谈论一些关于打球经验的文章，以提高阅读能力和理解能力，实现兴趣转移。

督促女孩学习，不如教会她自学

学习知识就像捕鱼，父母必须让孩子自己掌握这门技术才可以，否则只会依赖父母或者在父母的督促下学习的孩子，很快就会失去主动学习的能力。

有一位妈妈曾忧虑地讲道：

我的女儿金金是一个小学二年级的学生，每天放学回家我都会一边做家务，一边督促她学习，只要一有空闲，我就盯着她做作业。我们把所有的希望都放在她身上，所以放学后不希望她出去疯玩儿，也很少让她看电视，网络之类的就更不让她接触，每天上床睡觉前，我都要逼着她读书。但孩子一点儿也不领情，还说我是一个坏妈妈，不让她出去玩儿，也不让她看动画片，甚至还说讨厌我……

其实，逼迫和过度监督女儿学习并不能收到父母想要的效果，反而会让女儿产生厌学情绪。上文中的妈妈首先要做的就是不要让自己的眼睛一直盯着女儿，而是给她自由的空间，给她一个相对轻松的学习环境。孩子要看电视的时候，妈妈可以对她说："宝贝，等你完成作业的时候，你要看的动画片妈妈在电脑上给你播放，好不好？"

父母只有发挥女儿的主观能动性，让她自己爱上学习，并主动学习，才能把知识记得更牢、学习效果更好。

给女孩父母的建议

很多父母都在苦恼，如何才能让女儿拥有独立自主的学习能力并出色地完成学习任务呢？以下方法供父母参考：

方法一：适当向依赖性强的女孩"示弱"

馨雅7岁了，是一个依赖性非常强的小女孩。每次做作业，她都要求妈妈坐在她身边辅导她，等作业做完的时候，还会让妈妈帮她检查一遍。虽然她的作业完成得很好，但是每次考试成绩都很差。

后来妈妈发现了她成绩差的原因，决定改变这种情况。当馨雅再要求妈妈辅导她的时候，妈妈会装作看一会儿题目，然后皱着眉头说："你这些习题太难了，妈妈根本做不出来。"馨雅没了办法，只好自己独自去做。虽然她的作业不如之前完成得好了，但是她的学习成绩提高了很多。

对于学习上依赖性很强的女孩，父母要学会"示弱"，"逼"她去独立学习。当然，父母在拒绝帮助她的时候不能用粗暴的态度，而要表现出自己真的是爱莫能助，并且对她进行鼓励。当她失去依靠的时候，才会竭尽全力去学习，从而养成独立学习的好习惯。

方法二：不要做孩子的家庭老师

很多父母喜欢在女儿学习的时候充当她的家庭老师，不是陪着孩子做作业，就是在孩子完成作业之后帮忙检查作业。但父母或许不知道，正是自己的这种行为导致女儿做作业越来越马虎、出错率越来越高、成绩越来越差，逐渐失去了自主学习的兴趣和能力。

嫣然是一个非常聪明的女孩，自从上学后，她的学习成绩一直很优秀，但是，在最近的一次考试中，她竟然不及格，这让她的班主任感到很奇怪，于是下课后特意把她找来谈话：嫣然在老师的引导下，终于说出了心里话：“老师，其实每天晚上做作业的时候，我都想快点儿做完，因为只有完成了作业我才能上网、看动画片、读故事书。”

老师不解地问她：“那你不怕作业出错吗？”

“不怕。因为妈妈每天都会检查我的作业，一发现错误就让我改正了。”嫣然骄傲地说。

“那要是你遇到不会或者特别难的题目怎么办？”

“我都不用想，只要告诉妈妈，她就会给我讲。”

“妈妈给你讲过后，再遇到类似的题目你还会做吗？”

“只要有妈妈在一旁提醒，我就能做出来。但要是妈妈不在身边我就惨了，这次就是这样，很多题目我都熟悉，但就是想不起来怎么回答。”

每对父母都是以“为孩子好”为出发点的，但是有时这样做可能会给孩子带来负面影响，不但让她变得对父母依赖性强、做作业粗心大意、不认真思考问题，更会进一步养成她做事不认真、不负责任的坏习惯。

因此，父母不要做孩子的家庭老师，不要那么尽职尽责地去陪着孩子学习、帮她检查作业、挑毛病，而是要让她自己当自己的家庭老师，学会认真对待学业，遇到难题自己思考解决，这样她才能凡事靠自己，学习也才会更顺利。

专家教你女孩怎么养

父母怎样利用女儿的课余时间来培养她的自学能力?

第一，教会女儿使用字典等工具书。

第二，让她学会如何使用学习的辅助材料。

第三，引导她读书，并写下读书笔记。

第四，给她找一位良师，指导她如何学习，帮助她区分学习的主次。

第五，给她找学习的伙伴，让她在互相比较和互相促进中学习。

学习有计划，成绩不会差

中国有句古话：“凡事预则立，不预则废。”大意是人们无论做什么事情，如果先有了计划和准备，那往往会取得好的效果，否则就有可能失败。父母对待女儿的学习也是一样，一定要帮助她制订一个学习计划，因为制订学习计划并认真地执行计划，不但能提高她的学习成绩，而且会使她更加全面地发展。

不过，生活中，我们常常会听到父母这样抱怨：

“我女儿放学后就出去玩儿，天不黑不回家，作业常常丢在一边。”

“我家妞妞一回家就看故事书、看动画片，你让她做作业，她就磨磨蹭蹭地不去。”

“这孩子整天不是听音乐，就是听广播，大晚上也不睡觉，常常是作业做不完，第二天去学校抄同学的，我拿她真没办法。”

父母真的没有办法来应对女儿的这些情况吗？当然不是，帮助女儿制订学习计划就是最好的解决方式。

为了不让女儿虚度学习时间，父母可以从两方面为女儿制订学习计划，一个是常规学习时间，一个是自由学习时间。

常规学习时间就是按学校规定的学习时间，这段时间父母要督促和引导女儿完成老师当天布置的学习任务，消化当天所学的知识；而自由学习时间就是除完成老师布置的学习任务以外的归自己支配的学习时间，这段时间父母可以帮助女儿制订一个学习计划，比如用半小时来温习当天的课程、阅读课外书籍、做自己喜欢的手工等，主要用来提升女儿的优势和特长。

给女孩父母的建议

计划是女孩实现学习目标的蓝图，每个女孩都应该有自己的学习目标，而实现目标，需要脚踏实地、有步骤地完成，于是时间和任务的科学结合就诞生了计划。父母要想帮助女儿实现她的学习目标，就要从旁协助她制订计划并努力实现它，这样才会离成功的目标越来越近。

方法一：帮助女儿合理安排各科时间

北北刚刚上初一，是一个学习很努力的女孩。她非常喜欢语文，所以只要有时间她都会看书、背诗，很自然地她的语文成绩非常好，第一次期中考试的时候就取得了全年级第一的好成绩。但是相对于她出色的语文成绩来说，她的英语和数学成绩就有些惨不忍睹，英语平均成绩只有65分，数学一直徘徊在70分左右。

北北的妈妈忧虑地说："这孩子并不是上了初中才这样的，在小学的时候，她就把大量的时间用在学习语文上，而对于英语和数学，除了上课听老师讲解，下课做完作业之外，她就再也不碰它们了。虽然我说了她很多次，但她就是改不过来，我也不知道用什么办法才能够帮助她把其他科目的成绩提高上去。"

现实中，女孩往往会因为个人差异、对老师的偏爱、对学科的偏爱或者学习时间紧张等因素导致她各科学习出现不均衡的现象。这时，父母一定要帮助女儿规划和安排各科的学习时间，并根据具体情况进行合理统筹规划。

故事中的那位妈妈可以选择在不影响女儿学习语文兴趣的前提下，告诉她可以在课余时间把学习语文的时段分给数学和英语，比如放学后用一小时学习数学，用半小时学习英语，还有上课时注意听讲和记课堂笔记，下课后要及时温习老师刚刚讲过的内容。

方法二：提高女儿的计划执行力

淘淘上三年级，在妈妈的帮助下，她自己制订了学习计划。

在计划执行的前两天，她的精神头非常足，每天晚上不用妈妈催，自己就会很快把计划完成，然后向妈妈炫耀说："妈妈，你看，我今天的计划完成得可快了！"然而到第三天，淘淘的新鲜劲儿就完全消失了，不仅复习、预习的步骤省略了，就连做作业都拖拖拉拉，每天晚上非要熬夜到很晚。

淘淘妈妈觉得这样下去也不是办法，于是，左思右想终于想到了一个好办法，就是和女儿约定，每天她做作业的时间只有一小时。于是，晚上女儿做作业时，妈妈把闹钟上好后就去忙自己的事情，而淘淘则是一边玩儿一边做，妈妈也不提醒她。结果一小时一到，闹钟就响了起来，这时女儿大声地嚷道："时间怎么过得这么快啊，我还有两道题没有做完呢。"说完就冲妈妈投去了求助的眼神，但是妈妈装作没看到，毫不犹豫地对她说："时间到了，你不要做了，马上去睡觉吧。"

第二天，妈妈偷偷把女儿没做完作业的原因告诉了老师，老师也非常支持淘淘妈妈这样的做法，当然，老师也批评了没做完作业的淘淘。这天晚上，妈妈又给淘淘上好了闹钟，淘淘一开始做作业就很抓紧时间，效率明显提高，而且不到一小时就把所有的作业都做完了，剩下的时间她用来预习和复习。从此之后，淘淘的学习计划就一直执行了下去。

一个闹钟就解决了女儿做作业拖拉的坏习惯，我们不得不佩服这位妈妈的巧妙想法，她的这种育女经验很值得其他父母学习和借鉴。

其实，每个孩子都有自己的学习计划，可为什么有的孩子能够很快很好地完成自己的计划，而有的孩子却不能呢？这中间最大的原因就在于她是否认真地去执行这一学习计划，是否具有计划的执行力，因此，父母和老师要紧密配合，提高孩子的计划执行力。

专家教你女孩怎么养

父母如何应对女儿盲目、无计划的学习状况？

第一，根据女儿的身体状态，确定她每天的学习时间。

第二，总结女儿考试中犯错误的规律，制订中、长期学习计划。

第三，根据女儿学习的漏洞，比如偏科、拖延作业、爱抄别人作业等，帮助她制订相应的学习计划。

第四，帮助女儿确定学习目标，要求此目标具有适当、具体、准确的特点。

鼓励女孩带着“问号”去学习

问题是思维的起点，女孩在学习中如果没有带着问题出发，那么她的思维就会变成无源之水、无本之木；同时，问题也是创造的前提，世界上一切发明创造都是从问题开始的，所以，无论是在生活中还是在学习中，父母都要鼓励女儿带着“问号”去学习。

有一天，妈妈骑着电动车带着女儿去给奶奶过生日，谁知走到半路的时候，电动车突然停了下来，女儿着急地问：“妈妈，车子怎么不动了？”

妈妈甲说：“宝贝，不用着急，电动车不动是因为没有电池了，只要再充好电它就能动了。”

妈妈乙说：“车子怎么不动了呢？宝贝自己想想是什么原因啊？”

生活中很小的事情都能引起女孩的好奇心和求知欲，这时正是让女儿思考的好时机。

如果女孩经常思考，并通过父母的启发，在思考中获得新的知识，那么女孩就会养成爱动脑筋的好习惯。

给女孩父母的建议

文学家巴尔扎克说过：“打开一切科学的钥匙毫无异议的是问号。”因此，父母要让女儿带着“问号”前行，让她真正成为学习中的探究者，去主动提出问题、解决问题。

方法一：每天早晨问女儿一个“为什么”

一位妈妈曾这样讲到自己的育女经验：

女儿刚上小学二年级，别看她年龄小，懂的知识已经非常多了，就连她的老师都称赞她像一个小型的“百科全书”，邻居也都夸她聪明伶俐、知道的东西多，是一个小神童。

每次出去，邻居都要问我怎么教育出这么聪明的女儿，还说我生了一个有天赋的孩子。其实，女儿并不是神童，而是我每天早晨的那一个“为什么”起到了重要作用。

比如，一天清晨外面下着淅淅沥沥的小雨，我就问女儿：“你说为什么天空会下雨呢？”

女儿想了一会儿，说道：“妈妈，是不是天空哭了，下雨就是它在流泪啊？”

这个答案说明女儿很有想象力，接着我又引导她说：“天空流泪会下雨，还有什么时候会下雨呢……”

这是一个智慧的妈妈，她巧妙地利用生活中最常见的自然现象去引起女儿心中的“问号”，并适时引导女儿自己去寻找答案。父母就是要在平时的生活中随时为孩子创造一个思考的情境，让孩子在这种情境中学会思考。

方法二：对女儿给出的答案进行再提问

一天，老师让两个5岁半的孩子算一道简单的数学题：3+4=？两个孩子均能写出正确的答案“7”。父母均给两个孩子打上一个“√”，并表扬她们做得很好。

接下来，老师让这两个孩子讲讲3+4=7是怎么计算出来的：

孩子甲说：“因为7可以分成3和4，所以3+4等于7。”

孩子乙说：“3块糖和4块糖，一共7块糖。”

衡量一个女孩心理的发展，父母不能仅仅满足于解题的结果，更应关注女孩解题的过程和策略，因此，父母可以就孩子给出的答案问一些问题：

你是用什么方法来解答的？

还有别的方法吗？

对这个问题来说，哪种方法更好一些？

专家教你女孩怎么养

父母如何让女儿善于提问、敢于反问?

第一，为女儿创造宽松的学习环境，激励她大胆提问。

第二，展现问题情境，引导女儿发现问题。

第三，在学习过程中，鼓励女儿提问。可采用三种提问方式，即利用好胜心，鼓励考查性提问；利用求知欲，鼓励质疑性提问；激发灵感，鼓励独创性提问。

第四，培养女儿勤于思考的习惯，让“问号”常在头脑中出现。

培养女孩融会贯通的能力

生活中，我们时常会听到有的父母这样说：“我的女儿平时学习很勤奋，但成绩怎么也上不去。我给她请家教，让她上补习班，虽然花了很多精力夯实了基础知识，但一到考试，这孩子总感觉反应慢、思路狭窄。”

为什么努力学习的孩子考试时会觉得举步维艰呢?

维维是一个很爱学习的女孩，她的各科成绩很均匀，但都不是很突出，现在在一所普通初中上学。自从上了初中之后，维维学习更加努力了，中午大家午休时，她在学习；晚上人们已经进入梦乡了，她还坐在书桌前温习功课，有时妈妈催促她休息，她都没有动。维维几乎把所有的时间都用在了学习上，可她的成绩却节节后退，而且幅度很大，刚进班级是全班前 10 名，第一次期中考试竟退到了 20 名以外。看到那些平时没有她学习努力的同学考的成绩比自己好，维维心里非常不是滋味，并且渐渐对学习失去了兴趣，也变得越来越没有自信。维维的父母是看在眼里愁在心里，可就是不知道怎么办。

维维的这种学习情况，就是我们常说的“死读书，读死书”，孩子虽然基础知识比较扎实，但平时学习不灵活，才导致考试中灵活应用的题目失分过多。当父母遇到女儿出现这样的情况时，不仅要让女儿学好学科知识，更重要的是要加强她的思维能力的训练。

给女孩父母的建议

出色的思维能力有助于发展女孩的智力，并提高她的学习效率，所以，父母不要只是一味地帮助孩子寻找一些具体的学习方法，而忽略了对孩子思维能力的锻炼和良好思维品质的提高，这很容易导致孩子自主学习能力下降。

方法一：鼓励女儿积极主动参与学习活动各个环节

培养女儿的思维能力，首先就要让她学好基础知识、练好基本功，因为这是发展思维能力的基础，然后在此基础上鼓励她积极参与听讲、提问、做作业、讨论等过程，让她将所学的知识通过学习活动过程的参与达到融会贯通，以便能够将所学的知识综合运用，发展她良好的思维品质。

悠悠是一个很爱学习的小女孩，她的爸爸妈妈平时除了引导她学习基础知识之外，还一直锻炼她的思维能力。

有一天，悠悠放学回家之后，很乖地坐在书桌前做数学作业。女儿这么听话和爱学习，爸爸很欣慰，于是他好奇地走到女儿的面前去看。因为女儿刚刚上小学二年级，数学题目在大人看来都是十分简单的，但是不一会儿爸爸就发现了一个问题：悠悠在写数学题的时候，不假思索地就写上了答案。

爸爸问她：“悠悠，2 乘以 3 等于 6 是怎么来的，你知道吗？”

悠悠自豪地说：“爸爸，乘法表我早就背熟了，不用老师教，我就知道答案。”

“那你能告诉爸爸 2 乘以 3 为什么等于 6 吗？”

悠悠一脸不解地说：“2 乘以 3 当然是等于 6 了，乘法表上就是这样的。”

于是，爸爸引导她说：“悠悠，你看这里有 6 块糖，你能用它给爸爸讲解一下 2 乘以 3 吗？”

悠悠盯着桌上的糖想了想，突然小脸发亮地说：“爸爸，你看，把 6 块糖分成 3 小组，一组有 2 块糖，这样 2 块糖乘以 3 小组，不就是 6 块糖了。”

爸爸赞许地点点头，这时悠悠又兴奋地说：“爸爸，还有一种方法，把 6 块糖分成 2 小组，每组 3 块糖，这样也行，呵呵！”

“悠悠真是一个爱思考的好孩子，以后也要这样学习啊！”

方法二：肯定女儿学习中的异想天开

洛洛是一名小学二年级的学生，有一天，数学老师把洛洛的妈妈请到办公室，对她说："洛洛是一个很聪明的小女孩，但是她的想法实在是有点儿怪。现在我们班数学教学正在进入直式运算阶段，学生们都能按照老师的要求，从低位向高位顺序运算，唯独你们家洛洛别出心裁地从高位到低位进行逆向运算。上课的时候，我已经说过她很多次，但是这孩子还是一意孤行，所以，希望你们做父母的能够好好劝一下孩子。"

妈妈回到家盘问，洛洛振振有词地说："左边算到右边是我想出来的窍门。"听女儿这样一说，妈妈马上意识到女儿虽然违背数学规律进行运算，但却表现出一种萌芽状态的独创精神。于是妈妈在对她的"找窍门"给予充分肯定之后，循循善诱地告诉她，对自己周围的事物要多方位地观察，对思维结果还需要科学验证，而验证的标准就是看它的实际效果，然后妈妈再和女儿一起分析逆向运算的弊端。最后，洛洛终于心服口服地忍痛割"爱"了。

女孩在成长和学习过程中，伴随着自主意识的增强，她的脑海中会出现越来越多异想天开的想法和做法，此时父母要做的就是先肯定女儿的这种行为，然后鼓励她说出自己这样做的理由，并且加以验证，要让她自己去认识到对与不对的地方，父母不要强行让她一味服从和依赖，这样她的思路才会打开。

专家教你女孩怎么养

父母如何提高女儿的思维能力？

第一，多让女儿自己分析问题，无论什么时候父母都不要代替女儿思考，更不要在她做错事时一味斥责，可以让她自己想一想什么地方做错了，为什么做错了，应该怎么做。

第二，父母要经常多用疑问句问女儿，使她养成独立思考的习惯。如果女儿不能立刻回答出来，父母不要着急，要耐心地引导、启发她。

第三，在日常生活和游戏中，无论遇到什么困难，父母首先应该问女儿："你该怎么办？""你有什么好办法？"

预习——女孩学习优秀的钥匙

“你每天上课前都预习课本吗？”这是老师经常会问学生的一句话，但得到的答案有时是令人失望的，十个学生有九个学生都会说：“没有预习。”因为他们认为课前预习没有必要，反正老师上课时要讲，上课用心听就行了，预习是多此一举。

其实，课前预习对学生来说非常重要，尤其是女孩。因为进入青春期之后的大多数女孩，她们的学习成绩没有男孩进步快，而课前预习是帮助她们提高学习效率和学习成绩，掌握知识的最佳方法之一。

9岁的彤彤上课时从不看课本，只是专心听老师讲课，但她每次的考试成绩都比那些认真做课堂笔记的同学要好得多，这让老师和同学都觉得十分奇怪。

有一天，老师到彤彤家里去家访，通过和彤彤爸爸的谈话，才发现这其中的秘密。原来，在彤彤上幼儿园的时候，彤彤的父母就一直对她强调预习的重要性，并指导她正确预习，所以现在彤彤已经养成了课前预习的好习惯。

正是因为每次课前都预习，所以彤彤上课时才不像其他同学那样一边看课本一边听老师讲课，还得把老师讲课的内容都记下来，而是抬起头一心一意地听老师讲课，同时，她的脑海中还会不断浮现出自己已经学过的内容。这样一堂课听下来，老师讲解的内容她就基本掌握了。放学回到家再看一下课本，她就完全牢记和掌握这一天所学的内容了。这也是她每次都考这么好的主要原因。

预习是一种非常好的学习方法，它是女孩学会独立学习的关键，如果她能够在课前做好预习工作，那么她便能学会自己摸索、自己动脑、自己理解，逐渐培养起自我学习的能力，学到的知识也不会轻易忘记。

有效的预习不但能够帮助女孩强化学习动机，提高自身学习的积极性，而且通过初步的探索，对课本中哪些地方已学懂，哪些地方还不会，心中已经有数，在听老师讲课的时候，自己不懂的地方就会更加用心听，女孩这样带着问题上课，就会在学习中变被动为主动，极大地提高听课效率。

给女孩父母的建议

预习对女孩提高学习效率、学习知识很重要，但父母不应盲目地强制她去预习，因为只有科学、有效的预习方法才能真正对孩子的学习起到重要作用，所以父母要做的不但是养成女儿预习的好习惯，而且要帮助她找到好的预习方法。

方法一：用一些巧妙的方法让女儿对预习感兴趣

生活中，即使是那些安静又听话的女孩，面对父母盲目地给她讲预习的重要性，也会感觉到厌烦。其实，只要父母稍微用一些巧妙的方法，就可以让女儿愉快地听从你的建议。

可馨就要上小学一年级了，为了让女儿养成课前预习的好习惯，爸爸对女儿说：“宝贝，爸爸和你玩一个有意思的游戏好不好？”

可馨平时就很喜欢和爸爸玩游戏，所以马上兴奋地说：“好啊，爸爸说的是什么游戏啊？”

只见爸爸拿出了一本书对可馨说：“爸爸今天听你们老师说，你最喜欢做数学题，现在爸爸要考考你。”一听是考自己最拿手的数学题，可馨挺起小胸脯大声说：“好呀，怎么考呀？”

爸爸说：“我手里的书是一本小学生看的书，不知道我们的可馨有没有这个水平，能不能看懂这本书？”

可馨好奇地接过爸爸手中的书一看，竟然是小学数学课本，于是顺手翻看了起来，没想到里面的内容还真吸引了可馨的注意力。

这时，一直在旁观看的妈妈说：“这样吧，宝贝，你每天只看两页就可以了，看完后，爸爸再给你出几道难题，非把你难住不可。”

可馨不服气地说：“我才不怕呢，爸爸，我们比比看吧。”

后来，可馨渐渐养成了预习的好习惯，而她的数学成绩也一直是班级第一名。

父母刚开始引导女儿预习时，千万不要给她太多的任务量，而且最好选择她比较薄弱的科目进行，在有了一定的预习经验之后，假如时间允许，再加大任务量或者对其他科目进行预习。

方法二：教给女儿科学的预习方法

女孩在预习过程中肯定会遇到各种各样的问题，这时，父母就需要做好孩子的“军师”，教给她一些科学的预习方法：

（1）预习时要读、思、问、记同步进行。可先让孩子通读全文，边读边画出生字和新词语，遇到不懂的就在旁边打上问号。

（2）刚开始预习时，可让女儿先选一两门自己学起来很费劲儿的科目进行预习试点，等到取得经验后，在时间允许的条件下再增加其他科目的预习。

（3）预习应在当天作业做完之后再进行，切不可当天的学习任务还未完成就忙着预习，打乱了正常的学习秩序。

（4）父母还可建议女儿制作一套预习符号，比如“？”表示疑问，“——”表示不明白，“（）”表示不懂的词语等。

专家教你女孩怎么养

父母如何提高女儿的预习能力？

第一，边看边想。预习时，要看、思、记一体，坚持把书看完，并对不理解的问题进行分析。

第二，查找阅读有关的学习资料，如教科书、参考书、工具书等都要放在自己随手就能找得到的地方，把自己理解不透或遗忘了的知识认真看一看，复习一下，直到理解为止。

第三，再看再想。时间允许的情况下，可以回过头来再看书，如果还是有不懂的问题，可以标记下来，等上课时听老师讲解。

第四，回想一遍。把书合上，然后想一想：这节课讲了哪几个问题，主要思路是什么，还有哪几个问题不清楚等。

第五，适当做点儿预习笔记和课文后面的习题，来检查一下自己预习的效果，这样也有助于加深对知识的理解。

重视复习——让女孩把知识掌握得更牢

人们常说：“一遍生，两遍熟，三遍就成老师傅。”这句话在学习上就是指复习，而复习是使女孩保持优异成绩的制胜法宝，因为温故才能知新，才能进步。

生活中大量事实证明，一个善于复习的女孩，她学到的知识往往会比那些不复习的人更多、更深刻，取得的成绩也会更优秀。

凌薇刚上初中的时候就开始住校了，她们宿舍一共住了4个女孩。而凌薇是她们宿舍、也是全班同学中学习最好的一个。和她同住在一个宿舍的姐妹都很纳闷：“我们每天和凌薇一块儿起床、上课、下课，为什么她的学习成绩就比我们好那么多呢？而且她回到宿舍后就休息了，学习时间比我们还要少，难道这就是学习上有天赋？”

在一次学习经验交流的班会上，那些女孩心中的疑团终于解开了。原来，凌薇成绩之所以每次都这么优秀，关键就在于她晚上的“睡觉”。当同宿舍的其他女孩都在兴奋地聊天时，凌薇便早早地躺在床上休息了，当大家以为她已经睡着了的时候，其实她的大脑正在回忆这一天所学的内容，当然在这样的“回忆式复习”中她会发现很多问题和疑惑，但是她并不急于解决这些问题，而是等回忆结束之后，拿着书本再看两眼。这样，一天所学的内容就都被她消化、吸收了，也直到这时她才会放松身心美美地睡上一觉。

凌薇采用了非常好的复习方法，既没有浪费太多的精力，又巩固了当天所学的知识，自然她的学习成绩也会遥遥领先。

给女孩父母的建议

复习在学习中起着巩固、强化知识的作用，是掌握知识的一个重要环节。在孩子的学习过程中，只有经常复习学过的知识，才能牢记在心中，也才能在考试中取得好成绩。

方法一：教会女儿和人的遗忘曲线做斗争

可心刚学习英语的时候，她认为自己很聪明、记忆力又好，老师讲一遍她就能记住了，所以课后她从不复习。

一次英语测验结束后，可心沮丧地拿着56分的试卷回家了，妈妈一看女儿无精打采的样子，就猜出是怎么回事了。但她没有批评女儿，而是耐心地给她讲道理："女儿，你知道你的英语为什么不及格吗？"

"不知道。"

"因为你没有喂饱它啊！"可心妈妈认真地说。

"妈妈，英语也要吃饭吗？"可心不解地问。

妈妈耐心地给她讲解说："女儿，学英语就像吃饭一样，到了一定时间会饿的，你看，早上你吃饭后，中午肚子就空了，需要吃中午饭，才不会饿，这是人的进食规律。学英语也是这样，因为我们脑子里的东西过一段时间就会忘记了，就像肚子空了一样，这时，你要再复习功课，慢慢地你就会记牢知识了。"

可心仔细想了想，认为妈妈说的非常有道理，然后想通了似的大声说："妈妈，我知道了，就像我每天都吃饭才能长大一样，也要每天复习功课，这样我脑子里的知识才会越来越多，越来越牢固，对不对？"

"对，可心真是一个聪明的孩子。"

从这之后，可心养成了每天晚上复习的好习惯，她说要按时给她的英语"喂饭"，接着是数学、语文。一段时间之后，可心的成绩突飞猛进，期末考试的时候拿到了全班第三名的好成绩。

假如女儿不喜欢复习，你不妨把遗忘规律用形象的语言讲给她听，让她明白复习的重要性。

当然，父母引导女儿去复习，不能操之过急，更不能复习的时间过长，这会使她对复习产生厌倦情绪；父母还要对女儿复习的时间进行合理安排，做到有侧重点和难点问题，然后要文理科交叉复习，这样有张有弛，才能提高孩子的复习效率。

方法二：帮助女儿选择恰当的复习方法

根据人们的遗忘规律，对于刚学过的东西，女孩总是一开始忘得快，过一段时间就逐渐减慢，所以当女儿记忆或学习了新内容之后，应该让她在当天或第二天抓紧一切可以利用的时间和机会复习，避免知识很快被遗忘，这就是有效的及时复习。

除了及时复习外，还有一种分散复习方法：你可以让女儿每次复习 20 分钟，中间休息之后再复习，这样她便不会疲劳，复习的效果也会更好。

第三种复习方法是多种方式复习法，包括阅读、背诵、抄写、做各种各样的练习以及动手操作等。

至于女孩在复习过程中具体采用哪种复习方法，应该根据其不同偏好进行选择。比如有的女孩偏好视觉记忆，复习时就可以默读为主；有的女孩偏好朗读记忆，复习时就可让她大声朗读。

专家教你女孩怎么养

父母如何提高女儿的复习能力?

第一，空想法，就是让女儿不看课本，回想看过的内容；或看课本的大纲，填充细节。

第二，列出形象的提纲和图表，这样可以促进女儿复习的条理化和系统化。

第三，巧妙运用“三轮复习法”。第一轮让女儿复习时要全面阅读教材，查漏补缺，彻底扫除知识结构中理解上的障碍；第二轮要让她明确重点、难点；第三轮主要是进行检验复习和查漏补缺的强化记忆。

第九章

家有“问题女孩”，正确引导是关键

我的女儿自卑怎么办？

我的女儿虚荣怎么办？

我的女儿没有时间观念怎么办？

我的女儿贪玩儿怎么办？

……

作为父母的你是不是一直被这些问题所困扰，不知道如何引导女儿改正错误？那么，请放下你心中的忧虑，在本章中寻找答案吧！

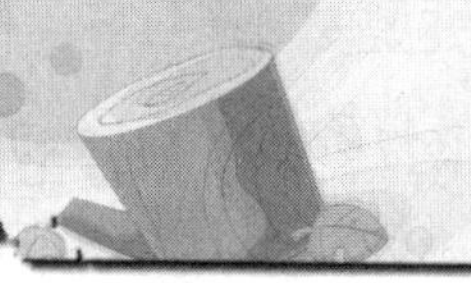

让女孩远离自卑

一个总是弯着腰、低着头走路的女孩，她的骨骼必然会变得弯曲；一个自卑的女孩，在生活和学习中抬不起头来，会给她的健康成长带来不利影响。

曾经有人就中小学生的自卑心理进行过一次调查，结果显示，孩子的负面评价80%来自父母，因此，父母要想改变女儿的自卑心理，就必须先改变自己对待孩子的方式，不能再用传统的批评方式去伤害女儿的自尊心和自信心，而是要多鼓励、肯定和支持女儿，让她早日走出自卑的泥沼。

给女孩父母的建议

自卑的危害不可轻视，如果不把自卑清除在萌芽状态，它很容易像毒草一样危害女孩的身心健康。因此，父母必须帮助女儿远离自卑，找到自信。

方法一：善于发现女儿的闪光点，及时予以鼓励和肯定

每个女孩都有长处和优点，也都有短处和缺点。作为父母，在生活中要善于发现孩子的优点和进步，并不失时机地给予肯定，这样会极大增强孩子的自信心，让她逐渐克服自卑心理。

有一个自卑的小女孩在日记中这样写道：

最近我越来越觉得自己是全班最自卑的人。我不知道怎样才能讲清我此时的心情，我感到非常痛苦，而这一切都是因为我没有美丽的容貌和动听的声音，这就是我自卑的根源。

在班上，无论是男同学还是女同学都用一种轻视的眼光看我。今天，因为我语文作文写得好，老师不但表扬了我，还让我在班上朗读作文，刚开始读一小段，下面就有人窃窃私语地说些难听的话，什么“这个作文是她写的吗”“我看是别人帮她写的吧”……

还有一次，我拾金不昧，做了好事不留名，后来失主通过其他渠道将感谢信送到学校，我受到学校表彰，上台领奖时，下面却有同学说道：“她怎么也能上台领奖，为什么这样的好事都给她遇上。”听到这里，我难过地哭了，为什么我就不能像别人一样地生活，难道我低人一等吗？

女孩的控诉正是她自卑的体现，而根源在于“理想我”与“实际我”之间的严重失调。她希望自己成为出类拔萃的好学生，成为同学间受欢迎的人，但因为她的外形不好和同学的负面评价，导致她自信心急速下降，甚至否定自己。

这时，父母要及时帮助女儿把不良情绪发泄出去，并对她的痛苦表现出同情和理解；父母还要让女儿把比较的视野从别人身上转向自己，告诉她相貌不代表一切，心灵美才是最重要的；注意观察女儿的一言一行，只要发现她取得一点儿进步或做了好事，就要及时给予表扬；帮助她找到自己的强项，并常给予鼓励和夸奖，让她明白，她一直非常优秀。

方法二：不要给女儿滥贴标签

平时，我们总会听到有些父母这样说，“我家的孩子爱发脾气”“我女儿学习起来很马虎”“这丫头没出息、太任性”“这孩子真是个窝囊废”等，这些挫伤孩子自尊心的灰色标签，就像粘在墙上的双面胶，即使有一天你小心翼翼地从墙上撕下来，不管你的动作多么正确、谨慎，但墙上总会留下印痕。

教育女孩也是一样，不管你的孩子表现如何，你都不能随便给她贴上负面判断的标签，如果伤害已经造成，你要如何弥补呢？首先，请你给孩子一个道歉的拥抱，然后用真诚的语言表达自己的歉意，并对孩子表示欣赏和肯定；其次，要把贬低孩子的词语换成它的反义词，比如把“胆小”换成“大胆些”“勇敢点儿”等；最后，当孩子改正自己的缺点时，给她肯定和赞扬的掌声。

方法三：帮助女儿洗刷掉心中失败的阴影

欢馨9岁了，她最大的爱好就是画画，但是她不太喜欢和人交流，也不自信，有时，一点儿小打击就能让她郁闷好几天。有一天，学校组织绘画比赛，欢馨准备了自己最得意的一幅画交了上去，结果连个优秀奖也没有拿到。回到家之后，她就把自己关在房间里哭了起来。

爸爸问她是怎么回事，她就是不说，嘴里只是说：“我以后再也不画画了！”于是，爸爸就打电话给她的班主任，了解事情的前因后果。

再次回到女儿房间的时候，欢馨爸爸没有继续询问女儿哭泣的原因，而是笑着逗她说：“女儿，你最喜欢的动画片开始了，今天爸爸和你一起看，赶快走！”欢馨平时最喜欢的就是和爸爸一起看电视，所以，她从自己房间走了出来。看动画片的时候，爸爸一直逗女儿笑，很快，欢馨就忘记了比赛失利的事情。

周末的时候，爸爸又带着欢馨去大自然中写生，让她注意观察花草树木的颜色、形状，然后画下来，并在她完成时，给予最贴切、最真诚的赞美。没过多久，欢馨就忘记了绘画比赛失败的事情，又信心百倍地拿起了画笔。

在女孩的成长过程中，肯定会遇到挫折和失败，而这时克服自卑，保持自信就显得尤为重要。此时，父母需要及时洗刷掉女儿心中失败的阴影，让她重拾信心。洗刷掉失败阴影的方法较常见的有两种：一是父母要帮助女儿将失败当作学习的机会，认真分析失败的原因，从失败中学习和吸取教训，总结经验；二是彻底遗忘，就是要帮助女儿有意将那些不愉快的、痛苦的事情彻底忘记。

专家教你女孩怎么养

父母如何纠正女儿的自卑心理？

第一，改变形象法。父母对有自卑心理的女儿应特别注意教育她改变形象：穿整洁大方的服装，走路昂首阔步，与人交谈爽快等。

第二，语言暗示法。平时父母可以有意识地用“你真聪明”“你一定行”“非常好”之类的积极语言为女儿打气。

第三，预演胜利法。每当女儿遇到困难或不敢接受挑战时，父母可建议她在头脑中想象完成任务时的胜利情景。

第四，发挥长处法。在生活、学习中，父母要善于发现女儿的长处和优势，并为她提供发挥长处的机会和条件，如果女儿爱跳舞，就为她报一个舞蹈班等。

远离虚荣——让女孩懂得真善美

从心理学角度来说，虚荣是一种被扭曲了的自尊心，主要是由家庭原因造成的。现代家庭中，父母对女儿的无节制娇宠和溺爱，很容易养成其虚荣、攀比的心态，导致孩子的欲望无限地膨胀。

有一天，三年级学生娅楠一回到家，就掏出自己的成绩册对家人说："爸爸妈妈，我语文考了89分，数学考了88分！"父母都很吃惊，因为娅楠平时语文和数学成绩一直在70分左右徘徊，在班级的成绩处于中下等水平，怎么进步这么快？第二天，妈妈送娅楠去上学，顺便向她的班主任询问了成绩的事情，结果，一问之下才知道，原来娅楠涂改了成绩册，把"69"和"68"分别改成了"89"和"88"，而且娅楠经常对别人说："我身上穿的都是名牌，吃的都是电视广告里推荐的食物，学习成绩也一直名列前茅！"

女孩这么小竟然为了死要面子而弄虚作假，这不得不引起父母的警惕和反思。女孩因为在儿童时期自我认识能力差，不能客观评价自己，很多时候会过高评价自己，再加上成人教育方法不当，很多父母一味对女儿"吹高""捧高"，花大价钱给她买高档的衣服玩具，让她在过于安逸、顺遂的家庭环境中成长，进而造成她爱慕虚荣，有时甚至会变得嫉妒成性、冷酷无情，而这样的一个女孩是无法获得真正的成就感和幸福感的。

给女孩父母的建议

虚荣心强的女孩在成长中经常会出现各种问题，如为了满足其虚荣心而经常说谎，不认真学习，情绪不稳定，缺乏意志力等。虚荣心强对女孩来说无疑是一种可怕的坏习惯，父母应采取必要的方法加以纠正。

方法一：引导女儿改掉炫富的毛病

炫富是一种不良心态，更是一种不自信的张扬。爱炫富的女孩往往是想显示自己比别人优越，这本身就是一种不平等的心态，是对他人的傲慢，而这也对孩子的心理健康会造成不良影响，容易让孩子变得冷漠、自私、缺乏同情心、不懂得感恩和宽容等，因此，父母必须适时引导女儿克服炫富心理，身心健康地成长。

一位妈妈这样讲述自己的育女经验：

7岁的女儿纤纤最近常常语出惊人。前几天，我去学校接她放学时，竟然发现她站在操场上跟小朋友炫富，对同学的书包指手画脚，而且语气十分不屑："你的书包才50多元钱啊！我的书包可是米奇的，米奇知道吗？名牌！是我妈妈在专卖店里特意买给我的，花了300多元呢！"我看到女儿的同学站在那里挠着头，不知如何接下去。

这一刻，我忽然觉得不知道说什么好，就气呼呼地把女儿拉走了，回到家严厉地批评她："你小小年纪不学好，跟人家炫什么富！"女儿有些委屈地说："这算什么！我们班还有小富翁、小富婆，同学们都排了名次呢！"本该纯真烂漫的女儿竟然学会炫富摆阔，这让我觉得很担心，因此，我决定给她"补课"——引导女儿正确认识钱。

一天，女儿在商场看中一块腕表，表的价格并不贵，而且也可使正在上学的女儿看时间方便些，但我狠下心没给她买，而是趁机和女儿达成协议，要她帮忙做家务，自己"挣钱"自己买。

从那天之后，女儿每做一件家务，我就奖励她五角钱，渐渐地女儿改掉了炫富的毛病。

方法二：不要过度满足女儿的面子

所谓的"面子"，其实就是表面的虚荣。成人要面子，女孩也要面子，但是父母在面对女儿的面子时，一定要谨慎处理，既不能对女儿的面子需求视而不见，也不能过度纵容她的面子。

一位妈妈就曾这样苦恼地在日记中写道：

女儿已经是一名初中生了，为了让她在紧张的学习压力下不缺乏物质保障，我每星期都固定给她100元零花钱，有时达到150元。但是最近一段时间她总是说钱不够用，要求每星期再多点儿零花钱。我问她那些钱怎么花了，她说有时就是与同学们互相请吃麦当劳、肯德基等，有时就是看到精品店有些东西不错就买了。我不想娇惯女儿，所以就没答应她增加零花钱的要求，她居然气得几天不跟我说话，还摔了一个杯子，最终我妥协了。

现在她不让我开车载她上学，只让她爸爸载她，我问她这样做的原因。女儿竟然说我开的车太低端，丢她面子，她爸爸开的是本田，与其他同学的父母相比，还算过得去。

最令我担忧的是这孩子最近与家境富裕的同学来往较多，而其中有些人成绩很差，素质也不好……

死要面子的女孩往往不敢正视自己的不足，总喜欢以自己的长处去比别人的短处，看不起别人，不能虚心向别人学习，拒绝接受别人的帮助，害怕别人超过自己，而且对别人的言行过于敏感，很难搞好人际关系，对他人的攻击性强。这些不良的性格因素会一直影响着孩子的正常生活与学习，甚至会滋生一些恶行，正如培根所说的那样："一切恶行都围绕虚荣心而生，都不过是满足虚荣心的手段。"

专家教你女孩怎么养

父母如何应对虚荣心强的女儿？

第一，父母应以身作则，不要同别人攀比，以免女儿模仿。

第二，要注意女儿心态的变化，多给她讲道理。

第三，要创造机会，让女儿通过自己的劳动获得想要的东西。

第四，要客观地评价女儿。父母不应该过分夸大女儿的优点，也不要掩盖女儿的缺点。

做事拖沓——需强化女孩的时间观念

生活中，很多女孩都有磨蹭、拖拉的坏习惯，以至于整个家庭的生活都受到了影响：

早晨，因为女儿的不紧不慢，常常害得爸爸妈妈上班迟到；

晚上，女儿做作业常常会磨蹭到半夜，搞得全家人都睡得很晚；

周末，全家人外出游玩儿或办事，常常因为女儿不能准备就绪而浪费很多时间……

面对女儿的磨蹭和拖拉，父母最常用的做法就是重复地提醒她或不断地冲她大喊大叫："你准备好了吗？""你怎么这么慢！""下次再这样磨磨蹭蹭就不带你出去了！"……然而，女孩的这种磨蹭行为并没有因为妈妈的提醒和恐吓而有所改变。

这些女孩根本不知道或者没有意识到慢会产生什么严重的后果，假如长期任由女孩慢下去，那么她就会变成一个没有时间观念、做事不讲效率的人。

给女孩父母的建议

时间观念不强的女孩，很少要求自己何时何地完成什么，很少有主动的目标，所以父母应该强化她的时间观念，进而改掉她做事磨蹭拖拉的坏习惯，提高办事效率。

方法一：给女儿制订一张活动时间表

面对女儿的磨蹭和拖拉，父母可以帮助她制订自己的活动时间表，让女儿感觉到时间的流逝以及时间与自己某些活动的联系。比如女儿晚上的作息时间——几点钟玩游戏，几点钟看动画片，几点钟洗漱，几点钟上床睡觉。这些父母都可以制作成一张很简单的时间表，并在表示时间的地方画上生动、直观的时钟，还要在家里放一个真正的时钟当参照，帮助女儿有序地活动。

一位聪明的妈妈就巧用这个方法改变了缺乏时间观念的女儿：

女儿心心快上小学了，可还是个让人心急的"小磨蹭"，做起事来总是慢吞吞的。从吃饭穿衣，到画画、写字、做游戏，她的作业永远不能按时做完，还常常忘掉该做的事情。每当需要为某事做好准备时，如上学、上床、洗澡、去亲戚家，如果我不冲她大喊："现在，现在就做！"她是绝不会准备好的。

为了改掉女儿做事磨蹭的坏习惯，我给她做了一张简单的活动时间表。如早上 7 点起床，7 点半之前要自己穿好衣服、洗漱，7 点半到 8 点是早餐时间，晚上 9 点之前一定要上床睡觉等。

一开始女儿实行起这个时间表有些不适应，我都会在某个活动快结束或开始的时候，提前几分钟告诉她，让她有心理准备。后来时间长了，我就不再时刻提醒她，取而代之的是让她自己去看时间、把握时间。如果女儿能按表活动，我都会给她鼓励，这样一来，她在规定时间内就会更积极地完成任务了。

方法二：用倒计时提高女儿的办事效率

在生活和学习中，女儿时常会遇到必须在某个时间内完成的硬任务，这时父母可以教给女儿用倒计时的方法安排时间。如在 1 个月内必须完成的任务，算算还有多少天，让女儿自己规定每天要完成多少，以便按时完成；如果不能按时完成，错过了机会，那便会前功尽弃，十分可惜。

另外，父母也可以用倒计时的方法督促女儿提高办事效率。比如：

一天，爸爸妈妈要带女儿去游乐场玩儿，但是她磨磨蹭蹭的不知在家里捣鼓什么，一直在耽误时间。这时，爸爸走到女儿的面前郑重其事地对她说："宝贝，从这一刻开始，你只有 1 分钟的时间处理完你现在手头上的事情，如果 1 分钟后你没完成，那么我和你妈妈将会马上离开。60 秒、59 秒……"结果还没等爸爸把 1 分钟喊完，女儿就已经快速地整理好，走到妈妈的面前。

方法三：给女儿专设一个时间，整批解决零散问题

8 岁的婵婵不但是个"小磨蹭"，还是一个做事杂乱的"小忙人"。比如她放学回家就开始做作业，但是直到快上床睡觉了，作业还没有完成，也没有洗脸刷牙，妈妈说了她很多次，让她专心做作业，不要在做作业的时候，一会儿削铅笔，一会儿整理玩具，婵婵就是不听。

后来，妈妈想了一个好主意，就是专门给婵婵设置一小时的时间，让她在这段时间里，把自己零散的事情整批解决好，然后再用整段的时间去做作业、读书、看电视、玩游戏等。这种化零为整的时间管理方式对拖沓、磨蹭的女儿还真的有效，一段时间过后，婵婵不再是"小磨蹭"，变成了一个做事井然有序的"小忙人"。

对一些零散的小问题，如果孩子急于专门为它拿出时间去完成，很容易打乱别的事情；但如果总是不做，也会误事，因此，最佳的解决办法是把零散的问题留下来，专门用一个时间来整批解决这些问题，来个快刀斩乱麻。

专家教你女孩怎么养

父母如何增强女儿的时间观念?

第一，教女儿认识时间，并用具体事件表示时间。可以用她能理解的、最熟悉的、亲身经历过的和感兴趣的事件表示具体的时间，像“睡好午觉后再出去玩儿”“太阳出来的时候”“晚饭过后看动画片”等。

第二，有意识地在女儿面前使用时间词汇，如“今年宝宝3岁，明年4岁了”“明天是星期六，我们要去奶奶家”等。

第三，不做“闹钟父母”，让女儿学会有效利用钟表。父母最好给女儿买一块能够定时的手表，家中显著位置也要挂一个时钟，并引导女儿在有限的时间内去做最重要的事情。

让女孩克服贪玩儿的方法

贪玩儿是孩子的天性，但孩子玩儿得过分，玩儿得沉迷，对她来说就不利了，尤其是对于正处于学知识、学本领的成长期的孩子。当孩子贪玩儿影响了她正常的学习及生活时，父母则需要进行干预。

最近一段时间，夏瑶上课时，精神散漫，下课后，就生龙活虎、精神亢奋。每天放学后都出去疯玩儿，晚上吃晚饭还不回家。她的学习成绩也跟着一天天下降，由原来的优秀生逐渐成为差等生，考试经常不及格，甚至演变成厌学、逃学。这时候，夏瑶的爸爸才开始重视孩子贪玩儿的问题。

相信许多父母都为像夏瑶这样的女孩伤过神：她们整天贪玩儿，对学习毫无兴趣，不能自觉学习，即使是在有人监督的情况下，也总是心不在焉、左顾右盼。其实，孩子贪玩儿很正常，父母千万不要对孩子采取过激的限制和批评，但也不能放任自流，而是要对她们进行正确的引导，让她们的玩儿心不要过重。

给女孩父母的建议

贪玩儿对于正在学习中的孩子毕竟不是一件值得欣喜的事情，而造成孩子贪玩儿的因素一般有父母教育不当、饮食因素等，所以父母为了避免女儿“玩物丧志”，需要借助科学有效的教育方法让贪玩儿的孩子有所转变。

方法一：给女儿制订弹性玩耍时间

暑假来临了，卉卉刚吃完早饭，就跑出去找小朋友玩儿了，直到吃午饭才肯回来，吃饭时还一直嚷着：“我还没玩儿够呢！”妈妈让她坐到书桌前写日记、做暑假作业的时候，疯玩儿了半天的卉卉在小书桌前坐了一会儿就睡着了。

于是，妈妈想到了一个方法，如果卉卉按计划学习、玩耍，那么下次就适当延长她出去玩耍的时间；如果她违反了规定，那么下次出去玩耍的时间就要被扣掉。几天下来，卉卉还真的按照妈妈的计划做得不错。不过，卉卉妈妈又发现了一个问题，就是每次让女儿按照计划学习的时候，她都一脸不情愿的样子，为此，妈妈又把她的小伙伴们请到自己家，让她们一起学习，并且比赛谁做得好、做得快。

等到暑假过去之后，卉卉不但按时完成了暑假作业，而且养成了良好的学习习惯，提高了自我管理能力，现在她已经学着给自己制订学习与玩耍的时间表了。

上面这位妈妈的育女经验很值得父母学习。她知道女儿只有在玩儿与学之间找到平衡点，才不会顾此失彼。现在就给女儿制订弹性玩耍时间，让她真正领悟劳逸结合的真谛吧。

方法二：为贪玩儿的女儿制订一些规矩

女孩贪玩儿并不代表她将来没出息，相反，有些世界名人在童年时期是出了名的爱玩儿。玩儿不是罪，而是孩子成长过程中的必修课，所以父母要借助孩子的这个天性，学着蹲下来和女儿一起玩儿，让她在玩儿中开启智慧之门。

友友的爸爸妈妈平时工作都非常忙，自从友友上了小学之后，家人就不经常管她了，也因此她变得越来越贪玩儿，每次都是妈妈把她从外边硬拖回来。有一次，妈妈已经做好饭等她很久了，但她还是待在外边不回来，后来妈妈把她找回家之后，生气地说：“你这个孩子怎么这么野，外边有什么好的，让你不着家，以后干脆住外边，别回来了！”友友不但不听，还反驳说：“不回就不回，有什么了不起的！”

此时，坐在一旁的爸爸意识到如果不及时把女儿从贪玩儿的道路上拉回来，那对她的健康成长是很不利的，所以，从这天之后，爸爸主动成为女儿的玩伴，不但陪她一起看电视、玩游戏，还让女儿介绍她的玩伴给自己认识。

接下来，友友的爸爸利用自己“盟友”的身份给女儿来了个“约法三章”：第一，每天出去玩什么、在哪里玩儿、玩儿多长时间，都要由爸爸来规定，女儿有参与权；第二，放学后必须先做完作业，如果没做完作业就出去玩儿，要接受惩罚；第三，每天睡觉前要和爸爸交换讲一个故事，不能重复。

看，这位聪明的爸爸不仅陪女儿玩儿了，还为女儿制订了玩耍的规矩。各位父母不妨也学一下这样的方法，让女儿既可以尽情地玩儿，又可以按照规矩收敛自己的玩儿心。

方法三：为贪玩儿的女儿制订一个“七日计划”

面对女儿的过度贪玩儿，父母可以为她制订一个“七日计划”。下面这个范例希望可以给因女儿太贪玩儿而不知道怎么办的父母一点儿启发：

七日计划

周一：父母要留心安排女儿的游戏和学习时间，并列出时间表，儿童时期要逐渐使学习时间多于游戏时间。

周二：给女儿一个固定的阅读时间，并且鼓励她写下读书笔记。

周三：为女儿朗读文学作品，让她复述故事里的内容，并谈一下自己的心得体会。

周四：父母以身作则，让女儿学习安排时间的方法。

周五：全家人扮演角色，表演故事内容。

周六：家人一起看书、读报和做作业，形成一种学习的氛围，使孩子专心学习。

周日：带女儿去书店购置她喜欢的图书等，以表示对她的鼓励。

专家教你女孩怎么养

父母如何帮助女儿克服贪玩儿的习惯?

第一，理解并顺应女儿的贪玩儿心理，不要对她过分压抑，更不要把她变成“小大人”，必要时，就对她说：“女儿，你出去玩儿吧！”

第二，父母可利用女儿爱玩儿的心理，寓教于玩耍之中，比如一些益智游戏，这将帮助你获得事半功倍的效果。

第三，父母要做女儿学习的好榜样，要把女儿往书本上“诱”，往学习上“导”，使其好奇心和求知欲逐渐转移到文化科学知识上去，这样她的学习兴趣浓了，玩儿心自然淡了。

拔掉嫉妒这根“刺”

嫉妒是人类的一种原始情感，也是人类心理中动物本能的表现。女孩的嫉妒是她将自己与别的小朋友进行比较而产生的消极情绪体验，比如：当她看到他人某些方面比自己强或有什么好的东西，自己当时却无法胜过或拥有，进而便会产生一种不安、烦恼、痛楚、怨恨并企图破坏他人优越感的复杂情绪。

6岁的佳妍是一个非常漂亮可爱的女孩。有一次，佳妍妈妈的同事带着自己2岁的儿子到佳妍家玩儿，妈妈很热情地招待了他们，并开心逗弄同事的儿子玩耍。刚开始，佳妍也挤过来亲了亲小弟弟，但没过多久，她就有些不高兴了，由于妈妈抱着小弟弟，一点儿也没有放下的意思，还又亲又笑，她认为自己受到了冷落。

于是，佳妍开始大声唱歌，可没人留意她，佳妍又跳起自己最擅长的舞蹈，可还是没人理她。终于，佳妍忍不住了，她忽然间摔坏了自己的杯子，然后坐在地板上放声大哭，把妈妈的同事和妈妈弄得非常为难。

女孩的嫉妒总是与自己的父母等身边亲近的人有关。当大人疼爱别的孩子时，她往往会表示出不满、哭闹、撒娇等，有的甚至会出现一些倒退行动，故意做出比自己实际年纪幼稚的行动，以期引起大人的留意。

有嫉妒心的女孩往往爱指责别人或者想办法让别人不如自己，有些女孩性格还会逐渐变得古怪起来，这些对于成长中的孩子来说是十分有害的，作为父母一旦发现女儿有嫉妒心理，应该及时进行疏导。

给女孩父母的建议

一般来说，女孩轻微的嫉妒心是有利于学习上进的，她会有“你好，我比你更好”的进取意识；但是较重的嫉妒心则会损坏人际关系，甚至化友为敌，使友谊化为仇恨，从而严重干扰正常的学习生活，因此，父母要运用有效的方法帮助和引导女儿化解她的嫉妒心。

方法一：倾听女儿嫉妒行为背后的声音

6岁的乐嘉看到邻居家的小女孩长得漂亮可爱，而且经常穿着美丽的新衣服，她似乎意识到那个女孩比她漂亮，新衣服也比她多，所以就不愿意和她一起玩儿。平时家里要是来了别的小朋友，她马上就显示出不高兴的样子，并非常霸道地赶人家走。上幼儿园的时候，她还常常偷偷地把老师喜欢的小朋友的东西藏起来或者弄坏。

乐嘉妈妈看着女儿这种过激的嫉妒行为，一开始并不以为意，只当是小孩子的恶作剧。可是随着乐嘉升入小学，她发现女儿的嫉妒行为变本加厉，甚至到了让他人厌恶的地步，也因为这样，她并没有交到几个真心的朋友，自己也非常痛苦。乐嘉妈妈不知道怎样才能帮助女儿克服她的嫉妒心理，非常担忧女儿的嫉妒心会影响她今后的生活。

我们以上面那个孩子为例：这个孩子嫉妒别人的容貌和衣着，这说明在身材外貌上，她缺乏自信，物质上也没有得到满足，这时父母可引导孩子说：“乐嘉也很可爱，大大的眼睛多漂亮啊，而且你学习也很努力……”这样把孩子从容貌的比较引导到学习的比较上去，然后鼓励和肯定孩子的付出。

方法二：诱导女儿使嫉妒的消极作用向积极方面转化

4岁的天瑜嘴巴上有一块胎记，时常听到别的小朋友说她“丑八怪”，于是心存愤怒，天天照镜子，对别的孩子产生了嫉妒心，甚至经常抓伤别的孩子的脸。

为了避免日后女儿因为嫉妒别人造成心理和生活上的伤害，妈妈就告诉她："胎记是天生的，你身上也有许多优点，比如你的眼睛又大又好看，眼睫毛像芭比娃娃一样又长又浓，脸长得也很美，而且又会唱歌、跳舞，还会帮妈妈做很多的事情，真的是非常懂事、能干。"

后来，天瑜长大之后学习很刻苦，而且自信、乐观，小学及中学阶段都是品学兼优的好学生。

提高自我认知水平，是克服嫉妒心理的必经之路，因此，父母要正确评价自己的孩子，并且让孩子看到自己的长处，告诉她有些事情是既定事实，既然无法改变，就要看到自己更好的一面，要让她学着接受现实，然后发挥自己的长处，努力学习。

专家教你女孩怎么养

父母如何引导女儿克服嫉妒心理？

第一，应该避免在孩子之间进行比较。每个孩子都有好胜心，如果把自己的孩子与他人进行比较，那么很容易催生出嫉妒心。此时，父母最好公平地对待每个孩子。

第二，应该承认女儿的感受。女孩表现出嫉妒时，父母不应该立刻站出来否定，而是应该给予承认和接受，然后，再进行引导，使她接受你的建议。

第三，应该让女儿自主解决纠纷。预先给她设立底线，比如不能打架等，一旦她与他人发生争执，在没有发展到肢体冲突的程度时，大人最好在一旁观察，而让她自己解决纠纷。

别让任性成为女儿的"专利"

任性的女孩，在父母的眼里都是相似的：为达到目的，哭闹不止，把家人搞得筋疲力尽。有的父母打骂孩子，丝毫不起作用；有的父母听之任之，孩子仍不罢休。

教育专家认为：女孩作为家庭的一名成员，她的心理问题的产生不仅仅是其个人的原因，而是跟家庭其他成员和这个孩子的交往模式有很大关系，因此，对于孩子的任性行为和不合理的要求，父母一定要旗帜鲜明、态度坚决，更要坚持自己的原则，绝不能因为女儿的哭闹而改变，否则就会前功尽弃。

给女孩父母的建议

女孩的任性行为常表现为：脾气大、不懂分享、逆反心理重、自控能力弱、责任感不强等，一旦有什么事情没有顺着她，发起脾气便不可收拾，大哭大闹直到达到目的才肯罢休。面对女孩的任性行为，父母只有对症下药才能收到良好的效果。

方法一：用冷处理的方式应对任性的女儿

10岁的霏霏是一个很爱拉小提琴的女孩，唯一令父母和老师头疼的就是这个孩子太任性，经常乱发脾气，不愿意接受他人的意见。平时在小提琴的活动上，想干什么就干什么，总以自己为中心，认为自己拉琴的水平是所有学生中最好的，还经常打断老师讲课。如果老师在课后单独找她谈话，耐心疏导，她会听取意见，如果当着大家的面批评她，她不但不会接受，还会表现得十分烦躁，对于同学的意见更是不予理睬。

有一天，霏霏和妈妈逛商场的时候，看中一把特别漂亮但很昂贵的小提琴，哭闹着非要妈妈给她买。对于女儿的任性行为，霏霏妈妈以前都是哄着劝着，但是这一次她下定决心要制止女儿的任性，于是假装没听到，根本没有对女儿表现出一点儿心疼、怜悯或迁就，更不和女儿讨价还价，而是大踏步地往前走去，爱哭爱闹爱撒泼都由着霏霏。霏霏哭闹了一会儿，见妈妈根本不理睬自己，周围围观的人也都用“不懂事”的眼神看着她，她觉得既无趣又羞愧，于是走到妈妈身边，再也不提买小提琴的事情……

对于孩子来说，最大的惩罚莫过于被父母冷落。只要父母下定决心，女儿是赢不了这场持久的“冷战”的，但前提是家庭里所有成员都要在认识和行动上步调一致，比如妈妈说不买小提琴，爸爸也要对妈妈表示支持，如果此时爸爸和妈妈的意见不一致，那么，女儿就会觉得找到了“靠山”，变得更加任性。

方法二：满足女儿任性背后的心理需求

孩子的任性并不都是无理取闹，因为随着年龄的增长，她们开始逐渐接触更多的事物，对那些事物的是非判断，她们不可能像成人那样进行分析，再做出决断处置，而是仅凭着自己的情绪与兴趣来参与，所以父母一定不要忽略这一点，而是应该注意探究女儿任性行为背后的心理需求，如好奇心、好胜心、求知欲等，然后运用科学巧妙的方法满足女儿的这种心理需求。

一天，6岁的丹丹对妈妈提出要求说：“妈妈，我要小汽车。”

“明天去买，今天超市关门了。”妈妈满口答应了下来。

“不嘛，我现在就要，现在就要！”丹丹开始任性起来。

丹丹妈妈没有斥责女儿的任性，而是问：“丹丹，你为什么要小汽车？”

“隔壁东东有一个车顶上带红灯的小汽车，我也要。”

丹丹妈妈意识到女儿之所以要小汽车，可能是对那个红灯产生了兴趣，于是引导她说：“原来是这样啊，那你知道它为什么有个小红灯，还一闪一闪的吗？”

“不知道，为什么呀？”

“因为这是一种很神奇的警车，你看抓小偷的警察叔叔开的都是这样的小汽车。”

“哇，好神气啊！妈妈，我会很听话，你给我买这样的小汽车，好不好？”

“好的，你喜欢什么颜色的呢？”

“红色！”

当父母重视和满足了女儿的好奇心之后，她就不会表现出任性行为了，如果这时父母再顺着这个话题巧妙地引导、沟通，不但渐渐纠正了女儿的任性行为，而且在无形中也增长了女儿的见识。

专家教你女孩怎么养

父母用什么方法应对爱任性发脾气的女儿？

第一，安静缓和法。女儿发脾气时，父母应持平静的态度，要求她停止哭闹，让她安静下来，然后用平缓的语气对她进行批评教育。

第二，通俗讲解法。给任性的女儿讲道理要深入浅出，可用讲故事、讲笑话的方法来缓和矛盾，并借有选择、有针对性的故事去触及女儿的心灵。

第三，转移法。这种方法适用于年龄较小的女孩。父母可把女儿的注意力从她坚持的事情上转移到其他新奇、有趣的物品或事情上。

女儿说谎，解开心结最关键

儿童心理学家通过研究发现：有的女孩会“睁着眼说瞎话”，但是她们的这种说谎行为并不一定都是不诚实，导致女孩说谎的原因有很多：孩子认知能力的发展尚未成熟、为了引起他人的注意、父母不诚实行为的影响及教育方式不当、女孩很容易接受别人的暗示、女孩为了达到某种愿望而说谎、有时是为了逃避某些事情、女孩因害怕被训斥和打骂而说谎……

父母要想纠正女儿说谎的行为，就必须先了解她说谎的具体原因和目的。假如女儿说谎只是因为虚荣，希望获得父母的注意、小伙伴的认同，表现优越感，那么父母最好的应对方式就是倾听并加以适时引导，让女儿意识到说谎的坏处。

但如果这些仍然不能阻止女儿的说谎行为，父母就有必要采取其他有效的措施：

芝芝不小心把家里的一个花瓶打碎了。妈妈发现花瓶碎了后，便问芝芝是不是她干的。芝芝低着头，怯怯地说：“不是我打碎的。”妈妈没有马上斥责女儿的说谎行为，而是叹息地说：“我很伤心，我对你的这种行为感到很失望。我希望你以后不要再让我失望。”

妈妈虽然没说是芝芝打碎了花瓶，但是芝芝也已经意识到妈妈知道了真相，再听到妈妈失望的语气，芝芝终于鼓起勇气说道：“妈妈，对不起，我不小心把花瓶打碎了。”妈妈听后，马上开心地说：“乖女儿，你能主动承认错误，妈妈很欣赏你的勇气。希望你下次能小心点儿。”

父母在面对说谎的女儿时，最不应该做的就是给孩子贴上“爱说谎”的标签，或者大声指责孩子的不诚实，因为一旦孩子也承认了她自己是个爱说谎的孩子，那么说谎对于她来说就是理所当然的事情了。到那个时候，父母再想改正女儿的说谎行为，一定会难上加难。

给女孩父母的建议

随着年龄的增长，女孩说谎的技能也会越高，尤其是当她说谎得逞又逃过处罚时，那谎会越说越多。孩子第一次说谎心中的犹豫最强烈，还会自问该或不该，但当说谎成为习惯后，原先的犹豫就会慢慢消失，因此，改正女孩的说谎行为越早越好。

方法一：女儿说谎时，父母不要扮演警察角色

一位妈妈苦恼地在日记中写道：

我真是没想到，我的女儿现在竟开始偷家里的钱了。前两天，我放在包里的一张千元的购物卡不知道怎么没有了，我还奇怪，问女儿，她说不知道。昨天明明放在包里两千元钱，可到用时发现就剩 1000 元了。我恍惚记得女儿进过我的房间，出来时，神态还有些慌张，就去问她。开始的时候她还不说，后来我说：“我包里的钱是不是你拿的，如果你拿了也没关系，但如果不是你拿的，就有可能是做饭的阿姨拿的，我就报警了。”女儿这才承认是她拿的，而且说出前两天那个购物卡也是她拿的。我问她为什么要那么多钱，女儿竟然说跟同学借了很多钱，还不上。我逼问她为什么借那么多钱，她说上网、买衣服、请同学吃饭等，而且她开始变得厌学、逃学，对父母和老师经常说谎。面对这个让我又气愤又失望的女儿，我实在不知道该怎么办了。

其实，不管是什么原因导致女孩说谎，她说谎可能是为了逃避惩罚，也可能是为了回避争论，因此，父母不要以成人的判断，认为“这孩子的道德品质出了问题”，更不要扮演警察角色逼问孩子。

女孩犯错、说谎是成长的必修课，父母要学会接纳，不要天天盯着女儿哪里不好，更不要一见到她就批判。其实，孩子犯错心里已经很难受了，父母应该给予理解并保持沉默，或者采用不让孩子丢面子的方法提醒她注意，孩子自然会反思。因为没有一个孩子会喜欢那种因说谎而每天忐忑不安的心情。

方法二：平时要多留意女儿的言行举止

晓君的爸爸妈妈都是老师，可能是平时在学校教育学生太多，所以对女儿晓君常常很严厉，又加上工作忙，无暇教育她，只有星期日或她犯错时教育一番。晓君才7岁，虽然做错事招认很快，但过后又犯，而且学会了说谎。有一次，学校让学生缴30元的保险费，妈妈给了晓君50元，告诉她余钱要交回来。晚上，妈妈问她要零钱，晓君只给了妈妈17元钱，妈妈问她剩下的3元钱呢，她竟然说不小心丢了。后来，妈妈又通过老师了解到，晓君竟然没交那30元保险费。

此时，晓君妈妈才意识到自己对女儿教育的疏忽，所以，她开始时常留意女儿的言行举止，比如天气并不很热，女儿却故意擦汗，嘴里不停地念叨“热死了”，晓君妈妈知道女儿是想吃冷饮了，这时她对女儿说：“女儿，你是不是想吃雪糕？如果是的话，要告诉妈妈。”晓君鼓起勇气说道：“妈妈，我想吃。”从此之后，晓君渐渐把心中的真实想法和要求都告诉妈妈，说谎的毛病也慢慢改掉了。

为了避免女孩因说谎对其身心造成不良的影响，父母应多留意孩子的言行举止。假如你发现孩子行为有异常，那么不要先责骂或惩罚，而应先了解其原因和动机，再给予说服、纠正。另外，对女儿的要求、期望要合理，免得孩子因达不到父母的要求而说谎。

专家教你女孩怎么养

父母如何应对女儿说谎？

第一，不要责难有说谎嫌疑的女儿。当你向有说谎行为的女儿提问时，不要以进攻性的问题发问，而是换成开放性的问题，如“你什么时候到家的”等。

第二，父母要正确使用肢体语言：注视女儿的眼睛，把头垂向一边，斜靠着，使用开放的手势……这些肢体语言不但没有恐吓性，而且容易鼓励孩子说真话。

第三，要求说谎的女儿准确地重复自己说过的事情，因为把编造的故事复述一遍是很难的。

第十章

关注身心健康，做女儿贴心的保健师

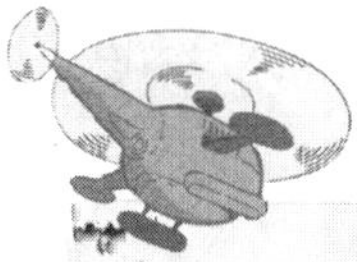

天下哪个父母不希望女儿能够身心健康呢？可是，有很多父母不知道如何才能为女儿送上最贴心的照料，如果你也一样迷茫，那么就请依照下面这些方法做吧：

每天给女儿一个好心情，

教会女儿好好爱护自己的眼睛，

让女儿养成良好的睡眠习惯，

教女儿合理减肥，

让女儿学会保护自己，

……

好心态是女孩健康的第一要素

美国著名心理学家马斯洛曾说："心态若改变，态度跟着改变；态度改变，习惯跟着改变；习惯改变，性格跟着改变；性格改变，人生就跟着改变。"可见，心态对一个人的人生是多么的重要。

拥有好心态的女孩乐观、开朗、自信、洒脱、热情，纵使身处在人生的黑暗里也能看得到光明和希望；反之，拥有坏心态的女孩悲观、忧郁、自卑、计较、冷漠，纵使身处在阳光明媚的世界里，她也只看得到灰暗、冰冷和失望。

有一个被坏心态折磨许久的女孩在日记中这样写道：

我是一名初三的女生，每天学习十分紧张，即使是节假日我也要上补习班。可是我发现，尽管自己非常努力，但每次成绩都不是那么令我满意，名次总是班里前五名而已。看着我那些小学的玩伴成绩都那么优秀，我真的很自卑，因为我小学时每次都能轻而易举地取得第一名或第二名。最初我觉得初中学习不用那么费劲儿，我甚至一度以为自己很聪明，可是现在却发现自己有些愚蠢，再加上老师每天都给我们施加那么多的压力，弄得我现在每天都好紧张，也好痛苦。

学校已经是我的地狱，可家里更让我难以忍受，不知何时我对爸爸妈妈的谈话变得特别敏感，而且爸爸自从生意不太好后，脾气也变得暴躁了许多，这使我本来就有些悲观的心态变得更悲观了。还有，奶奶和妈妈的关系也不好，而爸爸更喜欢把我当成人对待，跟我谈妈妈的不足和几年后的工作问题。我虽然很想和爸爸成为真心朋友，但是爸爸并不了解，他的有些问题会使我紧张，甚至产生悲伤情绪，我真不知道该怎么办。

女孩呼唤的心声不得不引起我们的注意和反思，是什么样的生活让一个本该青春向上的女孩变得如此悲观和痛苦？这里有主观原因也有客观原因，一方面是家庭和学校的环境造成的，另一方面是女孩的不良心态造成的。

此时，父母和老师要做的就是适时地引导女孩摆脱这种不良情绪的困扰，用乐观、积极的态度面对学习和生活。

给女孩父母的建议

人们常说“教育要注意孩子的身心健康”，可见身和心是一个不可分割的统一体，当一个女孩变得悲观、消极、沮丧的时候，她身体的运行也会紊乱失衡，病毒很可能乘虚而入，因此，保持积极向上的心态是女孩健康的第一要素。

方法一：做乐观自信、积极向上的父母

娇娇是一个很聪明伶俐的小女孩，她的学习成绩在小学时一直保持第一名，是爸爸妈妈和老师最为器重的孩子。可是上了初中之后，她的学习成绩突然下滑很多，每次考试都是在班级第 10 名徘徊。造成娇娇成绩下降的原因可能有两个：一个是进入初中后，学习上的竞争对手多了；另一个是爸爸公司的破产，让她的生活环境发生了很大的变化。

不过，娇娇的爸爸妈妈很快从困境中摆正了心态，他们告诉女儿，钱没有了可以再赚，再难吃的苦，他们一家人都可以挺过去。每天清晨，娇娇都看到以前出门就开车的爸爸推着一辆小三轮上街卖东西，见到街坊邻居，不但没有羞愧地低下头躲避，反而说说笑笑地和别人打招呼，而以前厨艺不佳、喜欢到外边吃饭的妈妈，学会了做饭和去菜市场讨价还价。虽然饭菜上少了鸡鸭鱼肉，身上少了名牌衣服，但是娇娇觉得爸爸妈妈依然生活得很快乐、很努力，他们每天都勇敢地生活，最重要的是因为这场变故，他们一家人变得更加团结、快乐和幸福。

正是父母这种乐观积极的生活态度无形中感染了娇娇，以前她学习靠天分，现在她更多的是靠努力，每天用微笑面对着所有人，然后在别人休息的时候依然勤奋学习。一年过去了，娇娇的学习成绩突飞猛进，两次获得全年级第一名，而且变得更加坚强、勇敢和自信。

父母是女孩的第一任老师，女孩在父母身上学到的不光是怎样说话和怎样走路，还有用什么样的心态去面对生活中的一切。自然，和睦乐观向上的家庭会使女孩感到温馨愉悦；有责任感和奋斗意识的父母，会使女孩对其产生敬佩之情，同时更会受其影响，自己也会变成一个有责任感和奋斗意识的女孩。

方法二：让女儿在一些小事上发现生活的美好

雨打屋檐的声音、路边开放的向日葵、救助一只流浪小狗等这些看似都是大自然或者生活中最不起眼的一件小事，如果能让女儿从中体会到真善美，那么她往往会改变自己对待生活的消极态度。

父母可以给女儿买一个色彩明快的记事本，让她用来写感恩日记，比如，每天让女儿花费十几分钟的时间列出一天当中所有有趣的事情、积极的事情，帮助别人或接受别人帮助的事情等。

假如女儿已经年满3岁，那么就让她在家人生日、母亲节、父亲节等节日里为家庭成员准备一份礼物，这份礼物不必太昂贵或精致，只要是孩子精心准备的就可以，在接受孩子的礼物后要表现出你真诚的赞美和喜悦。

专家教你女孩怎么养

生活中，有哪些培养女孩积极心态的方法?

第一，用美好的感觉、信心与目标去影响女孩。

第二，寻找女孩身上的优点，让她再接再厉。

第三，让女孩明白事物都具有两面性，都有积极的一面和消极的一面。

第四，用积极的眼光看待女孩，赏识她的长处。

眼睛是心灵的窗户——教女儿好好爱护眼睛

学者博厄斯说过：“眼睛是灵魂的窗户，人的才智和意志可由此看出来。”的确，眼睛不但是女孩心灵的窗户，更是女孩了解这个多彩世界必不可少的工具，因此，我们要让女儿爱惜自己的眼睛。

令人遗憾的是，孩子眼睛的保健状况并不容乐观。很多女孩小小的年龄，鼻梁上却压着一副眼镜。造成孩子视力下降的原因，一方面是孩子学业繁重，长时间近距离看书、写字，用眼过度；另一方面是孩子不注意用眼卫生，很容易造成视觉疲劳，视力下降，导致近视。父母在平时要注意观察女儿，尽早发现她是否有视力问题。若女儿有以下情况，父母就要小心了。

女儿经常用手揉眼睛；

女儿的头经常向前倾斜来注视眼前的物体；

看远距离物体时，女儿总爱皱眉头或眯眼睛；

女儿因一只眼视力差，看东西时总喜欢把头扭向一侧；

女儿看书时将书本过度靠近双眼；

女孩眼睛周围呈现红色，眼睛充满泪水……

以上这些都属于孩子视力的不正常现象，父母一旦发现这些问题，就应及时带女儿到医院检查，平时也应培养女儿良好的卫生习惯，如女儿回家后，先用洗手液反复认真洗手，再去做其他的事情；每晚女儿洗脸，要先将手洗干净，再洗脸；父母和女儿的毛巾要分开使用；告诉女儿在公共场所不要乱摸乱动，特别是不要用脏手揉眼睛等。

给女孩父母的建议

孩子的眼睛犹如一部复杂的机器，假如平时不注意定期维护、保养、检修，那么难免会出现故障，因此，眼睛也需要定期检查，而爱护眼睛应从点滴做起。下面就给父母提供几种让女儿拥有健康双眼的好方法。

方法一：矫正女儿不正确的读书姿势

雅静上二年级了，每次做作业，她都喜欢趴在桌子上。为了矫正女儿的这种坏习惯，爸爸花费了很多工夫。雅静每次回家做作业的时候，爸爸都会在旁边提醒她，一发现她坐姿不正确，就让她腰背挺直。这样过了一个多月的时间，雅静终于改掉了这个坏习惯。

很多女孩看书、做作业的姿势都不正确，比如坐姿不端正、趴在桌上看书、躺在床上看书等，对于这些坏习惯，父母一定要及时帮助女儿纠正过来。比如孩子看书时，眼与书本的距离应保持30厘米～35厘米，身体与课桌保持一拳——大约10厘米的距离，书本与课桌的角度要保持在30度～45度。

另外，电视、电脑、手机等电子产品，也是影响女孩视力的重要因素，尤其是电脑、手机，女孩会因为沉迷于网络或者长时间近距离阅读，进而导致视力问题，所以，父母一定要及时引导和纠正女儿错误的用眼习惯，让她不要长时间面对电子产品，即使要看，也要距离适中。

方法二：加强女儿的户外运动

现在女孩的游戏和活动方式大多以室内自娱式为主，如个人玩具、游戏机、电脑、电视等，已很少见女孩自发地进行室外集体游戏，如捉迷藏、老鹰捉小鸡等，这样，女孩在已少得可怜的一点儿课余时间里也几乎足不出户，每天很少有机会脱离近视环境。为此，父母及老师应鼓励女孩改变游戏方式，多做室外活动。

10岁的婉婷每天放学回家就是做作业，很少有运动时间，即使有休息的时间，她也要看会儿电视，有时到爸爸的书房玩会儿电脑游戏。一周之中婉婷也只有周五晚上去跳一次儿童舞，这就是她最多的运动，回来总是累得不行，而且她还喜欢每晚睡觉前躺在床上看故事书，所以她的视力一天不如一天。

妈妈担心婉婷再这样下去，迟早有一天会患上近视，于是，妈妈决定每周都带女儿去进行户外运动，如做游戏、爬山等，让她经常接触大自然，眼睛多看看绿色和远距离的景物。自从婉婷听从妈妈的建议，每周都出去做户外运动后，她不但慢慢地喜爱上运动，而且精神也越变越好，看电视、玩电脑游戏的时间短了，整个人都自信、开朗了很多，视力也一直保持得很好。

方法三：定期给女儿检查视力

女孩视觉能力的发展和保健关系着她一生的健康和幸福，而保护好女孩的眼睛需要父母方方面面的综合努力。比如每年定期给女儿做视力检查，另外，在家中最好挂一张视力表，及早教会女儿辨认，这样，父母就能尽早发现女儿的视力问题，及时治疗。

专家教你女孩怎么养

保护女孩视力有哪些方法？

第一，眼呼吸凝神法。找一处空气清新的地方，或坐或立，全身放松，双目平视前方，深呼吸，眼睛随之睁大，稍停几秒，然后将气缓缓呼出，眼睛也随之慢慢微闭，连续做9次。

第二，转眼法。选一处安静场所，全身放松，双目睁开，头颈不动，独转眼球。

方向从眼睛的正下方，缓慢转至左方，再转至凝视正上方，至右方，最后回到凝视正下方，顺时针9圈，逆时针6圈，每次转动，眼球都应尽可能地达到极限。

第三，熨眼法。全身放松坐好，微闭双眼，然后快速相互摩擦两掌，使之生热。趁热用双手捂住双眼，热散后两手猛然拿开，两眼也同时用力一睁，如此3～5次。

好睡眠＝好身体＋好精神＋好头脑

情景一：8岁的伦伦每天晚上都精力十足，妈妈给她唱歌、讲故事时，她一点儿困意都没有。直到晚上十一二点，伦伦才稍微露出疲劳的神色。伦伦的爸爸妈妈每天工作都很累，晚上还要被女儿折腾到半夜才能休息，虽然心里对女儿的这种行为很烦躁，但是因为就这一个孩子，不舍得打骂，所以只能听之任之，自己每天多辛苦一些。

情景二：小姗上小学一年级了，可早上赖床的毛病让她的爸爸妈妈很头疼。用小姗爸爸的话说就是“这孩子总是该睡的时候不睡，该起的时候不起”。在她起床时，如果爸爸妈妈勉强叫醒她，没睡够的小姗马上会闭着眼睛大哭大闹：“我不想起床，我还要睡觉！”这么折腾了几次，她的爸爸妈妈还真是没辙了。

其实，每对父母都会遇到女儿的睡眠问题：有的女孩要妈妈陪睡、要抓住爸爸的衣领、要抱着玩具、要开着灯……五花八门的嗜好让父母应接不暇。那么，孩子们的睡法对吗？你又是否对女儿的睡眠足够重视呢？

医学研究表明，培养良好的睡眠习惯对于孩子来说是非常重要的。晚上充足的睡眠可以促进孩子的生长发育，让她个头长得高，而且身强体壮；充足的睡眠还有利于增强孩子的智力，提高孩子的学习成绩；充足的睡眠还可以增强孩子的抗病能力，调节人体神经系统的功能，改善孩子的精神状态。反之，如果一个女孩连续3周或3周以上睡眠不足，那么便会削弱其免疫系统，使她很容易患感冒和其他传染疾病。另外，睡眠不足还会使女孩心情烦躁，注意力不集中，时常感到疲倦、懈怠等。由此可见，保持良好睡眠有重要意义。

因此，各位父母在培养孩子个人能力、督促其学习的时候，也别忘记孩子的睡眠问题。父母要把睡眠当成女孩健康的头等大事，帮助女儿养成良好的睡眠习惯，提高女儿的睡眠质量，让她有一个好睡眠，进而有一个好身体、好精神和好头脑。

给女孩父母的建议

当女孩整夜失眠或似睡非睡，多梦、做噩梦，有时一夜醒几次或者早醒，然后变得烦闷、焦躁、萎靡不振、注意力涣散、记忆力减退等，试问这样带着一脸倦容和疲惫的女孩又怎么能去好好地学习和生活呢？对此，父母必须想出好方法让女儿拥有一个好睡眠。

方法一：女儿睡眠不足，要让她养成规律的就寝时间

我们体内有个机制，会告诉我们什么时候该睡觉，什么时候该清醒，这就是人们常说的“生物钟”。当女儿经常出现睡眠不足时，你要留意了，是不是孩子的生物钟出了问题，如果是，你就该考虑帮她重建健康的睡眠习惯了。

人体的生物钟很脆弱，有往后延迟的倾向，因此各位父母不要让女儿轻易打破它的节律。你要规定女儿每天固定入睡及醒来的时间（尤其是醒来的时间），即使到了周末也不要心软，只有这样，生理时钟才不会受到干扰。

小柔12岁了，马上就要迈入初中门槛的她始终没有养成规律的睡眠习惯，常常一到周末和假期就很晚才睡，一直睡到第二天中午才起床，这很让她的妈妈担心。于是，妈妈就找小柔谈话，希望她以后能够早睡早起。妈妈先是为小柔讲清了睡眠不好的危害性，最后和颜悦色地对小柔说：“女儿，我们来个约定吧！以后我们一起睡觉，一起起床，如果谁没有坚持下来，就要请对方吃肯德基，你看怎么样？”

小柔笑着看看妈妈说：“没问题，不过你不许赖账！”

从那以后，小柔就像上了发条一样准时睡觉、定点起床。同时，小柔的妈妈为了给女儿做个表率，也养成了早睡早起的习惯。

女孩很喜欢遵守规则行事，父母不妨借助这种心理，与她制订一个计划，并设立奖惩制度，从而与女儿一起养成良好的作息习惯。

早睡早起，重在坚持。父母不仅要给女儿做出好榜样，改正自身一些不良的睡眠习惯，还要合理安排自己的时间，尽量不要因为自己的工作打扰了女儿的休息，更不能因为自己的不良生活方式影响到女儿的睡眠。

方法二：女儿睡不好，要留意她的睡眠环境

据睡眠学家研究发现，很多睡眠出现问题的女孩，她的睡眠环境都不好。那么，良好的睡眠环境都包括哪些因素呢？主要有三点：光线、噪声和寝具。

首先，父母要在女儿睡觉前为她拉好窗帘，尽量将室内的光线调得暗一些。女孩在这样的环境下肢体就会产生疲乏的感觉，慢慢地，睡意便出现了。

其次，要减少室内的噪声。父母要尽量将说话声放低一些，将脚步声放轻一些，将电视的声音关小一些……各种噪声减少了，女儿的睡眠质量就提高了。

最后，父母要科学地为女儿选择寝具，包括枕头、床单、被罩等，女儿每晚躺在干净、舒适的环境中，准会拥有良好的睡眠。

方法三：女儿睡不着，要帮她减轻心理压力

繁重的学习以及老师、父母对女孩不切实际的期望，很容易给女孩带来心理压力。有的父母每天要求女儿学习课内课外很多东西，常常让她熬到晚上十一二点才上床睡觉，这是不对的，长此以往，女孩的睡眠就会出现问题，既影响其身体发育，又会对其精神产生不良影响。如果你关心女儿的健康，就应该尽量减轻她的学习负担，这样不仅可以保障女儿的睡眠，也能让她第二天的学习更有效率。

专家教你女孩怎么养

父母如何解决女儿的睡眠问题？

第一，父母要提倡女儿睡午觉，可在白天的 11 点～13 点休息 30 分钟，这样女儿下午的学习效率就会明显提高。

第二，告诉女儿睡前要放慢呼吸节奏，如可以适当静坐、散步、听低缓的音乐等，还可以做一些有助于睡眠的瑜伽动作，这样睡眠质量会更好。

第三，睡前要让女儿用温水泡脚，这样也有助于改善睡眠。

家有小胖墩儿不用急——科学帮女儿减肥

佑怡是一个刚上三年级的小女孩，别看她年龄不大，在家附近几乎人人都认识她。这是因为还不到10岁的她，已经120多斤重了，用她自己的话说，是“洗澡的时候可以把肥皂塞进腰上的肉中间，根本不用弯腰”。妈妈也总是摇着头无奈地说：“每天看着她走路拖着腿，上个楼梯都费劲儿，我这心里真不是滋味。再这样下去怎么得了？”佑怡自己也很苦恼，这样的胖身形，冬天还好办，夏天简直太难过了。她苦恼地对妈妈说：“妈妈，我真不喜欢夏天，甚至害怕夏天的到来，总是有出不完的汗，洗完澡一定得浑身都擦上爽身粉，不然就难受。”佑怡的妈妈也知道，因为女儿身上肉太多，给孩子擦爽身粉的时候都得把肉拨开，才能擦到里面。而且平时佑怡总是不喜欢走太多的路，因为大腿内侧总是摩擦，皮肤很容易就烂了。

当前，儿童肥胖已经成为一个日趋严重、全球性的健康问题和社会问题，越来越多的父母为“家有小胖墩儿”的事情而犯愁。而且胖对女孩来说不但会使健康出现问题，心里也会承受巨大压力。因为无论哪个年龄段的女性，她最忌讳的就是别人说她“胖”，最想得到的称赞就是别人说她身材好。

不过，现实情况是女孩为了拥有一个姣好的身材，开始想尽一切办法减肥，从运动减肥、节食减肥到药物减肥，甚至去医院抽脂，而且有着非比寻常的热情和毅力。

其实，减肥光靠热情和毅力是不够的，最重要的还是要有科学的减肥方法，因此，父母必须科学地帮助女儿减肥，让女儿在保证身体健康的前提下，一步步拥有健康、美丽的身材。

给女孩父母的建议

爱美之心，人皆有之。每个女孩为了美都愿意去尝试各种减肥方法，那么，作为女孩的父母，我们应该采取哪些科学方法帮助女儿达到减肥的目地呢？

方法一：不要让女儿变成纯粹的素食者

13岁的乐枫前几个月活泼好动，虽然她的脸有些肉肉的，但仍然青春靓丽。最近几天，她身边的人却发现乐枫的面容有些憔悴，见了人连打招呼的力气都没有。有一天，在课堂上，老师叫她回答问题，乐枫刚站起来，便对老师说："老师，我头晕！"话音刚落，她就真的晕倒了。

是不是乐枫得了什么奇怪的病呢？原来，乐枫这一段时间正在减肥。她们宿舍的几个小姐妹一致认为，女孩胖了不好看，特别是肉肉的脸、胖胖的大腿和手臂，于是大家相约一同减肥——拒绝一切脂肪，把自己变成纯粹的素食者，而且不喝牛奶，就连她们唯一能吃的青菜也减了又减。

结果，几个月下来，她们的减肥效果很明显，身体也变得更加苗条了，但是一个个皮肤都没有了以前的光泽，还经常出现头晕、心慌等现象。

的确，人身体内的脂肪过多，很容易发胖，但是一点儿都不摄入蛋白质、脂肪类的食物，人很容易营养不良。女孩减肥的目标是减掉身体内多余的脂肪，而不是全部脂肪，否则只会对身体健康造成严重的伤害。

因此，父母在每天给女儿的饮食中，除了蔬菜等高纤维食物，还要让她摄入肉、蛋、奶等含有蛋白质、脂肪类的食物，水果也是女孩减肥过程中必不可少的，要知道科学饮食是科学减肥最重要的一步。

方法二：让女儿变成"瑜伽小公主"

儿童瑜伽的动作并不激烈，而且运动量又小，对于单纯因为饮食问题和缺乏运动而造成肥胖的孩子来说，这是一种很好的减肥方法。因为瑜伽要求饮食相对清淡，但不是吃素，而是在蛋白质来源上要求质量更高，而瑜伽的运动过程也能帮助孩子按摩内脏。最重要的是瑜伽不但能修炼女孩的体形，而且能提升女孩的气质，是一举多得的减肥运动。

下面就给父母介绍几种简单的儿童瑜伽动作，让你家的小胖墩儿变成身材、气质俱佳的"瑜伽小公主"：

（1）鱼式：身体平躺，双手手肘撑着身体，胸部往上挺，头顶顶地，然后将双手往上伸直，手背放在地上，两只脚微微往上拉抬，头往上顶的动作可以将呼吸道打直，按摩呼吸道。

（2）山形呼吸练习：臀部先坐在脚跟上，背挺直，将两手掌放在头部后方，头缓缓往后仰，再往前，这个姿势可调整胸椎，使头部、颈部的肌肉放松。

（3）天鹅式：手打直，撑着地，背部挺直，两只脚往上拉靠着背部，头微微往后仰，这个姿势可以练习到腹肌以及脊椎的伸展，消除女孩肚子上的肥肉。不过，双脚往上拉靠着背部，需视能力而为，能举到哪儿就举到哪儿，千万不要勉强。

（4）射箭式：后背挺直，脚平放伸直，同一边的手拉同一边的脚，一只脚拉直，另一只脚往后拉，这个姿势可以训练到大腿和小腿的肌肉。

（5）轮式：平躺后将手平放在地上，臀部略微抬高，接着用手和上背部的力量将上半身撑起，妈妈这时可以帮助女儿拉着上背部将腰部挺起，这个姿势可以练习到脊椎和呼吸道。

专家教你女孩怎么养

父母如何让女儿科学减肥？

第一，坚持运动。如经常带女儿去爬山、游泳、打羽毛球、打乒乓球、跳舞，或者让女儿帮忙做家务等。

第二，给女儿制订一个减肥计划。比如她应注意每天吃什么、吃多少、什么时间吃等问题。

第三，别给女儿吃太多甜点，如蛋糕、冰激凌、巧克力之类。

女儿太瘦别担心——科学饮食让女孩更健康

现在女孩都以“瘦”为美，殊不知太胖和太瘦都不好，而且会对她的身体健康造成很大的伤害。其实，父母最担心的不是孩子吃太多，而是孩子不吃饭，因为孩子一旦对食物产生了厌倦，就很容易出现各种健康问题。

日常生活中，父母要从饮食方面来改善女儿不爱吃饭的习惯，增加孩子膳食的摄入量和丰富性，要让她多吃面食等富含碳水化合物的食物，还有高蛋白的食物、蔬菜、水果等。当然，父母一定要科学为女儿增肥，而且要制订符合女儿实际情况的科学饮食计划，这样才会取得好效果。

给女孩父母的建议

我国传统医学认为，孩子太瘦多半是因为其脾胃功能低下、气血不足所致，而脾胃健康、气血旺盛，孩子的身体才健康，肢体才有力，所以，父母要想让女儿变得健康、美丽，就要好好调理她的脾胃。

方法一：多给瘦弱的女儿吃五谷杂粮

晓慕的爸爸妈妈都是很高很壮的人，但是他们的女儿却比同龄的孩子要瘦弱矮小得多。按说在吃的问题上，他们从来没有委屈过女儿，相反他们几乎每顿饭都有肉，而且平时只要是晓慕想吃蛋糕和冰激凌，他们二话不说就到商店去给她买了，可是晓慕不但没有变得白白胖胖的，反而又黄又瘦，不知道的人还以为晓慕的父母虐待她呢！

后来，晓慕的奶奶从乡下来照顾总爱生病的孙女，看到晓慕一家每天吃的东西，奶奶叹着气说："人家都说五谷杂粮最养人，你们这样每天只给孩子吃鸡鸭鱼肉和牛奶蛋糕，别说孩子被你们养胖了，我看是被养坏了。"于是，奶奶开始每天给晓慕煮杂粮粥，晓慕的爸爸妈妈也发现，无论是玉米粥还是小米粥，这孩子都喝得非常香，而且奶奶用玉米面做的饼也是晓慕最喜欢的食物，有时每顿饭都能吃一个。一段时间过后，晓慕不但脸上有了光泽，身材也胖了一些，就连精神也比之前好了很多，也不像以前那样爱生病了。

其实，无论是成人还是孩子，饮食都应该以清淡、营养丰富及易消化食物为主，不要多吃那些油腻的烧烤油煎食物。父母在制订女儿的饮食计划时，应该把五谷杂粮巧妙地加入孩子的餐点中，而且烹调时可采用汤、粥、羹、糕等形式，以利于孩子脾胃的消化和吸收。

方法二：用吃饭进步图表法帮助女儿长胖

12岁的采盈特别瘦，而且不喜欢吃东西，妈妈带她到医院检查了很多次，得出的结论都是一样的，就是这个孩子身体没有任何毛病。最后采盈的妈妈找到了一位著名的儿科专家，希望她能帮助自己改善女儿“太瘦”的现状。

最后，专家告诉了采盈的妈妈一个办法，就是先给女儿订一个体重增加10斤的目标。为了实现这个目标，可以在自家的厨房墙上贴一张“吃饭进步图表”：比如哪天孩子吃完了盘子里的饭菜（包括一种新鲜蔬菜），就在图表上画一朵小红花，并同时给予某种形式的奖励，如让她多看会儿电视，晚上多玩儿一会儿再睡觉，或者让她与别的小朋友多玩儿一会儿等。如果到了周末她的体重增加了1斤，就再给她特殊奖励，如带她去动物园、游乐场或电影院等。

这位专家还告诉采盈的妈妈凡事不可太急，每次给女儿的饭菜分量要适中，同时要经常鼓励和表扬孩子，尽量让她吃完了再添一些，但不要给她施加压力，父母必须有打“持久战”的心理准备。

没想到，采盈的妈妈按照专家的这个方法去做之后，女儿的体重真的涨了上去，整个人也显得健康了很多。

当然，除了以上的吃饭进步图表法，父母也可以采用让女儿参与购买食物和做饭的方法，比如每次去菜市场之前，让女儿和你一起讨论需要采购哪些食物，写好购物单，然后带她一块儿上街，让她和你一起在菜市场挑选食物，并让她从货架上拿她喜欢吃的蔬菜。假如她答应吃她选的蔬菜，也可以让她买。只要在购物时，妈妈的态度随和、不专横，女儿一般是很愿意与你合作的。

父母还可让女儿参与做饭，开始学做些简单的食物，比如炒最简单的西红柿鸡蛋等。随着她做饭技术的提高，再慢慢教她做其他饭菜。在女儿展示完自己的厨艺之后，其他的家庭成员要表示出对食物极大的兴趣，这样也会让女儿爱上食物。

专家教你女孩怎么养

父母平衡家庭膳食的原则有哪些？

第一，食物要均衡：父母要让女儿按比例进食，同时更要注意食物之间的科学搭配。

第二，食物要多样化：蔬菜、水果、肉蛋奶和五谷杂粮，这些在女孩的饮食中缺一不可，每天摄入食物品种的总数宜保持在 15 ~ 20 种。每周最好安排 1 ~ 2 次，摄入一些如肝脏、海带、核桃、瓜子类等富含特殊营养成分的食物。

第三，摄取要适量：父母一定要避免女儿摄入过多的油脂和糖类等，同时可挑选低脂肪、低饱和脂肪酸和低胆固醇膳食，还有糖、盐、调料要适量。

为了健康，陪女儿一起运动

细心的父母或许会发现，现在在室外跳皮筋、踢毽子的女孩很少见，而面对电视、电脑、漫画书的女孩却越来越多。人们常说“生命在于运动”，而不爱运动的女孩，身体健康可能受到影响，可能会免疫力下降、爱生病或者变成小胖墩儿。

妙可是一个长得甜美可爱的小女孩，但是从小到大喜静不喜动，让她跟小朋友一起跳绳、踢毽子，她总是说：“跳得脚疼，太累啦。”于是，常常是远远地看着别人跳，自己就是不愿意参与。平时和家人一起出门，就喜欢让爸爸妈妈抱着或者背着，还喜欢坐车，走一会儿她就嫌累……

出现这种现象的原因在于孩子大肌肉运动发展是一个由自发性到自主性的过程，一两岁的孩子处于动作发展快速增长期，受这种生命成长内在动力的驱使，她总想自己多运动、多动手，而等孩子过了这个时期之后，她就开始变得“懒惰”起来，很多事情自己会做也不愿意做。孩子自发性和自主性运动最大的区别就在于，自主性不像自发性是自然到来的，它需要成人的培养和教育，也就是说从这个阶段开始，父母或者老师要培养孩子对运动锻炼的积极情绪、兴趣与好奇，让运动给她带来成就感、同伴关系及社会性满足，这样运动才会真正成为女孩的需要与动力。

给女孩父母的建议

众所周知，运动有利于健康。专家也指出：经常参加运动的孩子，不仅精神饱满，而且身高体重发育更优，体态更加挺拔优美，就连神经中枢和大脑都能得到有益的调节。但是运动也要讲究方法和原则，否则不但达不到运动效果，还会伤害身体健康。

方法一：改变女儿的生活习惯，巧妙增加活动量

美茵是一个比较文静内向的女孩，再加上她先天体弱多病，出生不久就住过好几次医院。爸爸妈妈对她的政策是“保守疗法”，整天不让她出门，躲在房间里，避免与外界接触，害怕病毒、细菌、传染病对她造成伤害。爸爸妈妈怕女儿孤单和无聊，特意为她准备了许多玩具，而且都是乖乖女玩的洋娃娃、毛毛兔等。在这样与世隔绝的环境里，美茵根本不知道什么是力量，什么是运动，而她也无须运动，一切都是父母安排好的。

成长发育期的女孩一定要适当做一些运动，因为一个人的素质不仅包括心理素质，还包括身体素质，而身体素质又包括运动力量、协调性、敏捷性、速度、耐力等，还涉及走、跑、跳、投掷、攀爬等运动的技能。

所以，对于某些因功课太紧张或性格过于文静内向的女孩，父母可以通过改变一些日常生活习惯，巧妙地影响和引导女孩，比如：让女儿步行或骑车上学；周末一家人出去爬山或者去公园踏青；女儿晚上做功课时，适当“中途休息”，带她到楼下散散步，打打羽毛球、乒乓球，这样不仅起到了运动的目的，还可以换换脑子，提高学习效率等。一旦女孩感受到运动的乐趣和益处，就自然会养成运动的习惯。

不过，成长发育期的孩子并不适宜做那些力量练习，而且父母也要尽量避免那些难度高、危险系数大的动作。

方法二：和女儿一起多做简单的户外运动

通过研究，专家发现：假如孩子在童年时期缺乏运动刺激，那么他往往会对运动持消极态度，而且对运动既没有热情亦无技能。由于长时间的不锻炼，这些不爱运动的孩子的器官和肌肉长期得不到有效的锻炼，以致身材走样、运动能力低下等。

因此，父母必须赶快行动起来，多让女儿参加一些户外体育锻炼，而适合户

外的体育锻炼形式多种多样，可分为徒手运动和借助玩具器械运动两大类。

徒手运动，顾名思义，就是不依靠各种器具，让孩子利用自己的身体运动起来，比如抖抖手、抖抖脚、简单的体操动作、模仿动物游戏、父母和孩子一起玩的运动游戏等。

松松是一个非常不爱运动的小女孩，小小年纪的她没有一点儿孩子该有的活力和朝气。为了改变女儿的这种“懒惰”现状，松松的爸爸每天早晨都会放范晓萱的《健康歌》，然后让女儿和他一起扭动身体。松松慢慢地从一开始的不情愿，到最后每天都催着爸爸和她一起做运动，而且她还会自己加些可爱的动作，总是会得到爸爸的夸奖和认同。从那之后，松松就爱上了运动，上学的时候还成为一名小小的运动健将。

借助玩具器械运动包含的种类很多，像小皮球、小足球、皮筋、跳绳、哑铃、呼啦圈、小三轮车等，而且随着孩子年龄的增长，父母还可带女儿到公园或运动场去荡秋千、划船、溜冰等。

所有的这些运动项目，父母都可以和孩子一起完成，做孩子游戏和运动的最佳搭档，而且在这些运动过程中，锻炼的不仅仅是女孩的身体，还有她的大脑以及协调能力等。

专家教你女孩怎么养

通过哪些运动能让女孩长得更高？

第一，有氧运动。像游泳、骑车、慢跑、球类运动等有氧运动可加速血液循环，促进新陈代谢和生长激素分泌。此类运动可每周做 3 ~ 5 次，每次半小时至 1 小时，每天不超过 2 小时，可分 2 ~ 3 次进行。

第二，弹跳运动。像跳绳、蛙跳、跳皮筋、纵跳摸高等弹跳运动，可使下肢得到节律性的压力，充足的血液供应会加速骨骼生长。此类运动可每天做 1 ~ 3 次，每次 5 ~ 10 分钟为宜。

第三，伸展运动。像引体向上、太极拳、韵律操、压腿、踢腿、芭蕾舞练习等伸展运动，可增加女性柔韧性，使身体变得更加轻松和灵活。配合前两种运动，可每周进行 3 ~ 5 次。

安全教育——如何让女孩学会保护自己

生活是美好的，但是生活中也存在着危险和诱惑，尤其对青春期女孩来说，她们更容易成为一些不法分子欺骗和伤害的对象，所以，我们要提高女儿的自我保护意识，让她们远离这些危险和诱惑，从而快乐地生活。

安全教育是一个长期、持续的过程，父母必须有“长期作战”的准备，并且要做好女儿安全教育的老师和协助者。

女孩的安全教育要从小抓起，而且不仅要在集体活动中进行，还应在日常生活中随机进行。父母要做的就是让女儿知道如何克服危险，并在克服危险的过程中怎样有效地保护自己，这样才算是真正的安全教育，也才能给女孩最安全的保障。

给女孩父母的建议

父母在女儿的安全教育问题上，不能只用言语叮嘱女儿不能干这个不能干那个，或者这个不能吃那个不能吃，把女儿过于收在自己的“羽翼”下，而应该采用理论知识和实践活动相结合的方法，让女儿真正得到安全。

方法一：对女儿的安全教育要从小做起

女儿品品5岁多了，从她稍微懂事起，父母就一直给她灌输安全知识。比如她小时候喜欢边吃边玩儿，大声笑，爸爸就严肃地警告她吃东西时不准嬉笑；等她会爬高了，妈妈就不允许她爬窗台，并告诉她一些小朋友发生意外的事，让女儿知道这样很危险；2岁多时，父母就让品品记住父母的名字和电话号码；每天上楼下楼坐电梯时，父母就告诉她乘坐电梯的安全注意事项等。

品品父母的安全教育果然有了成效。有一次，品品的妈妈带着她去逛商场，因为是周末，商场里有很多人，不知什么时候，一直跟在妈妈身后的品品突然不见了。妈妈变得异常焦急和担心，发了疯一样在商场里到处找品品，此时商场广播里传来了消息，品品正在广播室等妈妈。原来，在妈妈挑衣服的时候，品品不小心跟丢了妈妈，但是，她没有害怕，而是沉着冷静地找到商场保安人员，请保安叔叔帮她寻找妈妈。平时，爸爸妈妈告诉她，在外面万一碰到危险，就找穿制服的人，没想到还真起作用了。

安全教育是教育女孩的一个重要的大问题，一定要从小进行，不要等孩子出了问题才后悔莫及。同时也要提醒父母，平时和女儿一起外出时，一定要让她在你的视野范围之内，切勿让她单独跟在后面。

方法二：教给女儿一些日常安全常识

各位父母应该在女儿比较小的时候，就把日常的安全常识告诉她，那么，安全常识主要包括哪些内容呢？

（1）电器安全：不让女儿乱动家里的插头、插座及各种电器。

（2）火的安全：告诉女儿不要玩打火机或火柴；如果发生火灾，要记得先拨打火警电话 119，然后往衣服上洒水，并用湿毛巾捂住嘴和鼻子，打开门，贴着地面，爬到最近的安全出口。

（3）煤气安全：一旦闻到煤气味儿，不要打开电源开关，更不要点火柴，应赶快打开窗户，让煤气散去，同时关上厨房门，避免让煤气进入室内。

（4）交通安全：教给女儿一些交通规则以及过马路的注意事项等。

（5）防盗安全：告诉女儿如果发现家门被撬开，千万不要进门，因为有可能小偷就在里面，此时应迅速报警。

（6）防止走失教育：在女儿刚学会说话时，就要告诉她父母的名字、自己的名字、家庭具体地址等，等女儿大一点儿时，尽量让她知道父母的电话和单位。同时告诫女儿不要吃陌生人给的东西，也不要跟着陌生人离开等。

（7）必要的性教育：女孩到了四五岁时，妈妈就应向她说明哪些部位是个人隐私区，任何人都无权随意接触。平时，即使是到医院检查身体，也要有监护人在场。

方法三：对女儿进行情景训练，提高她的安全意识

一位妈妈曾经这样谈到自己的育女经验：

我女儿 9 岁了，眼看都快长成大姑娘了，但是却非常单纯，连一点儿自我保护意识都没有。我觉得这样非常不好，因为生活中充满着危险和诱惑，我应该提高女儿的警惕性才对。于是，没事的时候，我就和女儿做起了情景训练。比如我会问她："女儿，你说爸爸妈妈都不在家，如果有陌生人敲门，你开不开呢？"女儿想了想说："不开，给陌生人开门太危险了。"我点了点头说："对，不能开，因为那样太危险了。但是如果敲门的是你认识的人呢，比如爸爸或者妈妈的同事。"女儿想了想说："这应该开吧，都是认识的人。"我说："咱们前些天不是在电视上看过吗，很多小孩都是被熟人绑架的。"女儿说："那就也不开。"我说："你可以给认识的人开门，但是开门前先给爸爸或者妈妈打个电话。"

除了这个开门问题外，我还和女儿做过其他的情景训练，比如遇到坏人怎么办、遇到骗子怎么办……我感觉，用这种情景训练的方法比单纯说教的方法要好得多，孩子不仅更容易接受，在真的遇到危险情况的时候，也更能想起用什么样的方法来应付。

专家教你女孩怎么养

父母如何更科学地帮助女儿树立安全意识？

第一，从生活细节处教育女儿。要知道有时一个不起眼的螺丝等都有可能伤害到孩子，所以要从小细节处开始对女儿进行安全教育。

第二，以身作则，反复教育。比如父母要经常告诉女儿过马路要遵守交通规则，记住"红灯停，绿灯行"等，这些都需要父母反复提醒。

第三，教育女儿不伤害他人。安全教育应该是双面性的，我们要防止孩子受到伤害，也要防止孩子去伤害他人，如在某些游戏中，不知轻重的孩子有时会伤着别人，因此要时常告诫孩子这方面的注意事项。

第十一章
读懂女孩的心，陪她顺利度过青春期

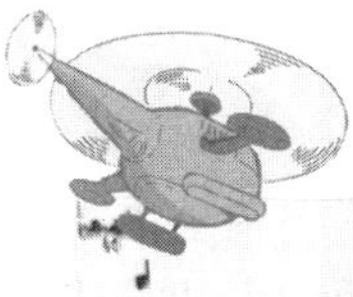

青春期少女总会遇到各种各样的问题，有的令父母感到欣喜，有的却令父母感到担忧，如何给女儿上好青春期家庭教育这堂必修课呢？

学着尊重女儿的隐私权，给她独立的空间；

引导女儿正确上网，远离不良诱惑；

对女儿进行必要的性教育；

教女儿正确认识生与死；

……

如何与青春期的“叛逆女儿”和谐相处

当女孩进入青春期后，很多父母都会发现女儿就像变了一个人一样：原来那个文静、可爱、乖巧、活泼的女儿不见了，现在的女儿喜怒无常、情绪多变，动不动就和父母吵闹起来。还有些父母甚至发现，原本那个懂礼貌的小女孩竟然动不动就吐脏字、说脏话……对于女儿这种突然的改变，大多数父母都很难接受。有些父母为了找回原来那个乖巧听话的女儿，不断给女儿施压，结果不仅没有达到目的，还和女儿的关系闹得很僵。

对于少男少女来说，青春期是一个特殊的时期，出现叛逆、不听话是正常的事，德国著名儿童心理学家夏洛特·彪勒就曾经把青春期称为“消极反抗期”。据心理学家研究发现，当女孩进入青春期后，由于身心发展日趋成熟，迫切希望谋求自己的独立空间。

虽然青春期女孩出现叛逆性是正常的，但这种叛逆性还是给我们和孩子的沟通造成了很大的麻烦，很多父母都在寻找和青春期孩子沟通交流的方法。

给女孩父母的建议

女儿叛逆行为的出现，对于父母而言是一种紧急警告，提醒我们以往的教育方式已经过时了，要用对待成人的方式来对待女儿，要尊重她的选择，支持她做事的方式……只有这样，才能培养出优秀的女孩。

方法一：理解、尊重女儿，减少指责、批评和唠叨

很多父母看不惯青春期女孩的叛逆，不是没完没了地唠叨就是指责打骂，这样反而容易激起她更强烈的反抗。显然，这种做法是不对的。

下面是一位妈妈写的育女经验，我们来看看她是怎样做的：

在女儿11岁时，我预感到女儿将进入青春期了，就找来一些有关女孩青春期的书来读，并把这些书介绍给女儿，让她了解一下自己的生理以及心理变化。当女儿进入青春期后，她确实改变了很多，不仅情绪多变，脾气也变得暴躁起来。

我知道女儿这些改变都是正常的，就坚持这样一个原则：理解、尊重女儿，尽量减少批评和指责，更不会和女儿对着干。当然，我们也有争吵的时候，每当争吵太激烈时，我会尽快做出让步："妈妈不和你吵了，你的激素又在影响你了。"女儿也看过那些有关青春期的书，听了我的话一下子笑了起来，气也消了。

其实，青春期女孩也懂得什么是对、什么是错，只是体内的激素在起作用，有时没法控制自己。如果父母对她理解和宽容，她反而会约束自己，不会出现更大的问题。

方法二：找对交流的时机，多给女儿鼓励和赞美

很多父母和青春期的女儿无法沟通，其实是没有选对时机和方法。在和青春期女孩沟通时，应该做到以下几点：

首先，要了解女儿，并且找好话题切入点。聪明的父母会从女儿感兴趣的话题谈起，在女儿高兴时再向她提建议。另外，为了更好地交流，父母还可以送女儿一些小礼物，或者把自己的担忧、想法写成信放到女儿书桌上，这样，女儿就能够感受到父母的爱，从而接受父母的建议。

其次，要多听少说。在和女儿谈话时，父母不要急于表达自己的意见，更不要没完没了地唠叨女儿，而是要做一个听众，听女儿讲话。当女儿说得正确时，父母要及时给予表扬；如果说得不对，父母也不要马上说"你这样做根本不对"，而是等女儿讲完后，用试探的口气说"那样是不是更好呢"。

最后，和女儿成为朋友，多赞美和鼓励她。和青春期女孩交流沟通时，父母不要摆家长的架子，而是要平等地对待她，最好是和她成为无话不谈的朋友。

方法三：对青春期的女儿要宽严相济

一位爸爸曾经这样谈到自己的育女经验：

对于我那正在经历青春期的女儿，我是非常宽容和理解的：前段时间，她把自己的发型弄得很独特，还买了一身很怪异的衣服，我都没有批评她，只是把我的想法说了出来，算是给她的建议。前两天，她突然又染上了说脏话的坏习惯，脏字、脏话一堆堆地从嘴里冒出来，让人听上去非常不舒服。我温和又不失严厉地对女儿说："说脏话是很不好的行为，尤其女孩更不能脏话连篇。"女儿有些不服气地说："我们班的女同学都这样。"我说："爸爸不管别的女孩怎样，但是爸爸绝对不允许你说脏话。”我把我的原则亮了出来。女儿看我说得非常严厉，便去谨慎地约束自己，渐渐改掉了说脏话的坏习惯。

一位教育家说过，对于青春期的孩子要宽严相济。这里所说的“宽”是指宽容和理解她，“严”是指亮出自己的原则和底线，绝对不允许她越过去。在生活中，我们可以把自己的底线告诉女儿，例如不可以吐脏字、不可以在外边过夜等，她知道这是父母的原则和底线，就不会去轻易触碰了。

专家教你女孩怎么养

父母如何对待叛逆的女儿？

第一，多和女儿沟通，少用命令式、规劝式的口吻。

第二，给女儿历练的机会。父母不可能一辈子用自己的翅膀护佑着孩子，最好的方法就是让她在经过某些事件后，通过反省变得成熟，而成熟、独立是人生最宝贵的财富。

第三，充分信任女儿，多鼓励、少打击其积极性。

尊重女儿的隐私权——给她独立的空间

当女孩进入青春期后，她开始有了自己的小秘密，在父母面前也不像以前那么透明了。还有的女孩把自己的日记上了锁，以应对父母的检查。正因为女儿的这些变化，父母对女儿更加关注了：女儿为什么把日记上了锁呢？她不会有什么小秘密吧？

13岁的莉姿有写日记的习惯。每次写完日记，她都把日记本放到自己的抽屉里，然后再把抽屉锁起来。这天，她打开抽屉去拿日记本，发现日记本明显被人动过，她当时就明白发生了什么。莉姿非常气愤地对妈妈说：“你为什么偷看我的日记？你知道这是在侵犯我的隐私权吗？”

和这位妈妈一样，很多父母都认为偷看女儿的日记是为她好，也是对女儿负责任。但是这种偷看行为真的能为女儿解决青春期的烦恼吗？真能促进亲子之间良好的沟通吗？从上面这个事例可以看出，父母这种偷看日记的行为不仅不能让女儿体会到父母的一番苦心，还会让女儿产生反感，并产生防范意识，从而在心中上了一把“心锁”，使亲子关系更加恶化。

给女孩父母的建议

面对有秘密的女儿，父母应该怎么做才能真正走进她的内心世界，并且正确引导她健康成长呢？

方法一：给女儿的秘密上一把锁

14岁的城城是一名初二女生，有一天，她正赶往去学校的路上，突然想起来昨天晚上的作业忘记带了，于是急忙又掉头往家跑。没想到，当她掏出钥匙打开家门时，竟然看到妈妈正从自己的房间里出来，脸上还带着些许不自然的表情，城城没有在意，走进自己房间去拿作业本。一推开房门，她愣住了，看到自己书桌的抽屉全部敞开着，自己的日记本、朋友们送的生日礼物及贺卡等全都胡乱地堆在桌子上。

城城非常生气地质问妈妈：“你为什么翻我的抽屉，随便动我的东西？”

没想到妈妈却比她还生气，而且理直气壮地说：“怎么了？当妈的看看女儿的东西还有错吗？”

城城更加愤怒地说：“可是你应该经过我的允许才能看啊！”

妈妈毫不在乎地对城城说：“小丫头有什么允许不允许的，别忘了我是你妈，好了好了，快去上学吧！”

女儿到了青春期，每位爸爸妈妈都会面临这样一个问题——“女儿的日记该不该看”。其实，青春期女孩异常敏感，她们也都会有自己的小秘密，也都担心父母会趁自己不在的时候偷看自己的日记等。于是“你有张良计，我有过墙梯”，女儿就和爸爸妈妈玩起了心眼儿，不是在日记里夹根头发，就是把日记藏到十分隐蔽的地方。

父母与女儿之间的这种“捉”与“藏”的关系实在没必要。因为随着年龄的增长，孩子独立意识增强，她想拥有自己的隐私，而且渴望被尊重，所以，父母最好的解决办法就是给女儿一本带锁的日记本，让她自己掌握钥匙，除非在女儿允许的情况下，否则父母不要随意翻看女儿的隐私。

方法二：与女儿谈谈自己当年的那些秘密事件

女孩为什么宁愿把自己的秘密写进日记本里，而不愿告诉自己的父母呢？这一方面是女孩身心发展的需要，另一方面就是父母和女儿在沟通上出现了问题。如果父母能够在尊重、理解、信任的基础上和女儿进行交流，那么，她就会主动与父母分享自己的秘密，而且你越信任自己的孩子，她也就越信任你，越愿意把你当成知心好友。

宁宁上四年级了，她养成了写日记的好习惯。一天，她正在房间里写日记，听见有人在敲门："是谁啊？"

"我是妈妈，可以进来吗？"

"进吧！"宁宁一边回答，一边把日记本合了起来。

只见妈妈端着一杯果汁走了进来，然后把果汁递给女儿，说："宁宁，又在写日记啊？"

宁宁见妈妈看着自己的日记本，心里打起了不安的小鼓，警告妈妈说："是啊，不过，妈妈你可不能偷看哦！"

妈妈笑了一下，说："好，妈妈不看。其实，像你这么大的时候，妈妈也爱写日记，而且为了怕别人偷看，还拿了把小锁锁了起来。"

"那有人偷看过你的日记吗？"

"没有，别人一看我的日记锁住了，就知道我不想让别人知道。呵呵，里面可有我很多的快乐和小伤心事呢，比如第一次得到老师表扬，第一次被爸爸妈妈批评，现在想起来真是很有趣呢！"

"妈妈，我日记里也有好多开心和不开心的事情呢！"

"妈妈了解，其实，妈妈很希望能分享你的快乐和忧愁，不过，妈妈会尊重你的意愿，绝不会偷看你的日记的！"妈妈真诚地对宁宁说。

"妈妈你这样说，我倒愿意和你一起分享我的日记了。"

这位明智的妈妈不但得到了女儿的信任，而且在尊重女儿隐私和意愿的前提下，开启了女儿内心世界的大门。

专家教你女孩怎么养

父母如何对待女儿的小秘密？

第一，不要做窥视者。父母窥视女儿的秘密如果被发现和察觉，很容易让她对父母产生信任危机，因此，父母绝不要做偷看女儿隐私的窥视者。

第二，做女儿秘密的守护者。假如女儿把自己的隐私告诉了你，你承诺为她保守秘密，就一定要说到做到。

第三，让女儿做自我教育的修复者。父母在获取有关女儿隐私的过程中，即使有些不妥的内容，也不必大惊失色，可以与女儿一起讨论理想、道德、人生观等问题，引导女儿自己悟出为人处世的道理。

引导女儿正确上网，远离不良诱惑

随着互联网的普及以及网络上各种新奇事物的出现，女孩越来越多地走进虚拟的网络世界，变成了一个个令父母担心的“小网虫”。

11 岁的茉莉已经有 2 年网龄了，她很喜欢在网上交网友、玩网络游戏。寒暑假或周末时，每天父母一出门，她就谎称去同学家里做作业，然后偷偷泡在网吧里玩流行的某舞蹈类休闲网游。

后来，网络上又流行一款偷菜的网络游戏，茉莉非常着迷，上课时还在担心自己在网上的“菜”会不会被别人偷走，所以一点儿上课的心情都没有，根本无法集中注意力。下午放学时间一到，她就飞奔到网吧去上网，万分焦急地去查看自己的“菜园”，甚至晚上也在想着“偷菜”的事情，在爸爸妈妈睡着之后，半夜偷偷起来去爸爸书房打开电脑上网，现在，她的学习成绩一落千丈……

女孩如果长期沉迷于网络世界，那么她就会变得越来越不适应现实生活，甚至会惧怕现实生活中的人，她会渐渐因为网络与现实中的人失去联系，因此，父母应该学会如何正确引导孩子上网，趋利避害，让孩子的网络世界变得广阔而纯净，并能给她带去更加丰富的知识，还有更多的收获和快乐。

给女孩父母的建议

现在很多父母都是谈网色变，社会各界对此也议论纷纷，有的叫“停”，有的喊“堵”，还有的主张“疏”……作为女孩的父母，到底应该怎么做呢?

方法一：给女儿制订一份电脑使用规则

一位明智的妈妈给女儿制订了这样一份电脑使用规则：

电脑放在客厅里，没有特殊情况不准挪动；

每次使用电脑应以学习为主，娱乐为辅；

不把自己的真实信息和家庭信息暴露给网上的陌生人；

如果在网上遭遇到陌生人的骚扰要马上告诉父母，如果父母不在，应立即关闭电脑；

一旦违反以上规则，视情节轻重，给予减少使用电脑时间或一段时间内停止使用电脑的处罚；

每天使用电脑的时间不得超过半小时，双休日、节假日和寒暑假每天不得超过 2 小时。

在这个规则的约束下，这位妈妈的女儿在使用电脑和上网方面很少出现问题。不过，父母在为女儿制订电脑使用规则时，要根据每个孩子不同的习惯以及心理特点来制订。比如女儿自控力和执行力比较强，那么父母制订的规则内容要多侧重孩子的学习和拓展知识方面；而面对自控力差、执行力差的女儿，父母要多侧重孩子在使用电脑时间长短方面的限制，尽量让孩子少接触网络。

方法二：和女儿一起上网

父母最好和女儿一起感受网络所带来的便利与快捷，以便让女儿能够对上网的内容进行取舍，而且能够把握孩子上网的时间。

父母引导孩子上网可简单地从以下三个方面去做：一是要主动引导女儿了解网络，并向她推荐一些适合她的网站；二是要适时引导女儿运用网络这个工具解决生活和学习中的一些实际问题；三是父母要以身作则，要求女儿不做的，自己一定不能做。

方法三：切忌对女儿使用强制手段

面对纷繁复杂的网络世界，如果女孩自我保护意识不强，很有可能受到伤害。对此，很多父母采取无端指责和强烈限制的方法，这显然是错误的。

典典的妈妈一到节假日就坐立难安，因为她最担心的事情总是会发生，就是女儿把大量的时间花在网络上。因为怕女儿染上网瘾，妈妈从典典坐在电脑前就开始焦虑紧张，还一直在房间里走来走去，对女儿不是唠唠叨叨，就是严加指责，最后干脆给电脑设置了密码，有一段时间还掐断了网线。典典对此非常气恼，她开始偷偷地跑到外面的网吧去上网，而且为了筹够上网的钱，她学会了说谎。

其实，随着网络时代的到来，孩子每天上 2 小时的网，并不能算网瘾，父母大可不必如此草木皆兵。明智的父母不会选择用指责和抱怨来阻止女儿上网，而是选择正确引导女儿健康地使用网络，并且告诉她如何利用信息丰富的网络来为自己的学习和生活服务。

专家教你女孩怎么养

父母如何解决女儿上网太多的问题？

第一，转移视线法。比如可将电脑中的聊天软件换成有趣的学习软件，或者让女儿用写电子邮件的形式来代替 QQ、微信等聊天工具。

第二，巧妙限制法。父母在女儿上网之前，可与其先约法三章，比如限制网友、限制上网时间、限制上网内容和上网地点等。

第三，温情煽动法。父母可放下自己的身段，以朋友的形式与女儿交流、沟通，还可适当增加一些亲子游戏和户外活动，相信慢慢地女儿上网成瘾的概率就会大大降低。

应对女儿早恋——暗示比提醒更有效

一天，上初二的女儿走进妈妈的房间，大着胆子对妈妈说："妈妈，我喜欢我们学校的一个男生，怎么办？"妈妈没有表现出惊慌失措，更没有斥责女儿，相反，她笑着问女儿："你喜欢那个男生哪些方面呢？"

女儿说："他不但人长得帅，而且学习又好，还是体育特长生。"

妈妈又问："那他和你是一个年级的吗？"

女儿摇摇头，说："他比我高一届，马上就要毕业了。妈妈，现在我该怎么办呢？"

妈妈把女儿拉到身边，然后温和地说："乖女儿，你的感受我非常理解，因为当年妈妈也和你一样经历过这样的事情。当时，我们班有一个学习又好长得又帅的男生，我很喜欢他，而他也对我有好感，因为我也是学习很好、性格又好的女生，呵呵！不过，我们都是学生，最重要的还是学习。于是，我们就定了一个十年之约，约定十年之后如果对方都没有找到相爱的人，而且对彼此还有好感，那么我们就在一起。"

女儿见妈妈不但没有批评自己，还讲起了自己的爱情往事，于是追问道："那后来呢？"

妈妈笑着说："后来，我们都考上了重点高中，又考上了大学，再后来，那个男生成了你的爸爸！"

女儿听完又惊奇又羡慕，决定也向妈妈学习，和自己喜欢的人来一个十年之约，然后努力学习，而妈妈也巧妙地解答了女儿早恋的问题。

女孩到了青春期对异性产生好感，这是人的正常反应。不过，从女孩的性格来说，外向型的女孩一般愿意主动跟父母交流，也不避讳早恋问题，情况比较透明，更利于父母引导；而内向型的女孩，情况就比较复杂，因为她们并不善于表达，更不会和父母沟通这方面的事情，她们担心受到惩罚和伤害，所以一般都是秘密进行，这时，就需要父母仔细观察孩子的日常行为，以便找到突破口正确引导孩子。

给女孩父母的建议

早恋在很多父母心目中就如洪水猛兽一般，一旦发现女儿早恋，父母就开始变得不知所措，哪怕仅仅是个苗头而已，父母都如临大敌。其实，父母这样做只会让女儿更加反感。面对早恋，专家给出的建议是：只疏不堵，用科学的方法引导孩子。

方法一：平等沟通，帮女儿走出早恋误区

卓卓上初二，是一个学习很好、也很听话的女孩，可是前段时间她突然对妈妈说不想在这个学校读书了，想转学。卓卓妈妈很纳闷，问女儿原因，她就是不肯说。没办法，卓卓妈妈只好去学校了解。卓卓的班主任告诉她说，卓卓这孩子有早恋倾向，并且受到了一些打击，好像自尊心受到了伤害，所以最近一段时间情绪比较低落。原来，卓卓半年前就对班上的一个男生有好感，刚开始两人的关系发展得比较顺利，可后来男孩有了移情别恋的倾向，卓卓很受打击，班上有好事的同学讽刺了她几句，致使她产生了厌学情绪。

卓卓妈妈了解了事情的真相，对女儿是又怒又忧，可理智告诉她不能再给女儿雪上加霜。于是，在一天晚上，卓卓妈妈心平气和地走进女儿的房间，以一种朋友的身份和女儿聊天。卓卓妈妈讲了自己青春期的初恋，女儿也渐渐向她打开了心扉，在理解与信任中，母女两人各自谈了对早恋的看法。卓卓妈妈告诉卓卓："女儿，早恋是一种美好的情愫，但是这种感情变化太快，这也是心智不成熟所决定的。那个男孩对你比较冷淡，或许是因为你不够优秀，如果你因此对学习产生厌倦，只会给这段纯洁的感情留下伤痛……"幸运的是，经过这次谈话，卓卓不再提转学的事情，再加上老师也时常安排她多参加集体活动，一场青春期的烦恼就这样渐渐远去了。

早恋的女孩首先在感情上就容易表现得脆弱和敏感，如果这时最亲密的家人对她不是阻止就是训斥，那么就会激起她心中更大的反抗意识，而平等交流和有效的沟通能够很好地减轻女孩内心的感情负担，让她对早恋有一个正确的认识，同时也愿意在父母的引导下积极解决。

方法二：不要让不良媒体内容影响女儿的恋爱观

爱情，一直是人们永恒不变的话题，人们在电视、网络、报刊、书籍等传播信息的渠道里，到处都可以感受充满浪漫情怀的爱情，但这对青春期女孩来说却未必是一件好事，尤其是对于爱幻想的女孩。比如一个刚上初中的女孩说：“如果父母不同意我和军谈恋爱，我就和他私奔！我们要冲破家庭的阻碍，白头偕老，永不分离。”电视剧里太过感人的台词就这样从少女的口中说了出来，这不禁让很多父母苦恼：“我的女儿怎么啦？”

童话故事虽然来源于生活，但很大程度上和现实生活并不相同，尤其是根本无法预测的感情，因此，面对爱深陷在浪漫故事和想象中的女儿，父母一定要帮助她树立正确、现实的恋爱观。

专家教你女孩怎么养

父母发觉女儿对异性萌生爱意时应该怎么办？

第一，转移法。引导女儿把精力转移到学习或者其他兴趣上去，用探求知识的乐趣、充实的校园生活和课外生活来取代不成熟的感情。

第二，冷处理法。父母一方面要理解和体贴女儿，另一方面要给女儿热情、严肃的忠告，让她从不成熟的感情中摆脱出来。

第三，搁置法。父母可采取和女儿约法三章的民主方式，如大学毕业之前两人可保持纯洁、珍贵的友谊，或者父母用自己的亲身经历让女儿中止恋情，只在心中留存一份美好。

健康性教育，父母责任大

据一家医院的院长介绍，他们每年所做的流产手术大约为2000例，其中1/4为未成年少女，而且最近一两年来，他们接待的未成年怀孕少女人数还在以每年10%的比例递增，这种现象令人担忧、发人深思，从某种程度来说，是父母对女儿进行性教育不到位所致。

受我国传统观念的影响，父母往往羞于和女儿谈性，致使女孩缺乏科学的性生理、性心理卫生的知识，对青春期遇到的一系列生理、心理问题感到烦恼、困惑，甚至误入歧途，危害女孩的身心健康。

父母不及时和女儿谈性，女儿会因为缺乏性知识而缺少自我保护意识，更容易受到别人的侵害。性问题不能及时得到解决而产生疑惑，长时间地压抑会影响生活、学习，也会对身体造成伤害，所以，父母要及时对女儿进行性教育。

给女孩父母的建议

虽然激素的分泌要到青春期才会大量增加，但是从孩提时代，人们就对性产生好奇和兴趣，因此，父母应该对女儿进行科学的性教育。

方法一：　性教育要从女孩幼年时抓起

父母要意识到，对女孩进行性教育通常有两个时期：第一个时期是女孩两三岁的时候，第二个时期是女孩即将进入或刚进入青春期的时候。

两三岁的时候，女孩的疑惑得到了父母的解答，女孩就会对父母产生信赖的情感，以后有了性方面的问题也会主动去询问父母，如果父母缺失了对女儿的性教育，就要及时地为孩子补上这一课。

不少父母对女儿的性教育开始得比较晚，女儿升入了初中，父母还没有对其进行性教育，这对女儿的身心发展是不利的。女孩一般在10 ~ 12岁时进入青春期，父母要在女儿的青春期还没有到来之前就完成对她的性教育。因为一旦进入青春期，女儿就会羞于和父母讨论关于性的问题。

方法二：和女儿开诚布公地谈性

一天，妈妈在整理女儿卧室时，不经意地发现女儿在偷看色情小说。她又气又急，但为了不伤害女儿的自尊，她只是把书藏了起来，没把这事捅破。因为女儿各方面表现一直都很优秀，也很爱面子，她相信冰雪聪明的女儿会察觉到自己的错误，并自觉改正。

此后一段时间，妈妈发现女儿没有什么异常，对于色情小说的事谁也没提，生活依旧平静，妈妈也很满意自己对这件事的处理——点到为止，心照不宣。

可是又过了一些日子，让人意想不到的事情发生了。那天，妈妈因为有事提前赶回了家，竟然发现女儿在卧室里看起了色情电影……

为什么妈妈的这种回避态度并没有起到良好的教育女儿的效果呢？这是因为父母越是对此讳莫如深，孩子就越是充满好奇和兴趣。其实，面对孩子的性问题，父母不必遮遮掩掩，而是应该保持平常心来正确看待，和女儿开诚布公地谈性。

父母可以先多了解一些适合孩子的性知识，为女儿进行科学的讲解。同时，父母还要对出现问题的女儿表示理解，引导女儿正确面对问题，并给她提供一些建议。

方法三：给女儿买几本性知识相关的书籍

很多父母觉得对青春期的女儿进行性教育很难开口，也有些父母觉得自己在这方面的知识太少，无法教育女儿。在这样的情况下，父母不妨买一些相关的教育书籍放在显眼的地方，让女儿主动阅读，这样可以帮助女儿对来自多种途径获得的性知识进行分辨，同时也避免她被一些不良信息所误导。

13岁的凌雪来月经了，她很惊慌，但又不好意思告诉父母，就偷偷地把弄脏的内裤和床单藏了起来。但妈妈在帮她收拾屋子时发现了，此时，妈妈意识到自己应该给女儿讲一些性知识，但是她又羞于开口，于是便买了几本关于青春期女孩的书放在了女儿的书桌上。

凌雪放学后，看到书桌上的几本书，开始读了起来，并且主动去问妈妈当女孩来月经时应该注意些什么，妈妈以自己的经验给女儿做了一番讲解。

方法四：善于回答女儿提出的性问题

父母千万不要对女儿关于性的好奇心横加指责，而是应通过循循善诱来抹掉孩子心理上对性问题的神秘色彩，使她能够正确对待性问题。

比如，女儿到了一定年龄会对异性之间的牵手、拥抱、亲吻等存有好奇心，她们有时会好奇地问自己的妈妈："妈妈，接吻的时候怎么喘气啊？"

这时，面对女儿如此认真的提问，妈妈完全可以大方地回答："女儿，你用手捂住嘴巴，是不是鼻子喘气的声音就比较大，而且人们接吻的时候为了不让鼻子碍事，就会找准一个适当的角度。"

另外，父母也不要等待孩子主动发问，而是利用身边或社会上发生的事件与女儿随时一起进行讨论，并向女儿阐述自己对一些问题的看法，为避免问题的发生，应该采取哪些预防方法，以及事件发生之后，应该采取的有效解决问题的方法等。

专家教你女孩怎么养

父母如何与女儿谈论性问题?

第一，诚实地面对女儿提出的问题。父母千万不要用谎言去欺骗女儿，因为大多数孩子在受了欺骗之后，会慢慢识破成年人的谎言，然后会认为在性的问题上是不能说真话的。

第二，用科学的名称来解释性知识。

第三，父母要尊重女儿，并为她创造一个开放、民主、快乐的家庭氛围。因为自尊、隐私和如何做决定是影响孩子如何处理性问题最重要的三个因素。

生命可贵——教女儿正确认识生与死

叶叶是一名高二的学生，她平时性格比较内向，有点儿沉默寡言，而且凡事总喜欢放在心里，不善于和父母、同学、老师交流。叶叶是那种很勤奋的学生，学习时，非常认真刻苦，但是她的学习成绩并不理想，因此经常受到父母的责备。高二下半学期期末考试后，叶叶因为学习成绩没有好转，重压之下的她竟有了“离开这个世界”的念头。一天晚上，她吞食了大量的安眠药，幸好被家人及时发现，才没有酿成悲剧。

到底是什么让还在花季的少女选择死亡来抛弃多彩的世界？为什么现在的女孩愈发脆弱，经不起挫折和失败，动不动就对父母“以死相逼”？一般来说，造成这种不良现象的原因有以下几个方面：

◆女孩心理脆弱。很多花季少女“自杀事件”的出现和她们自身有着很大关系，有些女孩在溺爱中长大，意志力薄弱，经受不起挫折，动不动就不想活了，心理异常脆弱。

◆女孩抗挫折能力差。有一部分女孩受家庭功能缺损、结构缺损等周围生活环境的客观因素影响，变得依赖性比较强，而抗挫折能力大大减弱，进而对生命产生漠视。比如有些女孩在学校上课时表现良好，但是回到家中却因为家庭不和或父母离异等情况引发自身对生命的不珍惜。

给女孩父母的建议

在女孩的眼中，世界本应是多姿而美好的，但是随着年龄的增长，她会发现现实没有想象中那么美好，一些美好的事物也终将有消逝的一天，所以为了给外表柔弱的女儿一颗坚强的内心，父母必须让她拥有正确对待生死的态度。

方法一：用恰当的词语表达和描绘死亡

中国父母在对女儿讲到“死”时，不是闪烁其词，就是用浪漫的语言掩盖，而如今很多漫画之类的少年读物在谈到死亡时，更多是用神话或浪漫体验来代替，客观上淡化了死亡的可怕性，甚至使女孩产生一种错误的认知，认为死不算什么，只是一个通道。

当然，父母在回答女儿有关死亡的问题时，绝对不要将错误的死亡概念传递给女儿，比如用极其可怕的事物形容死亡，像告诉女儿地狱中有刀山、油锅、血池、刑场等，这种错误的描述只会徒增孩子的恐惧，根本达不到教育女儿生死观的目的。

父母在对女儿进行“生命与死亡”教育时，首先要让她明白死亡的客观存在，而且必定到来，人人都会面对。告诉女儿死亡既不是浪漫的事，也不是可怕的事，而是一件人人都会遇到的平常事，鼓励她坦然面对。

方法二：让女儿认识到自己生命的价值

如果有一天，你的女儿这样好奇地问你：“人为什么会活着啊？”此时，你不必被孩子的问题吓到，她可能只是纯粹好奇而已，那么，你应该如何巧妙回答女儿的这个问题呢？

有一位明智的妈妈是这样回答的：

一天，女儿突然好奇地问我：“妈妈，人为什么活着呀？”我说：“乖女儿，你这个问题问得非常好。妈妈认为，人是因为爱而活着，就像妈妈是因为有爸爸和宝贝你，还有外公、外婆的爱而活着。因为你们的爱，我很有成就感，所以我快乐地活着。”女儿歪着小脑袋又问：“那我们要是不爱你了呢？”我笑了一下，说：“即使那样，妈妈也会把所有的爱无私地献给你们，为你们能感受到我的爱而活着。”女儿点点头说：“妈妈，我知道了，我也要为了爱而活着。”

作为成人来说，对于“人为什么而活着”有着不同的答案，但是面对我们年幼的女儿时，这个答案就一定要针对孩子来说，你要灵活地告诉她：人是为了理想而活着、为了爱与被爱而活着、为了目标和责任而活着……

方法三：让女儿坦然接受生命的终结

现实生活中，大部分女孩通常比较感性和脆弱，当她们身边出现生命终结的事情，比如心爱的小狗突然死了、辛苦栽种的小花枯萎了、最疼爱自己的家人忽然离世了……这时，正是父母对女儿进行生死教育的最佳时机。

英英养的小猫生病了，已经好多天没有进食了。看着女儿焦急的样子，妈妈认为此时是对女儿进行生死教育的好机会。

于是，妈妈就对女儿说：“英英，妈妈知道你很心疼，你这两天就多抽出点儿时间陪它吧，它可能很快就要死了。”

英英苦恼极了，说：“妈妈，我还要和它玩儿呢。”

“英英，不管是小猫，还是其他什么人，只要得了重病医治不好，就会死的，这是大自然的正常现象！”妈妈抚摸着女儿的头，然后接着说，“你想一想，如果世界上的人或者动物花草只生不死，那我们的地球会变成什么样子啊，到处是茂盛的花草、成群成群的动物，还有越来越多的人，可是地球就这么大，到那时地球就承载不了了。你希望这样吗？”

英英点点头，好像明白了一些。

妈妈最后又说：“所以，宝贝，我们要坦然面对生活中的生老病死，好不好？”

“嗯，妈妈，我懂了！”

专家教你女孩怎么养

父母如何教女儿正确认识生与死?

第一，教育女儿以坦然、理智的态度面对死亡这种客观存在。

第二，引导女儿学会珍惜生命，提升自己的生命质量。

第十二章

沟通讲艺术，倾听有技巧

含蓄的父母总是不知道如何沟通才能把自己的心和女儿的心连在一起，不清楚自己怎么说，女儿才会听，而怎么听，女儿才会说。其实，亲子沟通并没有父母想象中的那么难，只要你能回答以下这些问题，也许一切都会迎刃而解：

赞扬女孩的技巧有哪些呢？

批评女孩又有哪些讲究呢？

你知道激励女孩的策略是什么吗？

你了解开导女孩的方法有哪些吗？

……

父母找到这些问题的答案并不难，但真正难的是如何把这些策略、方法和技巧运用到教育实践中。

赞扬女孩有技巧

——内容要具体，方式要恰当

孙晴是一位小学三年级的学生，她的妈妈自从听说了赏识教育后，就用这种教育方法教育她。

不过，令孙晴接受不了的是，无论她做什么事情，做的是对还是错，妈妈都会对她说："女儿，你真棒！""宝贝，你真了不起！"妈妈的赞扬让她非常迷惑，因为她根本不知道自己了不起在哪里。

有一次，她画了一幅向日葵的油画给妈妈看，妈妈看后就一直说："女儿，你画得真好看！"可是妈妈却不说这幅画到底好看在哪里，这让孙晴有些失望，做起事情来也没以前有热情了。

"你真棒！""你真了不起！"生活中我们会经常听到父母这样称赞女儿。在成人的意识里，赞扬孩子，对她表示肯定和认同，她就一定会很开心，变得更听话、更自信。没错，赞扬的确有这种神奇的效果，但是赞扬也要讲求技巧和方法，并不是父母对女儿事事赞扬和赞扬越多就是对孩子好，如果父母称赞不当，很容易使女儿产生不安、紧张的情绪，甚至会引发一些恶劣的行为。

给女孩父母的建议（情景再现）

孙晴是一位小学三年级的学生，她的妈妈自从听说了赏识教育后，就用这种教育方法教育她。

一天，孙晴把自己画好的向日葵油画拿给妈妈看，妈妈满脸喜悦地对她说："晴晴，这幅画你一定动了脑筋才有了这样的灵感，画出这么美的颜色和线条吧？你能告诉妈妈你画这幅画时是怎么想的吗？这里为什么要画成圆形，颜色为什么选的是火红色呢？"当孙晴把自己的想法一五一十地告诉妈妈后，妈妈很惊讶地看着女儿说："晴晴，你的想法很新颖，妈妈非常欣赏你的这些想法。"

孙晴的妈妈在这里先肯定了女儿绘画时的努力，然后提出具体的问题让女儿回答，并在最后对女儿做出中肯的称赞。其实，女儿很乐意回答妈妈提出的问题，也愿意给妈妈讲述她作画的过程和心得。

因此，父母在赞扬女儿时，一定要选择具体的内容和恰当的方式，要让女儿明白她被表扬的原因是什么，把夸奖女儿的话说到点子上。

类似的话父母怎么说

当父母赞扬女儿时，父母可以这样说：

“你今天把地板、房间打扫得很干净，真是一个爱整洁的好孩子！”

“你是一个善解人意的女孩，而且顾全大局。”

“你表现得很好，爸爸发现你很善于与人合作。”

心理学家和教育家都认为：赞扬是孩子健康成长的“催化剂”。因为赞扬会让孩子满足自尊心和进取心，而这种自尊心和进取心是非常健康的，也是父母必须给予的，因此，父母应该多注意观察女儿的言行，用具体的内容和恰当的方式去赞扬她的进步和良好表现。

专家教你女孩怎么养

在生活中，父母赞扬女儿的方法有哪些？

第一，期望性赞扬。父母应该对女儿寄予某种期望，然后注意发现她的优点，再用启迪性语言进行表扬。

第二，诱导性赞扬。当女儿在某方面表现得特别出色时，父母应冷静、客观地对女儿的主客观条件进行科学的分析，在确信女儿适合这方面时加以循循善诱。

第三，鼓励性赞扬。当女儿在生活、学习等方面取得进步时，哪怕这种进步是偶然因素促成的，父母也应及时发现并公开表扬和鼓励她的点滴进步。

批评女孩讲艺术
——既要让她听话，又不受到伤害

卢慧是一个很淘气的小女孩，最近她迷上了跳绳，但是，她不喜欢去楼下的小广场玩儿，就喜欢在自家客厅里玩跳绳。虽说小孩子身体没有多重，但是她一上一下地蹦跳，还有绳子前后的甩动，难免会碰倒家里的一些东西，而且楼下还住着人，她的动静让家人和邻居都受不了。

于是，妈妈一看到女儿在客厅里跳绳，就非常生气地说："我叫你不要在客厅里跳绳，你没有听到吗？是不是打你一顿，你才能记得住！"

"妈妈，我再跳几下就不跳了！"

"几下，几下，你说的话没有一点儿信用！马上停止，你这么有劲儿，今天的晚饭不用吃了！"

女儿做错事，妈妈批评一下是应该的，但是言语之中说"打你一顿"和"没有一点儿信用"，甚至惩罚孩子不让她吃饭，这些说法和做法都是错误的，不但伤害孩子的心灵，而且也会影响孩子正在发育的身体。

曾有人说："如果一个孩子生活在批评之中，他就学会了谴责。"那是不是就要求父母在孩子做错事的时候不能批评呢？当然不是，批评和赞扬一样，都是父母教育女儿过程中必不可少的一种方式，但是都要讲究方法。

给女孩父母的建议（情景再现）

卢慧是一个很淘气的小女孩，最近她迷上了跳绳，但是，她不喜欢去楼下的小广场玩儿，就喜欢在自家客厅里玩跳绳。虽说小孩子身体没有多重，但是她一上一下地蹦跳，还有绳子前后的甩动，难免会碰倒家里的一些东西，而且楼下还住着人，她的动静让家人和邻居都受不了。

于是，妈妈一看到女儿在客厅里跳绳，就温和地说："地板弄脏了，我精心摆放的东西被弄倒了，我好难过。因为过一会儿我又要辛辛苦苦地拖地了。"

女儿听了妈妈这番话，有点儿不好意思地说："妈妈，对不起，我不该在客厅跳绳，我向你保证以后不在客厅跳了。"

卢慧很高兴地帮妈妈去给李阿姨送食物，但是当她待在李阿姨家时，听到楼上咚咚的脚步声很刺耳，这才明白自己以前在家里跳绳给邻居带来多大的噪声，所以，从那之后，她再也没有在家里跳绳了。

其实，小女孩并没有多么刁蛮任性，当她真正意识到自己的错误时，她会想着怎样改正，但前提是妈妈不能伤害她的自尊，要让她保留面子。心理学家告诉我们：在批评和尊重之间，父母要了解孩子的承受能力，并选择适合的批评方式，这样才会帮助父母找到教育孩子的平衡点。

类似的话父母怎么说

当女儿做错事情时，父母可以这样说：

"这件事情你这样做我很遗憾！"

"能告诉我你这样做的理由吗？爸爸很痛心！"

"我很能理解你这样做的初衷，但是，你现在这样做让我很伤心！"

女孩在成长过程中犯错是难免的，而批评也自然成为父母教育孩子的手段。但是批评也要有技巧，更要讲究场合，否则很有可能让女儿变得孤僻、自卑。

专家教你女孩怎么养

父母在女儿做错事批评她时应该注意掌握哪些技巧？

第一，低声。父母应以低于平常说话的声音批评女儿，低而有力的声音更会让女儿注意倾听你说的话。

第二，沉默。如果女儿做错事，父母能相对保持沉默，这样她的心里反而会紧张，会产生一种不自在的感觉，进而反省自己的错误。

第三，暗示。父母如果能在女儿做错事后心平气和地启发她，不直接批评她的过失，相信她能很快明白父母的用意，进而改正自己的错误。

激励女孩有策略
——让女儿提高，但不苛求完美

陆萍是一个很可爱的小女孩，十分聪明伶俐，但是，每次爸爸妈妈让她做一些力所能及的事时，她都会说："我做不了！"

爸爸妈妈非常希望把陆萍培养成一个各方面能力都很出色的女孩，但是陆萍连洗袜子都会沮丧地说："我洗不干净！"这使爸爸妈妈很着急。

"萍萍，你今天帮妈妈做饭吧？"妈妈希望女儿将来成为一个上得厅堂、下得厨房的人，所以热情地提议道。

"妈妈，我不会！"

"你都这么大了，怎么不会做饭呢？妈妈像你这么大的时候，已经能一天三顿为家人做饭了！"妈妈硬是把女儿拉进了厨房。

但是从来没有做过饭的陆萍苦着一张脸看着一直忙碌的妈妈，自己却不知道怎么给妈妈打下手。

生活中，女孩如果时常说"我不行""我做不来"这类退缩的话，原因可能有两个：一是她缺乏自信心，二是她的动手能力或者处事能力相对较弱。可无论原因是哪一个，父母都可以用激励的方法让女儿变得自信起来。

给女孩父母的建议（情景再现）

陆萍是一个很可爱的小女孩，十分聪明伶俐，但是，每次爸爸妈妈让她做一些力所能及的事时，她都会说："我做不了！"

爸爸妈妈非常希望把陆萍培养成一个各方面能力都很出色的女孩，但是陆萍连洗袜子都会沮丧地说："我洗不干净！"这使爸爸妈妈很着急。

"萍萍，你今天帮妈妈做饭吧？"妈妈希望女儿将来成为一个上得厅堂、下得厨房的人，所以热情地提议道。

"妈妈，我不会！"

“没关系，妈妈可以教你，况且，世界上没有任何一个人生下来什么都会做的，你只要现在这一秒比前一秒进步就行了。来吧，妈妈相信你！”

“嗯，萍萍很不错，这次握刀的姿势对了，比刚才进步很多了，这次再用些力气，切菜就更顺畅了。”妈妈在做饭的过程中不时地称赞女儿的点滴进步，这让陆萍很高兴，就这样，在妈妈不断的鼓励和提出改进的建议下，她慢慢学会了怎样切菜、怎样放调料等。

父母要不断激励女儿的点滴进步，要让她在成功的体验中获得一种成就感和满足感，尽量让孩子产生一种“我能行”“我进步了”“我有能力解决这些问题”等积极感受。

类似的话父母怎么说

当女儿停滞不前时，父母可以这样说：

“爸爸相信你一定会在某方面比任何人都出色！”

“女儿，你今天比昨天在学习效率上提高了很多，很不错！”

“妈妈知道你心里可能也很苦恼，但是你的努力和用功，让我感到骄傲。”

著名教育家苏霍姆林斯基认为：“促进自我教育的教育才是真正的教育。”而激励教育正是激发女孩的内在动因，因此，父母应该在日常生活中多多激励女儿，鼓励和肯定女儿的成绩，让她的生命充满活力。

专家教你女孩怎么养

父母激励女儿应采取哪些策略?

第一，重视女儿被接纳、理解等心理需求，保护女儿的自尊心。

第二，父母激励女儿时要注意扬长避短，唤起女儿的自信心。

第三，父母可利用情境暗示，调动女儿的积极性。

第四，引导女儿不断体验成功乐趣，激发女儿的创造性。

拒绝女孩有学问
——理由要让女儿心服口服

“妈妈，我要这个玩具！”女儿指着商场玩具架上的一个芭比娃娃对妈妈说。

“不行，这个太贵了！家里不是已经有很多玩具了吗？”妈妈拉着女儿就要往前走。

“不嘛，不嘛，我就要这个娃娃！”女儿开始哭闹起来。

“你这个孩子怎么这么不听话，我说了不行就是不行！”妈妈看着因为女儿的哭闹引起了周围人的侧目，觉得颜面尽失，声音不自觉地大了起来。

“呜呜呜……”小女孩继续哭闹着，怎么也拉不走。妈妈一怒之下打了女儿一巴掌，这一下小女孩哭得更伤心了。

小孩总会被各种各样的新鲜事物所吸引，尤其是玩具，所以当她看到自己喜欢的玩具时，无论家里是不是已经有了类似的，她都想要这个有些不同的。自然以我们成人的眼光来看，孩子的这种行为是一种无理取闹，对此采取的最直接的方法就是拒绝，但是拒绝女儿也要讲究学问。

给女孩父母的建议（情景再现）

“妈妈，我要这个玩具！”女儿指着商场玩具架上的一个芭比娃娃对妈妈说。

“不行，这个太贵了！家里不是已经有很多玩具了吗？”妈妈拉着女儿就要往前走。

“不嘛，不嘛，我就要这个娃娃！”女儿开始哭闹起来。

这时，妈妈蹲下来看着哭泣的女儿说：“宝贝，妈妈知道你很喜欢芭比娃娃，家里也已经买了很多，但是妈妈发现你每次只和它们待一天，就把它们扔到别的地方去了。对了，你还记得上次爸爸为了给你买限量版的玩具熬夜加班的事情吗，爸爸为了宝贝真是好辛苦，我相信宝贝也会体谅爸爸妈妈的，对吗？”

女儿点点头，马上停止了哭泣，说：“妈妈，我不要玩具了，这样爸爸就不用这么辛苦加班了，就可以多些时间陪我玩儿了！”

“宝贝，真乖！那我们现在去结账，然后回家一起给爸爸做晚餐好不好？”妈妈笑着拉起女儿的手往商场结账台走去。

当女儿提出一些不合理的要求或者出现某些不良行为时，父母应该拒绝女儿，并且把拒绝的真正理由告诉她，要让她心服口服。比如就像例子中的妈妈一样，她首先告诉女儿家里有很多玩具，但是这些玩具女儿只玩儿一天，很浪费而且没有任何意义。接着又对女儿晓之以理，告诉她爸爸辛苦工作是为了她，让她学着体谅家人，这样女儿就会明白，爸爸对她来说比玩具重要得多。

类似的话父母怎么说

当父母不想答应女儿的某些要求时，父母可以这样说：

“你提的这个要求虽然我能理解，但是我不能答应，因为……”

“买这件衣服很浪费，因为家里已经有相同的了！”

“我希望你能考虑妈妈的感受，这个提议我不同意，理由就是……”

有位教育专家说过这样一句话：“如果你想培养一个‘无赖’，那就尽情地去‘放纵’他、‘迁就’他；如果你想培养一个很‘棒’的孩子，那么面对孩子起初的不合理要求，你就要坚持用爱的原则、爱的理由拒绝他。”可见，适当地拒绝女儿、约束女儿，对她的一生都起着至关重要的作用。

专家教你女孩怎么养

有哪些好方法可以帮助父母拒绝女儿的不合理要求？

第一，女儿做事之前先与她“约法三章”。父母要了解女儿日常的行为习惯，然后订立适合女儿实际特点的具体的规矩。

第二，父母切忌心疼女儿的哭闹，要让她明白——哭闹是不管用的。

开导女孩有妙招
——摸清问题的原因再行动

卓颜的妈妈一年前得了一场大病，经过治疗后，变得面部水肿，脾气也异常烦躁。卓颜受了妈妈的影响，从此也开始变得自闭起来，而且不愿意和妈妈一起出门，但妈妈并不知道这些。

一天，卓颜要去新学校报到，死活不让妈妈送，妈妈伤心的同时也有些恼怒："你这孩子怎么回事，妈妈送你上学怎么啦？"

"你在家待着吧，我不让你送，爸爸送我就可以了！"卓颜噘着嘴说。

"你这丫头怎么这么不听话，不是说了爸爸要去出差，根本没时间送你！快点儿，妈妈和你一起去！"妈妈生气地说。

其实，如果妈妈稍加联想一下就会明白，女儿之所以这么坚决不让她去送，是因为妈妈的容貌不好看，可能怕被新同学笑话，所以为了避免自己将来成为同学嘲笑的对象，为了维护自己的自尊，卓颜才不惜和妈妈闹翻也不让妈妈去学校。虽然女孩的这种虚荣心是不对的，但我们是可以理解的。

给女孩父母的建议（情景再现）

卓颜的妈妈一年前得了一场大病，经过治疗后，变得面部水肿，脾气也异常烦躁。卓颜受了妈妈的影响，从此也开始变得自闭起来，而且不愿意和妈妈一起出门，但妈妈并不知道这些。

一天，卓颜要去新学校报到，死活不让妈妈送，妈妈伤心的同时也开诚布公地问女儿："卓颜，你是不是嫌妈妈难看才不让我送的？"

妈妈把女儿当成朋友般的问话，让卓颜意识到自己伤害了妈妈，于是，她很懂事地说："妈妈胖胖的也很可爱呀！"

"是真的吗？我现在对自己的容貌很没自信！"妈妈故意说道。

"哪有，妈妈只是现在有些肥肥的，但是坚持运动就可以了，而且也可以买漂亮的衣服遮盖一下胖的部位，这样别人就看不出来了，我穿衣服都是这样，妈妈可以学一下啊！”卓颜开始给妈妈当起了“心灵调解员”。

于是，从那之后，妈妈和卓颜开始相互鼓励。一段时间后，卓颜发现妈妈的笑容多了，脾气好了，而自己也能抛开心结，坦然地面对同学了。

卓颜的妈妈用浓浓的亲情和假装弱者的行为帮助女儿化解了她的烦恼，而女儿恢复自信之后，也给妈妈带来了很大的改变。其实在家庭教育过程中，父母和孩子作为开导者与被开导者的身份是可以相互转换的。

类似的话父母怎么说

当女儿遇到烦恼时，父母可以这样说：

“女儿，爸爸能以一个朋友的身份知道你发生了什么事情吗？”

“你这样烦恼的原因是不是……”

“妈妈知道你这种表现一定有原因，能和我谈谈吗？”

生活中，父母经常需要对女儿进行开导，父母在开导女儿时，一定要先找到造成她情绪不佳或者不良行为的真正原因，这样才能让女儿真正地开心、自信起来。

专家教你女孩怎么养

父母怎样开导经常不开心的女儿?

第一，不要过多责备女儿，用恰当的方法如户外游戏等转移她的注意力。

第二，父母可在女儿心情好时尝试引导她学习更多更有趣的事物，让她变得兴趣广泛。

第三，扩大女儿的社交范围，有意识地教给她如何结识更多的新朋友。

当女孩说出梦想时，父母应给予鼓励和引导

一次期中考试，余凡的英语成绩从 80 分进步到 85 分。她回到家非常高兴地对爸爸说："我的英语成绩比上次提高了 5 分，爸爸，我很棒吧？我希望下次考得更好，争取考第一名。"

可正在沙发上看报纸的爸爸却心不在焉地说："85 分你还好意思说，也不嫌丢人！还想考第一，简直是做梦！"

听完爸爸的话，余凡很伤心。虽然她没有放弃努力，但结果还是失败了。这时爸爸讥笑她说："你看看吧，我就说你不行，现在应验了吧！"余凡终于忍不住哭了起来。爸爸不但不能体谅女儿，反而继续说："你这孩子说哭就哭，真没用！"

雨果说过："梦想就是创造。"如果一个女孩有梦想、有目标，那么说明她已经有了创造的动力和方向，而一切成功都来自人们最初的梦想，所以，父母不但要让女儿有梦想，更要在聆听女儿的梦想时给予鼓励和引导。

余凡的爸爸最大的错误就是没有兴奋地倾听女儿的想法，可想而知，女孩经受了热情被打击、努力被否定的事情后，她怎么还会有更大的动力和勇气去实现自己的目标呢？

给女孩父母的建议（情景再现）

一次期中考试，余凡的英语成绩从 80 分进步到 85 分。她回到家非常高兴地对爸爸说："我的英语成绩比上次提高了 5 分，爸爸，我很棒吧？我希望下次考得更好，争取考第一名。"

此时，坐在沙发上看报纸的爸爸马上停止了自己的事情，然后一脸兴奋地看着女儿说："真是很棒啊！凡凡这一段时间努力学英语，果然没有白费，而且你现在还有更大的目标想要实现，爸爸真为你感到骄傲。"

余凡听了爸爸的话非常受鼓舞，心里早已经暗暗下定决心，下次一定要考取更好的成绩，所以，她学习变得更加努力了，终于在期末考试的时候获得了第一名的好成绩。

女孩的有些梦想可能在大人的眼中微不足道，但那却是打开女孩创造与激情的钥匙。如果父母选择对女儿的梦想冷漠视之，那么慢慢地女儿也不会把它放在眼里；但如果父母对女儿的梦想表现出极大的兴趣，并且鼓励和支持她，那么她就会实现自己的梦想。

类似的话父母怎么说

当女儿诉说自己的梦想时，父母可以这样说：

“女儿，你真有想法，爸爸支持你！”

“这真是一个奇妙的梦想，妈妈相信你一定能够凭借自己的努力实现它！”

“孩子，按照你自己的想法去做吧，我们是你最坚强的后盾！”

梦想能够激发女孩的潜能，使她的心中产生一种激情，能够为了实现自己的目标而不懈努力。但一切梦想都需要行动来实现，如果女孩的梦想都存在脑海中，那是没有任何实际意义的。而父母对女儿梦想的态度是肯定还是否定、是积极还是漠视，都对她产生着重要影响，因此，为了女儿能够成功地实现自己的梦想，父母要以自己最大的热情去聆听、关注和肯定。

专家教你女孩怎么养

父母在倾听女儿梦想时明智的做法有哪些？

第一，不要帮助女儿修订她的梦想，而是适时地把女儿引导到更现实、更合理的方向。

第二，不要快速否定女儿的梦想，要对女儿多一点儿耐心、多一点儿尊重。

第三，帮助女儿制订实现梦想的步骤，即引导女儿制订正确的目标和计划。

当女孩提出要求时，父母要仔细辨别

一天，8岁的女儿突然对妈妈说："妈妈，我们班好多同学的妈妈都爱打麻将！"

一旁忙家务的妈妈心不在焉地回答说："哦！"

女儿继续说："妈妈，你千万别去打麻将！"

妈妈有些不耐烦地说："打麻将，打麻将，我哪有那个空闲，你没看我都快忙死了。"

女儿马上说："那你不忙的时候也不能去打麻将！"

妈妈有些生气地说："大人的事小孩少管，我打不打麻将不是你操心的事情，赶快做作业去！"

听完妈妈的话，女儿有些委屈和难过地走进了自己的房间。

女儿为什么会提出不让妈妈去打麻将呢？这可能是因为她在周围看到一些妈妈去打麻将而把小朋友留在家里的例子，所以她觉得如果妈妈去打麻将，自己可能会变得孤单；或者是她看电视的时候接收了一种信息：打麻将会致使家庭关系紧张，因此，为了有一个安定、和谐的家庭环境，小女孩才说出不让妈妈去打麻将的要求。

或许，很多父母觉得女孩没必要对此大惊小怪，认为父母是成人，能够自己处理好自己的事情，但是对各方面认识不足的女孩却并不这样认为。她们之所以对父母提出要求，一定是她们的心理需求没有得到满足，所以，父母在倾听女儿的要求时，一定要仔细辨别，弄清楚她这样做的原因是什么，是缺乏安全感、心理压力大还是缺少父母的关爱等。

给女孩父母的建议（情景再现）

一天，8岁的女儿突然对妈妈说："妈妈，我们班好多同学的妈妈都爱打麻将！"

一旁忙家务的妈妈心不在焉地回答说："哦！"

女儿继续说："妈妈，你千万别去打麻将！"

妈妈纳闷地看着女儿问："为什么？"

女儿说："这样，你就会和其他同学的妈妈一样把自己的小孩扔在家里，我害怕一个人在家睡觉。"

妈妈反问道："是吗？"

女儿认真地点点头说："是的，如果妈妈爱上打麻将就会输钱，如果钱输光了，我们就没有饭吃了，而且我也不能上学了，所以，我不让你去打麻将。"

妈妈故意问女儿："那妈妈应该做些什么呢？"

女儿一本正经地说："妈妈可以和我一起学习，一起去图书馆或者出去锻炼身体。"

这个女儿的话或许会让很多父母哑然，一个8岁的小女孩竟然能从别人家庭中发现问题，然后又能对自己的妈妈提出合理的要求。在这个女儿的心中，一位好妈妈的形象就是"不打麻将，有时间去看书或锻炼身体"。

其实，如果父母能够仔细辨别女儿提出的要求，并且愿意接受女儿的正确要求，那么便是对她最大的鼓励和支持，会让她在这个过程中获得成就感，收获自信，思维能力和创造力都会得到提升。

类似的话父母怎么说

当女儿提出要求时，父母可以这样说：

"能告诉爸爸你提出这种要求的理由吗？"

"你说的这个理由，妈妈可以接受，不过接下来要怎么做呢？"

"女儿，妈妈想对你说的要求持保留意见，我希望你能有更有说服力的理由。"

父母在教育女儿的过程中，一个很重要的问题就是如何处理女儿提出的要求，而当女儿提出要求时，父母又能够做到几分。当然，这里的要求包含合理要求和不合理要求，所以父母在倾听时一定要仔细辨别，不要将女儿的不合理要求当成合理要求，一味地娇惯她；更不要将女儿的合理要求当成不合理要求，一味地拒绝、打击她。父母只有正确掌握好其中的度，才能更科学地教育女儿。

父母如何应对女儿提出的要求？

第一，父母要想清楚女儿的要求能否答应，然后再回答，切忌答应不合理要求。

第二，如果父母确实不能答应女儿的要求，那么一定要找个让女儿接受的理由。

第三，父母偶尔也可以用女儿的好成绩来满足她所提出的要求，当然前提是这种要求是合理的。

当女孩讲出心事时，父母要用心倾听

祥祥是一个特别漂亮的女孩，不但学习成绩优异，而且性格开朗，在学校也很有人缘儿，是个人见人爱的女孩，无论是生活还是学习都不需要父母操心。

可是，最近一段时间妈妈发现，祥祥的学习成绩下降了。妈妈通过观察发现，女儿总是和一个男孩偷偷地讲电话。于是，妈妈就问祥祥，她也承认了，但是坚决否认她在早恋。

祥祥把自己内心最真实的感受对妈妈说："妈妈，我也不知道自己是不是喜欢那个男孩，只是对异性交往很好奇。如果在学校里看到别的女孩有男孩喜欢，我也希望有男同学喜欢我。"

妈妈听完女儿的话，有些担心地说："女儿，你必须马上停止这种想法，这太危险了，而且你现在正处于学习阶段，不要被这些乱七八糟的事情影响。"

祥祥觉得妈妈的话有些严重，心里开始不安起来。

晚上爸爸下班回来，妈妈马上把这件事情告诉了爸爸，这让祥祥感觉很尴尬和委屈，她觉得本来没有多大点儿事，现在好像变成了大事，并决定以后再也不会把自己的心事讲给妈妈听了。

女儿愿意向妈妈讲出心事，这是一件非常好的事情，可惜的是妈妈并没有用心倾听女儿的心声，没有试着站在女儿的立场去看问题，而是只凭借自己的成人经验去判断女儿哪些想法是对的、哪些想法是错的，这对孩子来说是不公平的。

生活中，父母在倾听女儿的心事时，要多思考、多观察、多体谅女儿，不要用过激的言语伤害女儿。不要像上例中祥祥的妈妈一样，只知道否定和责备女儿，更不要学她把女儿的心事不经考虑就告诉第三人，哪怕那个人是女儿的爸爸。

给女孩父母的建议（情景再现）

祥祥是一个特别漂亮的女孩，不但学习成绩优异，而且性格开朗，在学校也很有人缘儿，是个人见人爱的女孩，无论是生活还是学习都不需要父母操心。

可是，最近一段时间妈妈发现，祥祥的学习成绩下降了。妈妈通过观察发现，女儿总是和一个男孩偷偷地讲电话。于是，妈妈就问祥祥，她也承认了，但是坚决否认她在早恋。

祥祥把自己内心最真实的感受对妈妈说："妈妈，我也不知道自己是不是喜欢那个男孩，只是对异性交往很好奇。如果在学校里看到别的女孩有男孩喜欢，我也希望有男同学喜欢我。"

妈妈听后心平气和地对女儿说："祥祥，你已经是个大姑娘了，有些异性好朋友，说明你的情感发展很正常，妈妈也为你感到骄傲。因为有男孩喜欢我的女儿，这也证明我的女儿是多么优秀和有魅力！"

祥祥听了妈妈的夸奖，不好意思地说："我要是优秀的话也是因为有个优秀的妈妈！"

妈妈接着说："呵呵，我女儿真会说话。不过，妈妈一直相信只有更优秀的男生才能配得上我优秀的女儿，所以妈妈希望你和男生交往的时候能够彼此学习、互相鼓励，让你们在学业上变得更优秀。"

祥祥亲密地搂着妈妈的脖子说："妈妈，你真是世界上最好的妈妈，刚开始我还在担心你会把我学习成绩下降归咎于早恋，怕你不理解我，所以心里一直有压力。现在好了，我有这么开明的妈妈，以后我会更加努力地学习，不会让你失望的！"

“我也为有一个你这么贴心的女儿而开心啊，今天的谈话就当成我们两个之间的秘密。不要告诉爸爸呀！”

“没问题！呵呵！”

女孩在不同的年龄段会遇到不同的问题，青春期有早恋倾向或者对异性产生好感，这都是非常正常的。父母要做的不是指责女儿为什么早恋，而是应该平复激动、担忧的心，让女儿把内心的迷惑和悸动都向父母倾诉，然后双方像朋友一样真诚地沟通、平等地交流。

如果女儿在和父母谈心时，能够一直保持一种愉快、轻松的心情，那么对于她正确认识问题，并听从父母正确的建议是非常有效的。

类似的话父母怎么说

当女儿讲出心事时，父母可以这样说：

“是的，你这样说我很能理解！”

“听了你的心事，爸爸觉得你是一个很有主见的女孩！”

“这是我们之间的秘密，不会让第三人知道！”

女孩的事情没有小事，因此，父母不但要重视女儿的心事，更要在倾听的过程中不断对她表示理解和尊重，切忌站在自己的角度去衡量女儿的心事，更不能强求女儿认同自己的观点。父母要做的就是在充分了解女儿的年龄和心理特点的基础上，仔细地倾听女儿的心事。

专家教你女孩怎么养

父母怎样才能有效地倾听女儿的心事？

第一，父母要学着放平自己的心态，在倾听女儿的心事时，切忌摆出一副高高在上的姿态和表情，否则会让女儿感到不易亲近。

第二，父母要利用典型事件及时和女儿进行思想交流，这会让女儿更容易听进去，而且效果更好。

第三，父母要根据女儿不同的性格特点，采取不同的方法，增强谈话效果。一般来说，谈话方法有直叙法和间接法两种。

当女孩诉说委屈时，父母要给予安慰

琛琛是一个很善良可爱的女孩，上小学的时候，她基本上没有让父母太操心。可自从上了初中之后，爸爸妈妈发现女儿的心事好像变多了，情绪也比以前变得复杂了。

一天放学回家，琛琛脸色一直很难看，还十分反常地和妈妈发脾气。

于是，吃过晚饭，妈妈走进了女儿的房间，说："琛琛，告诉妈妈，今天是不是发生了什么不开心的事情？"

没想到妈妈这一句贴心的问话，竟然让琛琛趴在床上哭了起来。

妈妈赶紧走到女儿的身边，紧张地问："琛琛，告诉妈妈到底发生了什么事情？"

琛琛抬起头，哭着说："我白天在学校和同学一起玩儿的时候，不小心撞倒了一个男生，我就马上跟他道歉，说了很多'对不起'，可他还是打了我一拳。呜呜呜……"

妈妈看着委屈的女儿，怒火一下子就起来了，说："别哭了，明天我就去学校找你的老师，让她好好批评一下那个同学，没想到小小年纪就学会打人了！"

琛琛虽然也觉得异常委屈，但是她不想闹到老师那里去，也不想其他同学都知道她被打了，所以她马上对妈妈说："妈妈，你别去！"

"那不行，这种打人的行为应该受到严惩，怎么可以让他'逍遥法外'。我这就告诉你爸爸去！"说完，妈妈就急忙离开了，留下了更加伤心的女儿。

女儿在外边受到委屈时，爸爸妈妈首先应该想的不是怎样去惩罚那个让女儿受委屈的人，而是应该先让女儿把自己的委屈说出来，然后给予她足够的安慰。像上例中的琛琛的妈妈一听到女儿受委屈，她首先想到的是怎样处罚那个打女儿的男生，而不是先安慰趴在床上痛哭的女儿，结果女儿委屈的心情不但没有得到缓解，反而加深了，可见，琛琛妈妈的这种做法是不可取的。

父母在面对受到委屈的女儿时，无论她是想说还是不想说，父母都最好引导她把心里郁结的情绪发泄出来。因为女孩所受的委屈很可能会造成她的心理创伤，如果父母不及时地安慰和疏导，很可能一个小委屈就会慢慢变成大委屈，进而对女儿的健康人格造成影响。

给女孩父母的建议（情景再现）

琛琛是一个很善良可爱的女孩，上小学的时候，她基本上没有让父母太操心。可自从上了初中之后，爸爸妈妈发现女儿的心事好像变多了，情绪也比以前变得复杂了。

一天放学回家，琛琛脸色一直很难看，还十分反常地和妈妈发脾气。

于是，吃过晚饭，妈妈走进了女儿的房间，说：“琛琛，告诉妈妈，今天是不是发生了什么不开心的事情？”

没想到妈妈这一句贴心的问话，竟然让琛琛趴在床上哭了起来。

妈妈赶紧走到女儿的身边，紧张地问：“琛琛，告诉妈妈到底发生了什么事情？”

琛琛抬起头，哭着说：“我白天在学校和同学一起玩儿的时候，不小心撞倒了一个男生，我就马上跟他道歉，说了很多‘对不起’，可他还是打了我一拳。呜呜呜……”

妈妈听后虽然对那个打人的男生很生气，但现在最重要的就是安慰委屈的女儿，所以她轻轻拍着女儿的后背说：“琛琛，妈妈知道你受委屈了。你明明道歉了，可是对方还这么做，他的行为不但没礼貌，而且应该受到批评。妈妈希望你把这件事情告诉老师，好吗？”

琛琛听了妈妈的安慰，心情好了一些，说：“可是妈妈我不想别人知道我被打了！”妈妈笑了一下，温和地说：“妈妈能理解你为什么有这种想法，但是如果我们不告诉老师，让那个同学知道自己错在哪里，他很可能再去欺负其他的同学，那我们不就是在帮助他犯错误了吗？妈妈知道琛琛是一个很善良的孩子，但同时也是一个很有正义感的孩子，对不对？”

“嗯。妈妈，就听你的！明天我会告诉老师，帮助那个同学改正错误，让他知道打人是不对的。”

疏导女儿的委屈心情时，父母必须明白一点：知心才能交心。当女儿在外遭受了委屈，那么无论是人前还是人后，父母最关键的应是帮助女儿宣泄自己的情绪，切忌在倾听女儿诉说委屈时，用自以为是的大道理阻止女儿进行情绪宣泄，这很可能会增加女儿与父母之间的隔阂。

当然，女儿在学校受了委屈，父母可以找学校说明情况，这也是对孩子尊严的一种保护。但父母千万不要采取讨理的方式，而是要保持冷静和理智，特别要让女儿清楚解决的情况，消除老师、同学的误会对她心灵的影响，最好使女儿在化解委屈的过程中慢慢学会自己判断、思考，进而培养她遇事冷静的健康心态。

类似的话父母怎么说

当女儿诉说委屈时，父母可以这样说：

“我觉得你这一点做得很好，伤害你的那个人这方面需要改进！”

“我能充分理解你的感受，如果我是你也会这样想的，但是站在对方的立场想一下……”

“女儿，有什么委屈你都说出来，也许妈妈能帮你分析一下！”

专家提醒父母在处理女儿和他人之间的纠纷时，切忌走进五个“死胡同”：一是推理，“肯定是你……不然人家不会……”；二是翻老账，“那一次就是你……”；三是大道理，“人以和为贵，惹不起就躲”；四是树榜样，“爸爸/妈妈小时候……”；五是无所谓，“反正我也拿你没辙，由你去……”。

如果父母走进以上这些“死胡同”，就丧失了女儿和你交流的机会，亲子关系也会越来越疏远，因此，在倾听女儿的委屈时，父母一定要多表示对女儿的同情理解，让女儿尽情宣泄自己的情绪，然后等她心情平复后，再研究解决问题的方法。

专家教你女孩怎么养

面对受委屈的女儿，父母可以使用哪些方法帮助她？

第一，帮助女儿提高她的心理承受能力，不要过度溺爱和保护孩子，让她多经历些必要的挫折和磨难。

第二，当女儿受委屈时，父母要适当地安慰和鼓励她，用温柔的言语表达你的同情和理解。

第三，父母要在女儿的心中树立一个宽容、温和、文明的形象，让她不因害怕父母而不愿向其诉说自己的委屈。

当女孩表达快乐时，父母要给予积极反馈

“爸爸，我今天太高兴了！”女儿一回到家就冲到爸爸的面前兴奋地喊道。

“什么事情这么高兴啊？”爸爸一边坐在沙发上看电视一边问女儿。

女儿摇着爸爸的手臂说：“今天妈妈带我去动物园看了好多动物，我还见了狮子、老虎、长颈鹿……”

“好了，我知道了，出去玩儿吧，别影响我看电视！”爸爸突然打断正滔滔不绝讲着的女儿。

女儿小脸一沉，说道：“爸爸，我还没有讲完呢！后面我还遇到好多好多有趣的事情呢，你别看电视了，我给你讲讲吧，真的好有趣啊！”

“你这孩子怎么不听话呢，我不是说知道了，知道了，让你出去玩儿吗！去，去，找你妈说去！”爸爸不耐烦地把女儿赶走了。结果，原本兴奋快乐的女儿含着眼泪去找妈妈了。

女儿带着一种快乐的心情和期待向爸爸讲述自己的有趣经历，但没想到却遭到爸爸的漠视和拒绝，这对小女孩来说是一个很大的打击，恐怕爸爸的这次消极反应会一直影响着她，即使以后再有什么值得开心和兴奋的事情，她也不会自讨没趣地去讲给爸爸听了。

其实，当女孩表达自己的快乐时，她可能并不真的需要一个认同者，只是需要一个很好的倾听者，一个能够专心地听她讲完开心的事情，并愿意分享的人。她当然最希望这个人是她的父母，因为父母是女孩从出生开始最亲密的人，她心里非常渴望能和自己最亲密的人一起分享自己的快乐，可是当她兴冲冲地向父母

表达快乐时，对方不是随意地应付就是漠然处之，于是，受到打击的女孩倍感失落，快乐程度自然消减大半，甚至会变成悲伤情绪。

给女孩父母的建议（情景再现）

“爸爸，我今天太高兴了！”女儿一回到家就冲到爸爸的面前兴奋地喊道。

“什么事情这么高兴啊？”爸爸一边坐在沙发上看电视一边问女儿。

女儿摇着爸爸的手臂说：“今天妈妈带我去动物园看了好多动物，我还见了狮子、老虎、长颈鹿……”

这时，爸爸已经关了电视，转过身来专心地听女儿讲今天遇到的有趣事情。女儿一看爸爸这么全神贯注地听她讲话，热情更高了，而且一边讲还一边比画当时的情景。

“爸爸，我和妈妈走到猴子山的时候，看到一只很调皮的小猴子，它一会儿在树上跳来跳去的，一会儿在山上叫唤。”女儿回忆着在动物园的快乐经历。

爸爸也一脸开心地说：“真是一件值得开心的事情！等爸爸有时间再带你去其他有趣的地方，好不好？”

女儿高兴地说：“好的！”

爸爸对女儿的开心诉说表现出了极大的兴趣，而女儿也受爸爸的积极影响，更加兴奋地把自己遇到的高兴事讲给爸爸听。在这个过程中，女儿自身的快乐感受成倍地增加，进而幸福指数得以提升，亲子关系更加紧密，所以，当女儿表达快乐时，父母一定要给予积极反馈。

类似的话父母怎么说

当女儿表达快乐时，父母可以这样说：

“这真是一件令人感到兴奋的事情！”

“听你这样说，爸爸也感到非常快乐！”

“嗯，这真的是能让人感到快乐，呵呵！”

有人说：“教育孩子是在每一件琐碎事上，在你的每一个举动上、每一个眼色、每一句话上。”而倾听是父母教育女儿过程中必不可少的一种沟通方式，你可以用自己的言行举止去影响和教育女儿，同样，女儿也会从你的这些信息中接收到一种反馈。如果这种反馈是悲伤的，她便会心情郁闷；如果这种反馈是快乐的，她自然也会变得快乐起来。

所以，父母不但要让自己变得乐观、自信，同时在倾听女儿表达快乐时，也要表现出快乐的动作、语气、眼神等，这样女儿才会拥有越来越多的快乐和幸福。

专家教你女孩怎么养

当女儿表达快乐时，父母应该掌握哪些倾听技巧?

第一，父母要全神贯注地倾听女儿讲述快乐的事情。

第二，用“哦……”“嗯……”“这样啊……”来回应女儿快乐的感受。

第三，鼓励女儿说出她的快乐感受。

当女孩心情沮丧时，父母要多鼓励

芳芳是一名小学四年级的学生，她的学习成绩一直都非常优秀，英语更是极为出色。从小，芳芳的志向就是当一名外交官，她的小房间里挂着世界地图和中国地图。每天早上，芳芳起床的第一件事情就是站在房间里看地图，一看到自己感兴趣的国家，她就会对爸爸妈妈说：“这些都是我以后将要去的地方。”

芳芳的爸爸妈妈对于有远大志向的女儿当然很喜欢，而且这孩子从小在学习上就没有让他们操过心，全都是她自己用心读书，还获得了很多英语和数学的奖项。

不过，到了初中时芳芳开始遇到了困难。在一次大型英语竞赛上，芳芳只得了银奖，按说这个成绩已经很不错了，但是当她知道自己没有获得金奖时，马上就哭了，她对妈妈说：“妈妈你说，这样的成绩，我以后怎么当外交官啊？”

后来在学习上，芳芳遇到的竞争对手越来越多，而她也常常因为自己的目标没有实现而变得很沮丧。芳芳的爸爸妈妈看着女儿每天拼命地学习，脸上的笑容却越来越少，不免担忧和紧张起来，可是面对唉声叹气的女儿，他们也只能跟着唉声叹气。

很多时候，父母容易被孩子制造出的假象所迷惑，认为女儿真的像她现在表现得那样坚强、勇敢，甚至能够很好地处理一些突发事件。其实，孩子的心灵都有脆弱的一面，当她遭遇打击或情绪起伏不定时，也会很沮丧，也会突然对生活失去希望。

当女儿变得沮丧的时候，父母绝不要像女儿那样也表现出一副沮丧的样子，否则这种不良情绪会马上传递给女儿，让她的心情变得更加郁闷和灰暗。

给女孩父母的建议（情景再现）

芳芳从小的志向就是当一名外交官，她的小房间里挂着世界地图和中国地图。每天早上，芳芳起床的第一件事情就是站在房间里看地图，一看到自己感兴趣的国家，她就会对爸爸妈妈说："这些都是我以后将要去的地方。"

芳芳的爸爸妈妈对于有远大志向的女儿当然很喜欢，而且这孩子从小在学习上就没有让他们操过心，全都是她自己用心读书，还获得了很多英语和数学的奖项。

不过，到了初中时芳芳开始遇到了困难。在一次大型英语竞赛上，芳芳只得了银奖，按说这个成绩已经很不错了，但是当她知道自己没有获得金奖时，马上就哭了，她对妈妈说："妈妈你说，这样的成绩，我以后怎么当外交官啊？"

妈妈看着沮丧的女儿，鼓励她说："芳芳，你不能因为一次失败就觉得梦想离你很遥远，而且这只是一个比赛而已，并不能阻碍你迈向外交学院的步伐。"

后来，芳芳又遇到了很多困境和令她感到沮丧的事情，但是爸爸妈妈都不断地鼓励她，让她坚持下去，用耐心和毅力战胜困难。终于，她在几年后走进了外交学院的课堂，更在日后成为一名很出色的外交官。

芳芳最后能够实现自己的志向，这和她父母在她沮丧时给她的鼓励是分不开的。当她失去信心和勇气的时候，是父母鼓励的话重新给了她力量，让她充满自信地前行。

类似的话父母怎么说

当女儿心情沮丧时，父母可以这样说：

“女儿，世界上没有完美的人，只有不断努力去创造完美的人！”

“女儿，你今天有什么不愉快的事情，可以和我讲一讲吗？”

“我了解你此时的心情，不过不经历风雨又怎么能见彩虹呢？”

女孩的一生就好比在大海上航行，有顺风顺水的时候，也有逆水行舟的时候，虽然大多数时候风平浪静，但有时也会遭遇狂风暴雨。在遇到困境和挫折时，她会感到沮丧，这是难免的，但却可以缓解和疏导，不至于让它影响原本美好的生活。父母积极的鼓励和正确的引导是让女儿摆脱沮丧心情的好方法。

专家教你女孩怎么养

父母如何缓解女儿的沮丧心情?

第一，父母要保持最大限度的克制，避免自身情绪波动影响女儿的情绪。

第二，父母要时常鼓励女儿说出心里的沮丧，并加以正确疏导。

第三，父母要保持一种开明、乐观、自信的态度，用自己积极的一面去影响女儿。

第十三章

克服教育禁忌，让女孩更好地成长

父母在教育女儿的过程中，并不是所有的教育方式对女儿都适用，有些话有些事是教育的禁忌，千万不能做：

你不可以对女儿说“你怎么这么笨”，

你不要总以家长的身份去让女儿服从，

你千万不要拿物质奖励做诱饵，

……

父母只有克服了这些教育禁忌，才能取得更好的教育效果。

“你怎么这么笨”
——不要伤害女孩的自尊心

小区广场里，孩子们聚在一起玩跳绳游戏，有两个孩子负责甩绳，其他孩子一个接一个地跳过去。

红红已经好几次跑到绳前停了下来，自然整个连贯的跳绳活动也因此停了下来。

一直站在一边观看游戏的红红妈妈奇怪地问女儿：“红红，你干什么呢？怎么每次都跳不过去？”

红红为难地看着妈妈说：“妈妈，我——我不知道怎么跳过去……”

女儿话还没有说完，妈妈就脱口而出：“你怎么这么笨呀！”

父母或许不知道一句“你怎么这么笨”就能把孩子所有的自信心、自尊心给打击到谷底。小女孩面对自己从没有尝试过的事情，最初她会有些不知所措，因为她还没有找到解决问题的方法，她不知道自己参与到这件事情中会存在什么样的危险，于是，在大人的眼中看似很简单的事情在孩子的眼中就变得有些难。

这时，如果父母用“笨”这个词否定女儿，首先会伤害孩子的自尊心，尤其是在公共场合；其次，孩子会对自己的能力产生怀疑，她会认为自己是不是真的像妈妈说的那样“这么简单的事情都不会做”，而别的小朋友却可以做得很好，于是，她会不断地否定自己的能力，认为自己做不好的事情，都是因为“我很笨”，到最后，她处理问题的能力可能会真的变差。

给女孩父母的建议（情景再现）

小区广场里，孩子们聚在一起玩跳绳游戏，有两个孩子负责甩绳，其他孩子一个接一个地跳过去。

红红已经好几次跑到绳前停了下来，自然整个连贯的跳绳活动也因此停了下来。

一直站在一边观看游戏的红红妈妈奇怪地问女儿：“红红，你干什么呢？怎么每次都跳不过去？”

红红为难地看着妈妈说：“妈妈，我——我不知道怎么跳过去……”

妈妈温和地问：“红红，你是不是怕绳子打到你啊？”

红红点点头说：“嗯，我每次想要跳起来的时候，绳子就很快地来到我的眼前，我害怕它打到我，那一定很疼。”

这时，妈妈把红红拉到自己的身边，指着其他正在跳绳的小朋友说：“这样啊，那让我们先来观察一下其他小朋友是怎么跳过去的，然后找出她们跳绳的秘密好不好？”

于是，妈妈一边让女儿仔细观察其他小朋友跳绳，一边跟她讲解跳绳的时候怎样跟着绳子的节拍起跳，怎样快速地跳出去……

几分钟后，红红对妈妈说：“妈妈，我想再试试，这次我应该可以跳过去，我已经找到跳绳的秘密了，一定要看准绳子甩的节奏，然后又快又准又稳地跳绳，对不对？”

“我相信你可以的！那就按照你自己找到的方法去做吧！”

于是，红红真的跳成功了，而且越跳兴致越高，她度过了一段非常愉快的时光。

父母如果能在孩子遇到难题时，给她鼓励和支持，并且帮助她找到解决问题的方法，那么就是对孩子自尊心最大的维护，同时也提高了她的自信心。

有人说，好心情会让人做起事来事半功倍。这句话对于女孩也非常适用。父母一句鼓励或肯定的话，就能让她的心情好起来，进而有更多的热情去生活、学习，而且会更加积极主动地思考、创造，这对女孩的健康成长是非常重要的。

所以，当女儿做错事或者不敢去做一些事情时，父母千万不要对孩子说“你真笨”，而是应该帮助她树立信心，找到她的优点进行表扬和肯定，然后引导她去克服困难，进而解决问题。

类似的话父母不能说

当女儿遇到不懂的问题时，父母不要这样说：

“你脑子是不是出问题了，这么容易的事情都做不来？”

“你可真够笨的！”

“笨蛋，没用的东西！”

“你真是朽木不可雕也。”

“没出息的家伙，简直就是个废物！”

父母看似不经意的话已经深深伤害了女儿的自尊心，这种否定性话语会让女儿非常伤心。况且小孩子不懂很多东西再正常不过，父母为什么要这么苛求女儿呢？所以，父母要维护女儿的自尊心，不要否定她，让她自信、快乐地健康成长。

专家教你女孩怎么养

父母怎样维护女儿的自尊心？

第一，允许女儿做自己的事情。

第二，珍惜女儿的物品。

第三，在日常生活中，寻找女儿的闪光点。

第四，女儿贬低自己时，父母要干预。

“连我的话你都不听了”
——不要以家长的身份压人

嘉嘉在院子里玩儿累之后，走到屋里对妈妈说：“妈妈，家里还有冰激凌吧？”说完，就把冰箱的门打开了。

“女儿，现在不可以吃冰激凌。”

嘉嘉苦着一张小脸说：“可是——可是我很热啊！”此时，嘉嘉手里已经拿着一个冰激凌，而且也不管妈妈是否同意，就边吃边把上衣脱了下来。

妈妈生气地说：“你这孩子怎么连我的话都不听了，不是说了不让你吃冰激凌，你怎么就这么不懂事，赶快把衣服穿上。”

说完，妈妈就强行把女儿手上的冰激凌夺了下来，然后硬把女儿已经脱下来的上衣给她重新穿上，于是，嘉嘉开始哇哇大哭起来。

其实在日常生活中，父母经常会遇到这样的事情，当女儿和自己的意愿相悖时，有一部分父母总是用“连我的话你都不听了”这句话当作对女儿行为的判断，然后强行让女儿按照自己的意愿行事。

如果父母经常以家长的身份去强迫孩子做事，只会招来孩子的反抗和不满，因为很多时候你并没有站到孩子的立场去想问题，不知道她这样做的原因是什么，只是凭借成人看问题的角度去认定女儿应该怎么做、不应该怎么做。

“连我的话你都不听了”这句话其实是在要求女儿一切都要无条件地服从，不需要经过大脑的思考，于是，渐渐地，她就会变得缺乏思考能力和判断能力。

给女孩父母的建议（情景再现）

嘉嘉在院子里玩儿累之后，走到屋里对妈妈说：“妈妈，家里还有冰激凌吧？”说完，就把冰箱的门打开了。

“女儿，现在不可以吃冰激凌。”

嘉嘉苦着一张小脸说：“可是——可是我很热啊！”此时，嘉嘉手里已经拿着一个冰激凌，而且也不管妈妈是否同意，就边吃边把上衣脱了下来。

“哦，是太热了啊！我们先去洗个脸凉快一下，然后再来吃冰激凌。”

“好！”

于是，妈妈打来一盆水给女儿洗脸，而且一边洗一边缓缓地对女儿说：“嘉嘉，你刚才在外边玩儿了一身汗，马上脱衣服的话很容易感冒。像这样洗个脸休息一下，就会凉快一些，或者我们可以先冲个澡，凉凉爽爽的很舒服。”

听完妈妈的话，嘉嘉知道了刚出汗不可以脱衣服，这样会感冒，出去玩儿之后回到家可以洗个澡休息一下，所以，她很乐意接受妈妈的建议。

洗完脸之后，妈妈对女儿说：“嘉嘉不是最喜欢喝果汁吗？家里有很多新鲜的水果，我们一起来做果汁，会更解渴哦！”

洗完脸的嘉嘉已经感觉没有刚才那么热了，当然就选择了她平时最爱也是最健康的鲜榨果汁。

妈妈理解女儿是因为刚从有些热的外边玩耍回来，所以想找冷饮降温，但是出了汗马上脱衣服对孩子的身体不好，而且冰激凌太甜，有可能越吃越渴。对于不太了解这方面常识的女儿，父母就要引导她从实际的感受中得到正确的信息。

于是，妈妈给女儿洗了脸，让她真实体会到“洗完脸之后人就会凉爽一些”，接着又给她提供更能解决她口渴的东西——新鲜的果汁。就这样，女儿在妈妈一步步的带领下，最终放弃了错误的做法，接受了更正确更健康的建议。

类似的话父母不能说

站在女儿的角度思考，父母不要这样说：

“闭嘴！你这孩子怎么不听话呀！”

“我说的话你不听也得听！”

“我是你妈，我说怎么办就怎么办！”

“你个小丫头懂什么？我走过的路比你吃过的盐都多！”

“我的话你就要听”意味着即使孩子再怎么不愿意去听或者她听了也不会有什么意义，因为爸爸妈妈说的她就必须听。像父母这种命令式的谈话和压制女孩思考的行为，对孩子是不会有什么有利影响的。这些话既得不到孩子的真心认可，也无法达到父母对孩子的要求，更会让孩子产生一种“我偏不听”的逆反心理，到最后，父母原本给女儿的好建议，女儿往往会拒绝采纳。

专家教你女孩怎么养

在日常生活中，父母如何与女儿做到平等沟通？

第一，蹲下来和女儿说话，不要让她产生距离感。

第二，允许女儿申辩，让她说出自己的理由。

第三，接纳女儿的建议，并给她一些鼓励和肯定。

“考 100 分，有奖励”
——不要拿物质奖励做诱饵

爸爸下班后，看到女儿坐在沙发上正一脸期待地看着他，于是好奇地问道：

“宝贝，今天有什么开心的事情吗？”

女儿点点头，扑进爸爸的怀里，然后从身后拿出一张成绩单说：“爸爸，我语文和数学都考了90分哦！”

“宝贝，这次考试真不错，比上一次进步了很多，如果下次考100分，爸爸就奖励你10元钱，如果两门都考100分，爸爸就奖励你20元钱，还有一个限量版的毛绒玩具，怎么样？”

“爸爸说的是真的吗？”

“当然，爸爸什么时候骗过你，只要你把学习成绩提上去，爸爸就有很大的奖励给你！”

父母千万不要小看一句话对女孩的影响，有时就是一句话打开了潘多拉的魔盒，把各种不良的情绪、习惯等给“放了”出来，让孩子原本健康的心灵受到影响。

小孩子原本对金钱、物质的认识就比较模糊，如果父母以金钱、物质作为孩子学习的动力，那么渐渐地孩子就会对其他一切事物失去兴趣，认为世界上只有金钱、物质是最好的，这样下去只会让女孩成为一个拜金主义者。

给女孩父母的建议（情景再现）

爸爸下班后，看到女儿坐在沙发上正一脸期待地看着他，于是好奇地问道：“宝贝，今天有什么开心的事情吗？”

女儿点点头，扑进爸爸的怀里，然后从身后拿出一张成绩单说：“爸爸，我语文和数学都考了90分哦！”

爸爸接过女儿的成绩单，然后笑着说：“嗯，这次考得很不错，比上次有进步，尤其是语文的作文，语句更加通顺，用词也比较准确和优美。数学的应用题做得也不错，步骤很清晰。看来这一段时间宝贝用功读书果然见效了。”

女儿听完爸爸的赞美，自然十分高兴，不过她看着爸爸的目光里似乎还有什么意思。这一点让爸爸很快意识到了，所以他微笑着说：“宝贝，这次成绩不错，应该奖励你一下……”

还没等爸爸说完，女儿着急地打断说：“爸爸，我可不可以自己要奖励呀？”

“那你想要什么呢？”

“我想要限量版的毛绒玩具！”

“限量版呀？”爸爸故意把脸一沉，然后把自己的目光放在女儿的成绩单上。

女儿马上接口说：“爸爸，我下次一定会更努力的，老师说只要我把这次考试时的错误改正，下次就可能考满分。”

“呵呵，我女儿这么努力学习，一定会成功的！限量版的毛绒玩具明天就去买，不过你答应我的也要实现啊，努力学习，争取更大的进步。”

“嗯，我一定努力！”

其实，父母像这样指出女儿具体进步在哪些方面，并且给予她更多的鼓励和肯定，更有利于她日后的学习。当女儿取得成绩的时候，一个微笑、一句话也可以作为对她的奖励，或者你也可以给她提供几个条件让她自己选择。这些不仅能够培养女孩的自主意识，还可以培养她的自尊。

类似的话父母不能说

面对女儿的学习成绩，父母不要这样说：

“只要你这次考第一，我就给你买电脑！”

“如果这次比赛你能拿奖，你想要什么都给你买！”

“期中考试各科只要超过90分，爸爸就一分奖励给你一元钱！”

如果父母只是用物质奖励作为提高女儿学习成绩的手段，那么无疑会让她把成绩与物质挂上钩，丢掉学习知识的初衷。对于孩子，父母不能只看结果，而要把更多的爱和关注放在孩子的成长过程中，父母要明白我们培养的是一个身心健康、积极向上的女儿，而不是一个财迷心窍的功利女儿。

专家教你女孩怎么养

在教育女儿的过程中，父母如何正确运用物质奖励方法？

第一，父母要采用恰当的物质奖励方法，要让女儿有来之不易的体验。

第二，父母要物质奖励与精神奖励相结合，多用表扬、称赞、肯定、鼓励等态度令女儿更加自信。

第三，父母要延迟奖励时间，可延迟几天、几周或几个月，调动女儿的积极性，提高其自主进步的能力。

“你哪儿来那么多‘为什么’”
——不要扼杀女孩的好奇心

吃过晚饭后，七月就和爸爸妈妈坐在客厅的沙发上看《动物世界》。

七月是个好奇心很强的小女孩，当她心里有疑惑的时候，总是爱问“为什么”，这次也不例外：“妈妈，为什么蝴蝶有翅膀呢？”

“蝴蝶没翅膀就不会飞啊！”

“为什么没翅膀就不会飞呢？”

“这个让你爸爸回答。”妈妈把问题抛给了七月的爸爸。

于是，七月又看向爸爸，可爸爸说他也讲不清。

没过2分钟，七月又指着电视上的动物问：“爸爸，那个花花的动物是什么？”

“是豹子！”

“它为什么躲在草丛里？”

“因为它要捕捉猎物，不能惊动了它们。”

“那它为什么不吃草呢？它身边有很多草啊？”

女儿就这样一直问“为什么”，有些问题的答案爸爸妈妈知道，有些不知道，于是被问烦了的爸爸说：“你哪儿来那么多‘为什么’？还不好好看电视！”

作为父母，女儿问“为什么”，我们应该感到欣慰，因为这代表她对某些事物产生了好奇心，心里有了求知欲。也许我们一时无法回答女儿的所有问题，但是千万不能打击女儿提问的积极性，否则女儿就失去了拓展眼界的一个绝佳机会。

七月的爸爸就犯了这样一个错误，他草率地给女儿的好奇心泼了冷水，责怪她问了太多的“为什么”，可想而知，经过爸爸的一番打击，七月的学习热情也会慢慢消退，以后再遇到不懂的问题，她也会闷在心里不问出口，时间一长，她会变得对一切事物都缺乏好奇心和求知欲，自然也无法进步了。

给女孩父母的建议（情景再现）

吃过晚饭后，七月就和爸爸妈妈坐在客厅的沙发上看《动物世界》。

七月是个好奇心很强的小女孩，当她心里有疑惑的时候，总是爱问“为什么”，这次也不例外：“妈妈，为什么蝴蝶有翅膀呢？”

“蝴蝶没翅膀就不会飞啊！”

“为什么没翅膀就不会飞呢？”

“这个呀，妈妈还真不知道，让爸爸回答你好吗？”妈妈笑着说。

于是，七月又看向爸爸，爸爸想想说：“因为翅膀是‘飞行武器’呀！你看飞机、风筝、蜻蜓，它们都是有翅膀的，但像我们人类，就没有翅膀，所以要在地上走路。”

没过2分钟，七月又指着电视上的动物问：“爸爸，那个花花的动物是什么？”

“是豹子！”

“它为什么躲在草丛里？”

“因为它要捕捉猎物，不能惊动了它们。”

“那它为什么不吃草呢？它身边有很多草啊！”

“你看豹子的牙齿，尖尖的，是用来撕肉的，它不适合吃草，所以它是肉食动物！”

女儿就这样一直问“为什么”，有些问题的答案爸爸妈妈知道，有些不知道，爸爸就对她说：“月月，对不起，这个问题爸爸也没想清楚答案，不过，我们可以把这些不懂的问题先记下来，明天爸爸和你一起去书里或网上找答案，好不好？”

有位教育专家说过：“儿童的好奇心可以被父母的无知摧毁，同样可以被父母的爱心培养出来。”因此，父母无论面对怎样的状况，当女儿向你提出“为什么”的时候，你都要耐心地回答并认真对待，而不是责骂女儿。

当然，如果对于女儿提出的问题你真的一无所知，那么你可以选择和她一起探讨并寻找答案，在这个过程中，不但能增进亲子感情，还能引导她学会如何去发现问题、分析问题和解决问题。

当一个女孩的好奇心得到了充分的满足，并且学会了怎样去探索和求知，那么她的世界必定会变得更加丰富多彩，获得的知识也会越来越多。

类似的话父母不能说

当女儿提出不懂的问题时，父母不要这样说：

“你怎么这么多‘为什么’，烦不烦啊！”

“你就不能少问点儿‘为什么’？”

“没有‘为什么’，就是这个样子！”

“除了会问‘为什么’，你还会干什么！”

当女孩问“为什么”的时候，正是她心理活动最活跃的时候，而且，经常对事物拥有好奇心的女孩，说明她的思维比较活跃，内心敏感而丰富，因此，父母应该从日常生活的各个细节入手，培养女儿无处不在的好奇心，和女儿一起找到“为什么”的答案。

专家教你女孩怎么养

父母如何更好地呵护女儿的好奇心？

第一，不要用批评、不耐烦的态度对待女儿的提问，要用浅显易懂的语言给女儿讲明道理。

第二，鼓励女儿细心观察生活，引导她从细节处受到启发，引发其更深层次的思考。

第三，要经常带着女儿进行户外活动，让她多接触大自然，进而培养她的创造精神。

“为什么别人行，你不行”
——不要拿女儿与别人做比较

一天，茵茵在小区附近的公园里突然遇到了自己的好朋友洁洁，于是她高兴地拉着爸爸跑了过去。

“洁洁，你在练习小提琴呀，真好听，我大老远就听见优美的琴声了。”说完，茵茵还向爸爸骄傲地介绍说：“爸爸，这是我最好的朋友洁洁，她可厉害了，什么都会，唱歌、跳舞、拉小提琴……”

这时，洁洁很有礼貌地对茵茵的爸爸说：“叔叔好！”

“这孩子真懂事！”

茵茵又和洁洁随意聊了几句，然后爸爸就带着她离开了。茵茵根本没有注意到爸爸的脸色变了，只是在一旁不停地讲洁洁是如何的好、在学校如何受老师和同学的喜爱……

这时，爸爸突然说：“这我就不明白了，你们是好朋友又是同班同学，怎么差距就这么大呢？为什么她各方面都行，你就不行呢？”

茵茵听爸爸这样说，脸上的光彩突然消失不见了，默默地低下了头。

每对父母都希望女儿成为优秀的人，不希望她在各方面不如别人，而且习惯拿女儿和别人做比较。

父母的一句“为什么别人行，你不行”，很容易打击女儿的自信心。虽说竞争是必不可少的，但父母要考虑到女儿的承受能力和理解能力，而且女儿还分不清什么是良性竞争，什么是盲目的恶性攀比。

如果父母一看见别人家的孩子出色就眼红，责问女儿“你为什么不行”，时间一长，女儿可能会自暴自弃，对她的成长和进步十分不利。

给女孩父母的建议（情景再现）

一天，茵茵在小区附近的公园里突然遇到了自己的好朋友洁洁，于是她高兴地拉着爸爸跑了过去。

“洁洁，你在练习小提琴呀，真好听，我大老远就听见优美的琴声了。”说完，茵茵还向爸爸骄傲地介绍说：“爸爸，这是我最好的朋友洁洁，她可厉害了，什么都会，唱歌、跳舞、拉小提琴……”

这时，洁洁很有礼貌地对茵茵的爸爸说：“叔叔好！”

“这孩子真懂事！”

爸爸夸完女儿的朋友，转过头对茵茵说：“茵茵有这么好的朋友真是非常幸运啊，你要好好把握这个机会向洁洁学习，有什么不懂的都可以向她请教啊！”

“爸爸，我学什么都可以吗？”

“当然，只要是小孩可以学的，爸爸都支持你！”

“那我要学舞蹈，洁洁也会的……”

“没问题，但是，你要答应爸爸不能三分钟热度，要坚持下去才行！”

“好，我答应你！”

很多时候不是一句“为什么别人行，你不行”就能激励孩子上进，正确的做法是父母要引导女儿采取有效的措施去取得进步。

父母看到别人家的孩子这么优秀，心中当然会羡慕，但是面对女儿时，不能只说一句“你为什么不行”，而是应该激励女儿向别人学习，帮助女儿找到兴趣点，然后慢慢地去提高她各方面的能力。

类似的话父母不能说

女儿的表现没有别人好时，父母不要这样说：

“你这孩子怎么不能像 ×× 一样？”

“你就不能像你妹妹那样脾气不这么倔！”

“你怎么什么都比不上别人！”

“你看人家多好，我真想把你换过去！”

女孩的心是异常柔软和脆弱的，你别看她年纪小，一样有自尊、爱面子。如果父母动不动就拿她跟别人比，说她这也没别人好，那也比不上别人，那么无形中就会打击女儿的自信心。最重要的是，父母说出的这些“比较”的话并不能解决根本问题，因此，父母必须摒弃那些阻碍女儿健康发展的说法和做法。

专家教你女孩怎么养

被父母经常做比较的女孩一般会出现哪些不良情况？

第一，女孩会有诸如悲伤、无安全感、愤怒和嫉妒等不良情绪，即情绪受到困扰。

第二，被父母经常做比较的女孩会认为父母喜欢别人多于自己，因此可能会做出一些不良的行为来吸引父母的注意。

第三，基于前两点所表现出的情况，父母会认为女儿顽劣不值得疼爱，从而更加拿女儿和别人做比较，形成恶性循环。

每天愁眉苦脸
——不要把不良情绪传递给女儿

张静是一个非常懂事的女孩，她知道家里经济条件不好，所以从来没有要求过父母给她买漂亮的衣服、鞋子，每次父母要送她礼物，她也只要求买书和学习用品。

一天，张静一脸兴奋地回到家，一见到父母就说："爸爸妈妈，今天我们班发生了一件非常有意思的事情。"

"看你这么高兴，发生了什么样的事情啊？"

"今天上课时，老师带进来一个转学生，她看起来就像一个小公主，穿得很漂亮，而且还把一首优美的钢琴曲作为她给同学们的见面礼。我真想像她一样，坐在黑色的钢琴前，弹奏出动听的音乐，那一定非常棒，呵呵！"

"妈妈看得出来你非常想学钢琴。"

"是啊，那简直就是我的梦想！"

这时，妈妈的脸色一黯，对女儿说："我看那些钢琴好像都特别贵，我们家……"

妈妈的话还没有说完，爸爸就愁眉苦脸地说："都怪我，是我这个一家之主没本事，不能给宝贝女儿更好的条件，我无能啊！"

张静没想到自己无心的一番话竟让父母这么无奈和痛苦，原本愉快的气氛也变得凝重起来，她马上笑着对爸爸妈妈说："没错，钢琴我是很想学，可是现在功课这么紧，我根本没时间学，所以根本没必要买！"

可是爸爸妈妈看得出来女儿脸上牵强的笑容，从那之后，妈妈变得整天愁眉深锁，爸爸也是叹息连连，张静觉得都是自己惹的祸，所以她也开始变得多愁善感起来。

张静是一个非常懂事的女孩，她很会体谅父母的难处和关爱她的心，但是当她每天看到父母因为她的事情变得愁容满面的时候，她也会慢慢受到影响，也开始发愁起来，此时父母身上的不良情绪就像病毒一样传染到女儿的身上，于是整个家庭就陷入了一种哀愁惨淡的氛围中，失去了原有的欢笑和活力。

父母是女儿最直接、最亲密的人生伙伴，所以他们在家庭生活中的行为，尤其是情绪，对孩子的心理健康有着直接的影响。社会学家通过研究发现：父母在家中情绪乐观积极，有助于儿童的心理健康发育；而如果父母在家中经常愁眉苦脸，唉声叹气，甚至情绪恶劣，争吵斗嘴，那么会让儿童时常处于忧虑和紧张之中，对于儿童的心理发育极为不利。

给女孩父母的建议（情景再现）

张静是一个非常懂事的女孩，她知道家里经济条件不好，所以从来没有要求过父母给她买漂亮的衣服、鞋子，每次父母要送她礼物，她也只要求买书和学习用品。

一天，张静一脸兴奋地回到家，一见到父母就说："爸爸妈妈，今天我们班发生了一件非常有意思的事情。"

"看你这么高兴，发生了什么样的事情啊？"

"今天上课时，老师带进来一个转学生，她看起来就像一个小公主，穿得很漂亮，而且还把一首优美的钢琴曲作为她给同学们的见面礼。我真想像她一样，坐在黑色的钢琴前，弹奏出动听的音乐，那一定非常棒，呵呵！"

"妈妈看得出来你非常想学钢琴。"

"是啊，那简直就是我的梦想！"

这时，妈妈的脸色一黯，对女儿说："我看那些钢琴好像都特别贵，我们家……"

张静正想说些什么，爸爸却笑着说："我已经能够想象我的宝贝女儿坐在钢琴前的样子，一定特别的美。虽然我们现在拿不出这么多钱买一架钢琴，但是我们可以先报个钢琴学习班，这下爸爸又有了积极的动力，而且我们可以制订一个购物计划，每天存下一点儿钱，过一段时间就可以把钢琴搬回家了。呵呵！"

从这天之后，爸爸似乎每天都充满了力量，而且脸上总是挂满笑容，这让张静感到父母对她最真实的疼爱，所以她努力学习，打算以最优异的成绩来回报父母。

女孩总是心思细腻而敏感的，因此，她总是很善于从父母的脸上捕捉到一些信息，父母的心情好不好，不但会写在脸上，更会渗透到日常生活的言谈举止上，而女孩或多或少地总会受到父母的影响。

所以，父母应该学着将自己的不良情绪隐藏起来或者自己化解掉，用更加积极乐观的心态面对生活中的一切困难，这样孩子才能从父母身上学到更多的自信、乐观、热情和洒脱。

类似的话父母不能说

父母心情低落时，不要这样说：

“唉，我怎么这么没用啊，不能为你提供更好的生活！”

“我今天心情糟透了，事情是这样的……”

“生活真是愁人！”

父母也是凡人，有时也会愁苦不堪，甚至伤心哭泣，但是千万不要把自己的这种情绪传递到女儿身上。如果女儿和父母处于一种压抑沉闷的氛围中，不仅无益于健康，而且会减退孩子的进取心。总之，父母千万不要在女儿面前表现愁苦、悲观、沮丧等不良情绪，应该用自己的积极心态去培养女儿的阳光心情。

专家教你女孩怎么养

为了女儿的心理健康，父母在情绪控制方面应该注意哪些问题？

第一，父母切忌在女儿面前争吵、动粗。

第二，父母切忌在女儿面前抱怨生活或者表现出不良情绪。

当面讲人是非
——不要当女儿面论人长短

爸爸一走进家门，就看见女儿正在拆生日礼物，就说："眉眉，能让爸爸看一看你今天都收到哪些礼物吗？"

女儿非常开心地说："爸爸，当然可以了，你快来看，这些都是我的好朋友送我的礼物。"

"都有些什么呀？"

"有漂亮的笔记本、可爱的玩具，对了，还有我最好的朋友给我绣的十字绣，上面是我最喜欢的卡通图案。"

爸爸接过那个制作略显粗糙的十字绣，皱着眉头说："你这个朋友的手工太差了，绣得这么难看，有些地方都绣错了，她一定是个很马虎的孩子，送朋友的生日礼物怎么能这么不上心呢？"

眉眉觉得爸爸的话很有道理，本来她还很喜欢这个十字绣，现在觉得丑极了，而且她觉得那个送礼物的朋友也没有那么好了。

眉眉的爸爸说的话虽然有可能是事实，但是，像这样当着女儿的面批评她的朋友，谈论别人的是非，对孩子的影响是非常不好的。小女孩本身判断是非、善恶、美丑的能力相对较弱，而她又很会模仿自己父母的言行举止，很多时候就会无意中将从父母身上学来的言行用在生活中。

一般来说，小女孩还不怎么具备判断能力，往往会不假思索地简单地接纳父母说的话。倘若父母在背后说自己朋友、老师的坏话，讲亲戚的是非，那么这会给女孩处理人际关系造成误导。女孩可能会相信父母做出的判断，认为"这个老师很不好""她品质有问题，不能成为你的朋友""这个邻居说话太毒"……久而久之，女孩会把父母的是非观当成自己的是非观，无法做出理智的判断，进而失去很多原本美好的东西。

给女孩父母的建议（情景再现）

爸爸一走进家门，就看见女儿正在拆生日礼物，就说："眉眉，能让爸爸看一看今天你都收到哪些礼物吗？"

女儿非常开心地说："爸爸，当然可以了，你快来看，这些都是我的好朋友送我的礼物。"

"都有些什么呀？"

"有漂亮的笔记本、可爱的玩具，对了，还有我最好的朋友给我绣的十字绣，上面是我最喜欢的卡通图案。"

爸爸接过那个制作略显粗糙的十字绣，笑着说："眉眉的好朋友真是很了不起呀，竟然能够自己绣礼物送人，绣得真是很可爱啊！爸爸想她一定是一个很有耐心、很真诚、很值得交的好朋友，眉眉要好好和她相处啊！"

眉眉骄傲地说："那当然了，我这个好朋友真的对人很好啊，我们关系也可好了，等她过生日的时候，我也要送她一个亲手做的礼物。"

苏格拉底认为，假定美德即知识，那么不用怀疑美德是由教育而来的。如果父母能让女儿看到更多更美好的一面，那么她也会变得更美好。

因此，父母不要无端地去评价一个人的好坏，更不要在女儿的面前诋毁、侮辱、谩骂他人，而应该尽量看到别人身上的闪光点，用正面教育让女儿看到他人身上的自信、真诚、乐观、热情等品质，进而让这些品质积极地影响女儿。

类似的话父母不能说

当父母对他人不满时，父母不要这样说：

"那个人真不是好东西！"

"你们老师一点儿品位都没有！"

"你这个朋友性格真讨厌！"

"隔壁的邻居太可恶了！"

从女孩出生的那一刻起，父母就成为她最先模仿的对象，父母的一言一行都会对她产生潜移默化的影响。如果父母总是在女儿面前说别人的是非，那么女儿不仅会模仿父母的这个坏习惯，而且会严重影响女儿和别人交流的热情，尤其是她的老师或者朋友。

专家教你女孩怎么养

父母如何帮助女儿树立正确的是非观，养成良好的行为习惯？

第一，父母不要当着女儿的面议论别人的是非，尤其是关于家人、老师、朋友等的坏话。

第二，当女儿模仿他人的不良行为时，父母要采用冷处理的方法，让她自己觉得无趣而放弃。

第三，父母要注意提高女儿的道德认识，并及时纠正她的某些不良行为。

孩子受伤了，你比她还紧张
——不要过分溺爱女孩

宗敏是一个很调皮的小女孩，她无论在什么地方都不能安安静静地待上几分钟，而是像个小猴子一样上蹿下跳，只要是她能够得着的地方，她都想爬上去看一看。

“啪！”随着客厅的一声巨响，正在厨房做饭的妈妈听到了熟悉的哭声又响了起来。

于是，妈妈赶紧跑到客厅，其实，她已经猜到是女儿发生了什么事。

餐桌旁的椅子倒在女儿身边，女儿正坐在地上大声地哭泣呢！这下可能是真的摔疼了吧！

“敏敏，告诉妈妈摔到哪里了？”妈妈赶紧扶起女儿把她全身都检查一遍，生怕女儿伤到哪根筋骨。

然而，敏敏却一直哭闹个不停，可能是真的被吓到了，可能是真的摔疼了，也可能是怕妈妈责备……

“乖啊，敏敏不哭，不哭！都怪这把椅子伤到我们家宝贝，别怕啊，妈妈帮你打它。现在妈妈马上带你去医院检查一下，然后给你做一顿你最喜欢的大餐，好不好？”

妈妈说完，就匆忙解掉围裙，要带女儿去医院检查身体。

敏敏摔倒很显然是因为她顽皮想要爬到椅子上去玩儿，结果不小心才从椅子上摔了下来，但是溺爱她的妈妈却把一切责任推到椅子身上，这种做法是非常不可取的，这会让孩子变得不想承担自己的责任，学着把一切错误都推到别人或者别的因素上。生活中，像敏敏妈妈这样溺爱女儿的父母很多，他们通常会以“爱”为理由过度保护孩子，比如以怕脏、怕受伤、怕生病等为理由，不让女儿去接触和承受自己限制之外的任何事物，以至于需要女儿自己亲力亲为才能发展起来的感知能力、运动能力、语言能力、记忆能力都被父母代劳，在这种“爱”包围下的女孩自然会变成一个各方面能力很差、性格有缺陷的孩子。

给女孩父母的建议（情景再现）

宗敏是一个很调皮的小女孩，她无论在什么地方都不能安安静静地待上几分钟，而是像个小猴子一样上蹿下跳，只要是她能够得着的地方，她都想爬上去看一看。

“啪！”随着客厅的一声巨响，正在厨房做饭的妈妈听到了熟悉的哭声又响了起来。

于是，妈妈赶紧跑到客厅，其实，她已经猜到是女儿发生了什么事。

餐桌旁的椅子倒在女儿身边，女儿正坐在地上大声地哭泣呢！这下可能是真的摔疼了吧！

“敏敏，告诉妈妈摔到哪里了？”妈妈赶紧扶起女儿把她全身都检查一遍，生怕女儿伤到哪根筋骨。

然而，敏敏却一直哭闹个不停，可能是真的被吓到了，可能是真的摔疼了，也可能是怕妈妈责备……

“妈妈知道，敏敏是一个很勇敢的小女孩，摔倒了会自己爬起来，而且她可不是一个爱哭鼻子的小丫头。”

敏敏听了妈妈鼓励的话，果然不哭了，不一会儿又在客厅里开心地玩儿了起来。

父母对孩子的爱一定要有节制，很多时候我们必须思考怎样爱孩子才是对她最好的。我们是应该过度保护她，还是应该给她一些自由，让她亲身体验人生中的酸甜苦辣？其实，作为父母，我们完全没必要一看到女儿受伤、哭闹就大惊小怪，表现出一副很紧张的样子，不如平静地看待，让孩子对父母少一些依赖，多一些自理能力。

当然，面对脆弱的小女孩，父母在其受伤或遇到困境的时候更要用鼓励性的语言，让她从不安、紧张中摆脱出来，变得更加勇敢、坚强。

类似的话父母不能说

当女儿受伤时，父母不要这样说：

“宝宝不哭，都怪这块石头，妈妈打它！”

“都是这扇该死的门碰到我的宝贝了，再惹我们就把它拆掉！”

“别哭了，哭得妈妈都心疼死了！”

“谁敢伤害我们家宝贝，爸爸就和他拼命！”

生活中，女孩难免会遇到磕磕碰碰的事情，很多时候会不小心让自己受伤、流血，但只要不对女孩的身心造成大的伤害，父母都没必要太紧张，而是应该利用这个机会教给女儿如何变得勇敢、坚强，如何处理一些突发的事情，进而培养她独立解决问题的能力。

专家教你女孩怎么养

父母如何让女儿变得勇敢、坚强？

第一，学会对女儿说“不”。面对女儿不合理或者过分的要求，父母要学着拒绝，不能一味满足。

第二，接受女儿的情绪变化，并理智地处理。

第三，要学着相信女儿。父母不要帮助女儿完成所有的事情，要相信她没有你的帮助，一样可以完成任务。

偷看女儿的日记
——窥探女儿的隐私是大忌

周末的时候，王雪打算去给自己的好朋友过生日，于是一大早就起来对妈妈说："妈妈，我今天有事要出去，晚上可能会晚点儿回来。"

最近一段时间，妈妈觉得刚上高一的女儿有点儿不对劲，情绪时好时坏，而且动不动就爱乱发脾气，晚上更是窝在自己的房间里写日记，有几次经过厕所的时候，竟然听见女儿躲在里面低声地哭泣。所以，妈妈很担心女儿是不是遇到了什么难以解决的问题，又不好意思跟父母讲。

"王雪，今天你去哪儿？"

"去给朋友过生日！"

"都是些什么朋友？你们除了过生日还做什么？"

"当然是好朋友，过生日就是过生日，还能做什么？"王雪心中此时已经不耐烦起来。

"我这是关心你……"结果，还没等妈妈把话说完，王雪扭头就走了。

不过，王雪的妈妈还是不放心，于是，走到女儿的房间，找到女儿藏起来的日记，一页一页地读了起来，完全没有注意到因为忘拿礼物而返回来的女儿。

"你在干什么！"王雪一脸愤怒地瞪着正在看自己日记的妈妈。

"什么干什么，你是我的女儿，我有权利教育好你，你的一切我都有权利知道！"

每个人都有不想让其他人知道的秘密，尤其是青春期的女孩，她们会把自己的少女心事用文字记录下来，保存在日记里当成一种个人的秘密，而这些秘密是不能告诉别人的。其实，女孩开始写日记，正是她自我意识觉醒的表现之一。

父母如果没有经过女儿的允许，就随意翻看女儿的日记，一旦被女儿发现就很容易让她对你们产生信任危机，这样一来，女孩可能会干脆放弃写日记，失去自己宣泄情绪的渠道。如果女孩不能把心中的不良情绪及时宣泄出来，那么慢慢地就会影响她的身心健康。

给女孩父母的建议（情景再现）

周末的时候，王雪打算去给自己的好朋友过生日，于是一大早就起来对妈妈说："妈妈，我今天有事要出去，晚上可能会晚点儿回来。"

最近一段时间，妈妈觉得刚上高一的女儿有点儿不对劲，情绪时好时坏，而且动不动就爱乱发脾气，晚上更是窝在自己的房间里写日记，有几次经过厕所的时候，竟然听见女儿躲在里面低声地哭泣。所以，妈妈很担心女儿是不是遇到了什么难以解决的问题，又不好意思跟父母讲。

"王雪，今天你去哪儿？"

"去给朋友过生日！"

"好的，路上注意安全！礼物别忘了拿，对了，晚上能早一点儿回来吗，妈妈有一件礼物想送给你！"

"什么礼物？现在也可以给我啊！"

"你现在不是要赶着给朋友过生日吗，不要迟到了！妈妈在家里等你！"

晚上的时候，妈妈送给了女儿一个带锁的精美日记本，然后语重心长地对女儿说："王雪，妈妈送你一个可以记载你成长的日记本，你可以把不想说的秘密放进去，但如果你遇到很大的烦恼或者无法解决的问题时，可以向爸爸妈妈求助，而且我们也很希望能和你真诚地沟通和交流。"

听完妈妈的话，王雪已经感动得热泪盈眶，没想到妈妈这么尊重和信任她，于是，她向妈妈讲述了自己最近的烦恼事，在妈妈的引导和安慰下，心情轻松了很多。

女孩需要一个心灵的自由空间，但前提是不能没有与父母的沟通和交流，相反，她很愿意在父母尊重自己的前提下，敞开自己的心扉，把自己的开心事、烦恼事都讲给父母听，遇到困难也会想到找父母帮忙。

所以，父母不妨给女儿一个带锁的日记本，鼓励她有自己的秘密，而且保证除非她允许，否则你是不会偷看她的日记的，这样就建立起了父母和女儿之间尊重和信任的桥梁，而一切和谐的亲子关系都是从尊重和信任开始的。

类似的话父母不能说

偷看女儿的隐私被发现时，父母不要这样说：

“我是你妈，看看你写的东西怎么啦？”

“我有权利知道你的一切！”

“你有什么可隐藏的，多大点儿孩子，有什么秘密呀！”

对于父母来说，偷看女儿的日记并不是最佳的沟通途径，而说一些“我有权利看你日记”之类的话，也不是最好的借口，这些只会让女儿更加封闭自己的内心世界，对父母处处设防，甚至拒绝与父母进行沟通。

因此，父母不要把女儿当作自己的私有财产，而是应该尊重她的一切，当然也包括她的隐私。

专家教你女孩怎么养

父母如何对待女儿的隐私？

第一，用心了解女儿的生活、学习，掌握她的品行变化和心理动态。

第二，尊重女儿，为其营造一个自主、平等、理解、宽容的沟通环境，成为她最值得信赖的朋友。

第三，根据女儿的性格、爱好等有的放矢地采取措施，教会她如何辨别朋友、处理人际关系等。

总命令女儿干什么、怎么干
——事事包办是在害她

爸爸下班回来，一进家门就开始喊：“泉泉宝贝，爸爸回来了。”以往他每次这样喊女儿的时候，泉泉都会跑出来扑到他的怀里嚷着要抱抱，而泉泉爸爸也很享受这种亲子关系。

可是今天喊了很多声，都没有听到女儿的声音，爸爸觉得很奇怪。于是放下公文包，走进了女儿的房间，发现她正专注地玩昨天晚上给她买的新玩具呢。

爸爸走到女儿的身边说："泉泉，这个玩具应该这样玩儿。"于是顺手就把女儿的玩具拿了过来，按照说明书一步一步地玩儿了起来。

爸爸本意是想教给女儿正确的玩法，但是泉泉却不领情。

"爸爸不对，就是这样玩儿。"

"泉泉，应该按照爸爸这样玩儿才对！"

泉泉爸爸和泉泉的亲子关系应该说是很融洽的，但这次出现争执的原因，就在于泉泉爸爸没有深入考虑到女儿如此专注在玩具上是在体会其中的乐趣。父母事事包办的做法，不但无法提高女儿的能力，还会让她对父母产生过度依赖感，失去自己独立思考和办事的能力。

现实生活中，大人对自己不熟悉或是从来没有做过的事情都很难快速、准确地完成，更何况是对大千世界倍感陌生的小女孩呢！因此，父母要给女儿学习的时间、空间，切忌事事包办，更不要让女儿做什么事都按照父母的思路和想法去做，要让女儿有自己的思考能力和创造能力。

给女孩父母的建议（情景再现）

爸爸下班回来，一进家门就开始喊："泉泉宝贝，爸爸回来了。"以往他每次这样喊女儿的时候，泉泉都会跑出来扑到他的怀里嚷着要抱抱，而泉泉爸爸也很享受这种亲子关系。

可是今天喊了很多声，都没有听到女儿的声音，爸爸觉得很奇怪。于是放下公文包，走进了女儿的房间，发现她正专注地玩昨天晚上给她买的新玩具呢。

爸爸走近女儿惊讶地说："泉泉，这个玩具还有这样的玩法呀？"

"嗯，爸爸，很有趣的，就是这样子……"

"泉泉很聪明呀，呵呵！"爸爸说完，就在女儿身边坐了下来，然后说道，"泉泉觉得这样玩儿怎么样呢？"于是，爸爸给女儿示范正确的玩法，女儿则一边看一边思考。

泉泉的爸爸首先对女儿的探索行为表现出了赏识和鼓励，然后告诉女儿还有另一种方法，当然，他并没有指出女儿先前的玩法是错误的、自己后来给女儿示范的玩法是正确的，只是提供给孩子另外一种选择，让孩子自己进行比较。

泉泉经过比较两种玩法之后，一定会发现爸爸的玩法更简单、更有趣，更容易成功，自然她也会用心学习这种玩法。

父母在教女儿学习新鲜事物的时候，切忌用命令的语气让她做什么、怎么做，而是应该引导她自己找出正确的思考方法和学习方法。

类似的话父母不能说

当女儿自己做事情的时候，父母不要这样说：

“这件事情应该这样做！”

“你必须给我去补习班！”

“这幅画应该画成这样的形状，来，爸爸教你！”

有人说，大人和孩子看到的世界是不一样的，在孩子的世界里，房子是有翅膀的，狗是会说话的，就连太阳也可以是三角形的，这是因为她们有丰富的想象力和创造力。如果父母总是让女儿跟着自己的脚步走，让她吃什么、穿什么、学什么，那么女儿就会慢慢地失去自主意识，无论是在生活上还是在学习上都会变得止步不前，所以父母不要对女儿事事包办，让她学会自己的事情自己做。

专家教你女孩怎么养

生活中，父母运用哪些方法来培养女儿的自理能力？

第一，父母学会对女儿放手，逐步减少过度帮助，让她学会自己的事情自己做。

第二，适度、合理地运用对比法，激发女儿的热情。

第三，父母可故意“偷懒”，让女儿自己做事情。